Mélanges offerts à Madiha Doss

La linguistique comme engagement

Fayyoum, novembre 2011. Photographie © Aziza Boucherit.

Édité par

AZIZA BOUCHERIT, HÉBA MACHHOUR, MALAK ROUCHDY

Mélanges offerts à Madiha Doss

La linguistique comme engagement

INSTITUT FRANÇAIS D'ARCHÉOLOGIE ORIENTALE

RAPH 42 – 2018

Dans la même collection :

Sylvie Nony, *Les variations du mouvement. Abū al-Barakāt, un physicien à Bagdad (VIe/XIIe siècle)*, 2016.

Sibylle Emerit, Sylvain Perrot & Alexandre Vincent, *Le paysage sonore de l'Antiquité. Méthodologie, historiographie et perspectives*, 2015.

Mathieu Eychenne & Abbès Zouache, *La guerre dans le Proche-Orient médiéval. État de la question, lieux communs, nouvelles approches*, 2015.

Essam Salah el-Banna, *Le voyage à Héliopolis. Descriptions des vestiges pharaoniques et des traditions associées depuis Hérodote jusqu'à l'Expédition d'Égypte*, 2014.

Giuseppe Cecere, Mireille Loubet & Samuela Pagani (éd.), *Les mystiques juives, chrétiennes et musulmanes dans l'Égypte médiévale (VIIe-XVIe siècles). Interculturalités et contextes historiques*, 2013.

Jean Yoyotte, *Les principautés du Delta au temps de l'anarchie libyenne*, réédition, 2012.

Pascale Ghazaleh, *Fortunes urbaines et stratégies sociales. Généalogies patrimoniales au Caire, 1780-1830*, 2 vol., 2010.

Anne-Claire de Gayffier-Bonneville, *L'échec de la monarchie égyptienne. 1942-1952*, 2 vol., 2010.

Paul Barguet, *Le temple d'Amon-Rê à Karnak* (augmenté d'une édition électronique), 3e édition, 2008.

Ouvrage publié avec le soutien de l'Agence universitaire de la francophonie et de l'Institut de recherches et d'études sur les mondes arabes et musulmans, Iremam, Aix-Marseille Université, CNRS, Aix-en-Provence, France

ISBN 978-2-7247-0721-2 ISSN 1011-1883

Mise en page : Christine Mina
Couverture : Ismaïl Seddiq

Sommaire

Avant-propos

« Je suis redevable à la linguistique de me faire faire des choses qui m'intéressent. » C'est par cette phrase de Madiha Doss que l'on est tenté de résumer et de présenter son parcours de linguiste, de chercheuse, d'académicienne et de professeure d'université. « Linguiste-ethnographe » comme elle aime à se dire, Madiha Doss s'est intéressée à la linguistique pour aller vers les hommes, les sociétés, les « passeurs », les étudiants, les individus dans toute leur complexité et leur diversité. Depuis 1970 elle parle, dans ses recherches, de (sa) langue et des langues : l'arabe, le français et l'anglais. Si elle évolue avec aisance au sein de cette discipline, c'est pour écouter les voix et pour chercher, inlassablement, à les sonder. La théorie, pure et dure, ne la séduit pas vraiment. Ce qui l'intéresse, essentiellement, c'est la quête des interlocuteurs derrière les mots pour les écouter avec passion et ferveur. D'où son intérêt particulier pour la sociolinguistique.

Son parcours débute en 1970 avec l'enseignement de la langue française et ses premiers articles en linguistique. En 1991, elle soutient sa thèse de doctorat d'État à Paris III (*L'arabe en Égypte. Étude évolutive d'une langue de relation*). Le corpus de ses travaux fut, le plus souvent, des dons d'amis ou de la vie. Ainsi, celui de sa thèse est un manuscrit que lui a offert le romancier égyptien Gamal Ghitany qui l'avait reçu de la Bibliothèque royale de Vienne. C'est ce manuscrit de 400 pages, écrit dans une langue mêlée de dialectal et datant de l'époque ottomane tardive, qui lui a permis de découvrir les objets de recherche qui, depuis, n'ont pas cessé de l'occuper : l'arabe moyen, l'oralité, le récit populaire en arabe dialectal. Chronique d'une période qui couvre cinquante années de l'histoire de l'Égypte, cette « épopée », telle que Madiha Doss la qualifie, est un texte extrêmement difficile à lire. Elle s'y attaque, avec l'aide, au début, de Michel Tuchscherer et en fournit non seulement une analyse linguistique mais elle y délimite aussi les paragraphes et la ponctuation parvenant ainsi à établir un texte prêt à l'édition.

En 1990, Maurice Martin, Père jésuite et ami de cœur et d'âme de Madiha Doss, lui remet des lettres de Zeinab Fouad et de Safia Zaghloul, l'épouse du militant égyptien Saad Zaghloul. Cette correspondance est composée de cent vingt-cinq lettres datant de 1890 à 1940. Ce « trésor » lui offre l'opportunité de travailler sur des lettres écrites en dialecte égyptien transcrit en caractères latins. Elle y touche à des questions qui lui sont particulièrement familières et importantes pour elle, à savoir le dialecte égyptien, et surtout à la problématique de l'identité en relation avec ces citoyens de l'Égypte moderne présents sur le devant de la scène à un moment de transition de l'histoire de l'Égypte. Derrière les mots et les phrases, elle cherche les personnes en chair et en os. Travail de détective et d'ethnographe qu'elle fait paraître dans un article (« Une femme de l'élite égyptienne entre deux cultures : la correspondance de Safia Zaghloul », 2002).

Au début du XXIe siècle, Madiha Doss est sollicitée pour travailler sur les documents de l'Expédition d'Égypte (1798-1801) à Dār al-Kutub. Elle s'engage alors dans l'étude de la correspondance de Murād Bey avec les généraux français et touche de près, encore une fois, au moyen arabe qui la passionne. Elle constitue une équipe de chercheurs pour explorer les documents français de l'époque du khédive Ismaïl.

En 1990, Madiha Doss participe avec Catherine Miller, au sein du Cedej, à un projet de recherche ayant pour objectif de développer et de permettre l'épanouissement de la linguistique en Égypte. Ce projet aboutira à deux articles en 1996 (« Réflexions sur les débuts de l'écriture dialectale en Égypte » et « Introduction », en collaboration avec Catherine Miller, au volume *Égypte/Monde arabe. Les langues en Égypte*). À partir de cette réflexion sur la situation de la linguistique dans les milieux universitaires, Madiha Doss partagera alors avec quelques chercheurs égyptiens et étrangers vivant en Égypte un projet ambitieux et difficile, la création d'une école de linguistique fonctionnant hors de l'université et du cadre académique. De 1996 à 2010, elle animera le séminaire du « Groupe des linguistes du Caire » et fondera la revue *Al Logha*, qui publiera les contributions des chercheurs participant au séminaire ainsi que ceux d'autres chercheurs égyptiens et internationaux.

Ces grandes étapes de l'itinéraire de Madiha Doss s'entremêlent constamment avec ses activités sociales, dans les médias et à l'université. Elle participera ainsi à deux grands débats publiés en 1990 dans le journal égyptien *al-Ahrām* (« Le renouvellement de la langue arabe. Doit-il s'appuyer sur l'étude des dialectes arabes ? » et « L'étude de la langue arabe entre vérité et partialité idéologique ») sur la linguistique et la dialectologie, essayant de cerner et de discuter les rapports conflictuels entre *ʿāmmiyya* et *fuṣḥā*. De même, elle s'intéressera au drogman et à son activité de passeur dans une société bilingue (« Le parcours du drogman dans le temps et l'espace ? », 2006). Elle dirigera plusieurs thèses au Caire, en Haute-Égypte, à Fayoum et à Alexandrie. Elle se battra fermement pour que ses doctorants soient autorisés à déposer des sujets de thèse au département de français de l'université du Caire portant sur des matériaux en langue arabe. Elle participera activement à la création du « Groupe du 9 Mars » luttant activement pour les libertés académiques et l'indépendance de l'université.

Et, bien sûr, en filigrane de toutes ses activités, depuis 1971, elle se consacre avec passion à sa carrière d'enseignante et, au sein du département de français elle est une « professeure phare », promotrice de la linguistique en coordination avec les linguistes des autres départements de langues des facultés de lettres.

Chercheuse inlassable, *femme de terrain*, son action, sa réflexion et ses remarques se rapportent à tous les lieux qu'elle parcourt : les villes, les quartiers, la rue, l'université, sa famille, l'hôpital – ses divers cercles de relations se déroulant dans toutes les classes sociales égyptiennes. D'où la richesse et la diversité de ses travaux. C'est pourquoi, comme on le verra dans ce recueil, les contributions qui lui sont offertes par ses amis et collègues sont, elles aussi, riches par leur qualité et diverses par les domaines qu'ils ont choisi de traiter en souhaitant se rapprocher des centres d'intérêt de Madiha Doss. Dans et par leur contribution, ils dialoguent avec l'œuvre et la réflexion de Madiha Doss. Que ce soit des recherches académiques ou des témoignages, tous font écho à ses activités plurielles.

Pour finir, il nous reste à remercier celles et ceux qui ont participé à la préparation et à la réalisation de ce volume. Les auteurs, pour leur contribution et pour leur patience – il y a loin entre la remise d'un texte et sa parution ; Aziza Boucherit qui s'est chargée du travail d'édition et qui, avec l'aide efficace de Jérôme Lentin, a établi la bibliographie des travaux de Madiha Doss ; Antoine Lonnet, pour son aide constante et experte ; Nael Eltoukhi et Walid El Hamamsy pour la révision et la traduction de la contribution de Muhammad Abulghar écrite en arabe ; l'Ifao qui a accepté notre projet avec enthousiasme lorsque nous le lui avons soumis ; l'Agence universitaire de la francophonie (AUF) et l'Institut de recherches et d'études sur les mondes arabes et musulmans qui ont apporté l'indispensable aide financière à la publication.

Héba Machhour & Malak Rouchdy,
février 2017

Aziza Boucherit & Jérôme Lentin

Bibliographie des travaux de Madiha Doss

Ouvrages

en collaboration avec Humphrey Davies, *al-ʿĀmmiyya al-miṣriyya al-maktūba : muḫtārāt min 1401 ʾilā 2009, ǧamʿ wa taqdīm M.D. & H.D.*], al-Hayʾa al-Miṣriyya al-ʿĀmma li-l-Kitāb, Le Caire, 2013 [*Written Egyptian Arabic: Selections from 1401 to 2009, Collected and Presented by M. D. & H. D.*], General Egyptian Book Organization, Le Caire – *Sélection d'écrits en arabe égyptien : 1401-2009*, réunis et présentés par M.D. & H.D.].

Responsabilité de publications collectives

Muḫtārāt min waṯāʾiq al-ḥamla al-firansiyya 1798-1801, murāǧaʿa wa-išrāf Madīḥa Dūs, ʾiʿdād wa-tarǧama Ǧamāl al-Dīn Bātsī, Amīra Muḫtār Maḥmūd, Dār al-Kutub wa-l-Waṯāʾiq al-Qawmiyya, Le Caire, 2004, 253 p.

Expédition d'Égypte (1798-1801) : mémoires d'un officier de l'armée française, E.L.F. Hauet / al-Ḥamla al-firansiyya ʿalā Miṣr (1798-1801). Muḏakkirāt ḍābiṭ min ǧayš al-ḥamla Huwayh, murāǧaʿa wa-išrāf Madīḥa Dūs, Dār al-Kutub wa-l-Waṯāʾiq al-Qawmiyya, Bibliothèque et archives nationales d'Égypte, Le Caire, 2005, 93 + 270 p.

en collaboration avec Chantal Charnet, *La Traduction*, dossier de *Paroles* 6, Centre d'études françaises, Ambassade de France en République arabe d'Égypte, Le Caire, 1993.

en collaboration avec Catherine Miller, *Les langues en Égypte*, dossier de *Égypte/Monde arabe* 27-28, 3e et 4e trimestres 1996.

en collaboration avec Gerda Mansour, *Awrāq* en linguistique, Markaz al-Buḥūṯ al-ʿArabiyya wa-l-Ifrīqiyya :

Waraqa 1, janvier 2000, *Muškilāt tadrīs al-luġāt fī Miṣr* [Problèmes de l'enseignement des langues en Égypte].

Waraqa 2, novembre 2000, *Dirāsāt ḥawla al-luġa al-ʿarabiyya fī Miṣr* [Études sur la langue arabe en Égypte].

Waraqa 3, mai 2002, *Musāhamāt fī al-luġawiyyāt al-ʿarabiyya* [Contributions à la linguistique arabe].

Waraqa 4, mai 2003, *Qaḍāyā ḥawla al-luġa al-ʿarabiyya wa-l-taʿbīr al-ʿilmī* [Sur la langue arabe et l'expression scientifique].

Waraqa 5, juin 2005, *al-Luġa wa-l-aydyūlūǧiyā wa-l-sulṭa* [Langue, idéologie et pouvoir].

Waraqa 6, septembre 2007, *Qaḍāyā ḥawla al-izdiwāǧiyya al-luġawiyya al-ʿarabiyya* [Sur la diglossie arabe].

en collaboration avec Gerda Mansour, revue *al-Logha*, Cairo Linguists Group, Arab Research Center, Le Caire, depuis la parution du 1er numéro en janvier 2000.

Articles

« Experimental Investigation of Morpheme Structure Conditions in French », *Monthly Internal Memorandum*, Berkeley, CA, septembre 1972, p. 5-15.

« La particule préverbale *b-* dans un texte arabe égyptien du XVIIe siècle », *Comptes rendus du Groupe linguistique d'études chamito-sémitiques* 17, Paris, 1972-1973, p. 137-162.

« The Position of the Demonstrative *da*, *di* in Egyptian Arabic: A Diachronic Inquiry », *AnIsl* 15, 1979, p. 349-357 ; http://www.ifao.egnet.net/anisl/15/13/

« Sur l'évolution de *qad* dans le système des particules verbales de l'arabe », *Comptes rendus du Groupe linguistique d'études chamito-sémitiques* 24-28, 2, Paris, 1979-1984, p. 359-364.

« Valeurs et emplois des formes verbales en arabe du Caire », *Matériaux arabes et sudarabiques* 3, 1985-1986, p. 133-153.

« Sur l'emploi du préfixe verbal *b-* en arabe littéral parlé » *in* Ducos, Gisèle (éd.), *Actes du 12e Colloque de la Société internationale de linguistique fonctionnelle (Alexandrie, Égypte, 17-22 août 1985)*, La Société, Paris, 1986, p. 188-192.

« Langue arabe » *in* Luthi, Jean-Jacques, Zananiri, Gaston & Viatte, Auguste (éd.), *Dictionnaire général de la francophonie*, sous le patronage du Haut Comité de la Francophonie et du Secrétariat Général de la Langue Française, Letouzey et Ané, Paris, 1986, p. 51-52.

« Les variétés linguistiques en usage à la télévision égyptienne », *Bulletin du CEDEJ* 21, Le Caire, 1er semestre 1987, p. 63-74.

« Further Remarks on the Use of *b*-imperfect in Spoken Literary Arabic », *Zeitschrift für arabische Linguistik*, 17, 1987, p. 93-95.

تجديد اللغة العربية: هل يعتمد على دراسة اللهجات العامية؟، الأهرام، ١٩٩٠.
Taǧdīd al-luġa al-ʿarabiyya. Hal yaʿtamidu ʿalā dirāsat al-lahaǧāt al-ʿāmmiyya? [Le renouvellement de la langue arabe. Doit-il s'appuyer sur l'étude des dialectes arabes ?], *al-Ahrām*, 27 avril 1990.

دراسة اللغة العربية بين الحقيقة والتحييز الأيديولوجي، الأهرام يوليو، ١٩٩٠.
Dirāsat al-luġa al-ʿarabiyya bayna al-ḥaqīqa wa-l-taḥayyuz al-aydyūlūǧī [L'étude de la langue arabe entre vérité et partialité idéologique], *al-Ahrām*, 20 juillet 1990.

« Dialecte, échanges et oralité », *Paroles* 4, 1er semestre 1991.

« L'emprunt linguistique », *Paroles* 5, 1er semestre 1992, p. 98-104.

« La norme linguistique en Égypte : pratiques et orientations », *Aujourd'hui l'Égypte* 19, Le Caire, 1992, p. 107-109 ; également dans l'édition anglaise de la revue.

« L'idéologie linguistique à travers un débat sur l'ordre des mots en arabe », *L'Égypte en chemin. Mélanges offerts au père Maurice Martin*, textes réunis par Christian Decobert, Ifao, Le Caire, 1992, p. 167-174.

« Linguistic Thought in Egypt: Main Concerns », *Al-Ahram Weekly*, 13-19 mai 1993.

« À propos de réformes linguistiques », *La Traduction*, dossier de *Paroles* 6, 1993, p. 5-98.

« Des écrivains publics à ʿAtaba », *Égypte/Monde arabe* 14, 1993, p. 37-60 ; https://ema.revues.org/559. Trad. arabe : « *al-Kataba al-ʿumūmiyyūn fī ḥayy al-ʿAtaba* » ; sélection arabe publiée par le Cedej, *Miṣr wa-l-ʿālam al-ʿarabī*, Le Caire, juin 1994, vol. 2.

« Discours de réforme *in* Roussillon, Alain (éd.), *Entre réforme sociale et mouvement national. Identité et modernisation en Égypte (1882-1962)*, Cedej, Le Caire, 1995, p. 235-256 ; http://books.openedition.org/cedej/1415

« Les espèces d'actants en arabe littéraire et en arabe dialectal égyptien », en collaboration avec Chantal Charnet, *in* Madray-Lesigne, Françoise & Richard-Zappella, Jeannine (éd.), *Lucien Tesnière aujourd'hui. Actes du colloque international. CNRS URA 1164-Université de Rouen, 16, 17, 18 novembre 1992*, Peeters, Paris, Louvain, 1995, p. 349-354.

« Some Remarks on the Oral Factor in Arabic Linguistics » *in* Harviainen, Tapani, Parpola, Asko & Halen, Harry, *Dialectologia Arabica: A Collection of Articles in Honour of Sixtieth Birthday of Professor Heikki Palva*, Finnish Oriental Society, Helsinki, 1995, p. 49-61 ; en ligne dans *Studia Orientalia Electronica* 75, 2014 : https://journal.fi/store/article/view/45177

« Comparative Sources for the Study of 17th Century Egyptian Arabic » *in* Cremona, Joe, Holes, Clive & Khan, Geoffrey (éd.), *Proceedings of the 2nd International Conference of L'association internationale pour la dialectologie arabe: Held at Trinity Hall in the University of Cambridge, Cambridge 10-14 September 1995*, University Publications Centre, Cambridge, s.d. [1996], p. 31-40.

« Military Chronicles of 17th Century Egypt as an Aspect of Popular Culture » *in* Dévényi, Kinga & Iványi, Tamás (éd.), *Proceedings of the Colloquium on Logos, Ethos, Mythos in the Middle East and North Africa, Budapest, 18-22 September 1995*, dossier de *The Arabist: Budapest Studies in Arabic* 17-18S, Eötvös Loránd University Chair for Arabic Studies, Budapest, 1996, p. 67-79.

« Réflexions sur les débuts de l'écriture dialectale en Égypte » *in* Doss, Madiha & Miller, Catherine (éd.), *Les langues en Égypte*, dossier de *Égypte/Monde arabe* 27-28, 3e et 4e trimestres 1996, p. 119-146 ; https://ema.revues.org/1928

«العامية المصرية عند عبد الله النديم»، بحوث ندوة الاحتفال بذكرى مرور مئة عام على وفاة عبد الله النديم المقامة في الفترة من ٢٧ مايو سنة ١٩٩٥ الى ٢٩ مايو سنة ١٩٩٥، القاهرة، المجلس الأعلى للثقافة، ١٩٩٧، ٢٩١-٣٠٠.

al-ʿĀmmiyya al-miṣriyya ʿinda ʿAbdallah al-Nadīm, Buḥūṯ nadwat al-iḥtifāl bi-ḏikrā murūr mi'at ʿām ʿalā wafāt ʿAbdallah al-Nadīm al-muqāma fī al-fatra min 27 māyū sanat 1995 'ilā 29 māyū sanat 1995 [Le dialecte égyptien chez ʿAbdallah al-Nadīm, Travaux de la table ronde pour le centenaire de la mort de ʿAbdallah al-Nadīm, 27-29 mai 1995], al-Mağlis al-Aʿlā li-l-Ṯaqāfa, Le Caire, 1997, p. 291-300.

«بعض الملاحظات حول تدريس المواد العلمية باللغة الاجنبية في مدارس اللغات»، قضايا فكرية، ١٧-١٨، لغتنا العربية في معركة الحضارة، القاهرة، ١٩٩٧، ١٤٥-١٥٠.

Baʿḍ al-mulāḥaẓāt ḥawla tadrīs al-mawādd al-ʿilmiyya bi-l-luġa al-'ağnabiyya fī madāris al-luġāt [Quelques remarques sur l'enseignement des matières scientifiques en langue étrangère dans les écoles de langues], *Qaḍāya fikriyya* 17-18, *Luġatunā al-ʿarabiyya fī maʿrakat al-ḥaḍāra* [Notre langue arabe dans la bataille de la civilisation], Le Caire, 1997, p. 145-150.

« Dialecte égyptien et questions de langue au XIXe siècle. Le cas de ʿAbd Allāh Nadīm », *Matériaux arabes et sudarabiques*, nouvelle série 8, 1997, p. 143-170.

« Comments of "The Reproduction of Symbolic Capital. Language, State, and Class in Egypt" », Niloofar Haeri », *Current Anthropology* 38, 5, 1997, p. 795-816.

« *Shakespeare bi-l-'āmmiyya al-miṣriyya… man yaqra'uhu?* » [Shakespeare en dialecte égyptien… qui le lit?], *al-Kutub Wiğhat Naẓar* 9, octobre 1999, p. 68-71.

« *Addendum* to Gunvor Mejdell », « Aspects of Formal Spoken Arabic in Egypt – *Lugha Wusta* or *Lughat al-Muthaqqafiin*. A View from the North », *al-Logha*, Cairo Linguists Group/Arab Research Center 2, 2000, p. 22-25.

« Analyse comparée d'une forme hybride du discours rapporté », *al-Logha* 2, 2000, p. 29-56; http://www.mohamedrabeea.com/books/book1_3819.pdf

« Entre écrit vernaculaire et graphie latine : une identité partagée » *in* Charnet, Chantal (éd.), *Communications interculturelles et processus référentiels*, Praxiling « Le fil du discours », Publications de l'université Paul-Valéry - Montpellier III, Montpellier, 2001, p. 117-135.

« Une femme de l'élite égyptienne entre deux cultures : la correspondance de Safia Zaghloul » *in* Naguib, Saphinaz-Amal (éd.), *The Intangible Heritage of the Mediterranean: Transmission, Adaptation and Innovation*, Department of Culture Studies, University of Oslo, Oslo, 2002, p. 149-167.

« Forms of Reported Speech in Arabic Within the Perspective of Diglossia and Oral Writing » in *Mélanges David Cohen. Études sur le langage, les langues, les dialectes, les littératures, offertes par ses élèves, ses collègues, ses amis, présentées à l'occasion de son quatre-vingtième anniversaire*, Textes réunis et édités par Jérôme Lentin et Antoine Lonnet, avec l'aide d'Aziza Boucherit, Arlette Roth, Catherine Taine-Cheikh et Omar Bencheikh, Maisonneuve & Larose, Paris, 2003, p. 192-201.

« Le français en Égypte. Histoire et présence actuelle », *Bulletin of the Faculty of Arts, Literature and Linguistics* 63, 1, Cairo University, Le Caire, janvier 2003, p. 19-75. Version abrégée dans *Cahiers de l'Association internationale des études françaises, Les études françaises au Liban et en Égypte*, Paris, mai, 2004, p. 75-98; http://www.persee.fr/doc/caief_0571-5865_2004_num_56_1_1528

« Qui écoutera Zakiyya? » *in* Walid El Khachab (éd.), *Arabes : sortir du marasme*, Panoramiques 66, Éditions Charles Corlet, Paris, 2004, p. 109-112.

« Cultural Dynamics and Linguistic Practice in Contemporary Egypt » *in* Abdelrahman, Maha, Hamdy, Iman A., Rouchdy, Malak S. & Saad, Reem (éd.), *Cultural Dynamics in Contemporary Egypt*, Cairo Papers in Social Science 27, 1-2, The American University in Cairo Press, Le Caire, New York, 2006, p. 51-68.

رحلة الترجمان عبر الزمان والمكان [*Riḥlat al-turǧumān ʿabra al-zamān wa-l-makān* / The Dragoman's Journey Through Time and Space], *Alif: Journal of Comparative Poetics* 26, AUC Press, Le Caire [*Šahwat al-tirḥāl: adab al-riḥla fī Miṣr wa-l-šarq al-awsaṭ* / Travel Literature of Egypt and the Middle East, Wanderlust], 2006, p. 64-84; trad. en français: « Le parcours du drogman dans le temps et l'espace », *Matériaux arabes et sudarabiques*, nouvelle série 12, 2006-2010, p. 63-88.

« Les cursus universitaires », *Actes des journées de réflexion. Finalités et modalités de l'enseignement de la langue française en Égypte*, Centre français de culture et de coopération, Le Caire, 2007, p. 111-114.

« Réflexions sur le rapport du pouvoir à la langue », *Actes du colloque international « Discours et relations de pouvoir », Université du Caire, 29-31 octobre 2006*, Faculté des lettres, Département de français, Le Caire, 2007, p. 270-280.

« Indirect Speech » *in* Versteegh, Kees *et al.* (éd.), *Encyclopedia of Arabic Language and Linguistics*, vol. 2, Brill, Leyde, 2007, p. 331-333.

« Evolving Uses in Cairene Egyptian Arabic: Negation Forms », *Estudios de dialectología norteafricana y andalusí* 12, 2008, p. 83-91; http://ieiop.unizar.es/pub/5mdoss.edna12_foca8b31.pdf

« Remarques sur les variétés mixtes de l'arabe dans les ordres du jour durant l'Expédition d'Égypte » *in* Lentin, Jérôme & Grand'Henry, Jacques (éd.), *Moyen arabe et variétés mixtes de l'arabe à travers l'histoire, Actes du Premier Colloque international (Louvain-la-Neuve, 10-14 mai 2004)*, Publications de l'Institut orientaliste de Louvain 58, Université catholique de Louvain, Institut orientaliste, Peeters, Louvain, 2008, p. 141-164.

« *al-Manšūrāt wa-l-awāmir al-ṣādira bi-l-luġatayn al-ʿarabiyya wa-l-firansiyya bayna aʿwām 1798-1801* » [Décrets et ordres du jour en arabe et en français, 1798-1801] *in* Ibrāhīm, Nāṣir Aḥmad (éd.), ʿAbbās, Raʾūf (superv.), *Miʾatā ʿām ʿalā al-ḥamla al-firansiyya. Ruʾyā miṣriyya* [Deux cents ans après l'expédition française. Un point de vue égyptien], Maktabat al-Dār al-ʿArabiyya li-l-Kitāb, Le Caire, 2008, p. 195-213.

« Politique linguistique et juridiction des langues en Égypte » *in* Moussirou-Mouyama, Auguste (éd.), *Les boîtes noires de Louis-Jean Calvet*, L'essentiel français, Éditions Écriture, Paris, 2008, p. 208-226.

مع محمد أبو الغار، «من أجل جامعة أفضل: مجموعة ٩ مارس» ألف– مجلة البلاغة المقارنة، العدد التاسع والعشرون 2009.

[avec Muhammad Abulghar / *Min ağl ğāmi'a afḍal: mağmū'at 9 māris* / « For a Better University: March 9 Group » *in* Switzer, Robert (éd.), *The University and Its Discontents: Egyptian and Global Perspectives*, dossier de *Alif: Journal of Comparative Poetics* 29, AUC Press, Le Caire, 2009, p. 89-100.

« *Ḥāl id-Dunyā:* An Arabic News Bulletin in Colloquial (*'Āmmiyya*) » *in* Bassiouney, Reem (éd.), *Arabic and the Media: Linguistic Analyses and Applications*, Brill, Leyde, Boston, 2010, p. 123-140.

avec la collaboration de Battesti, Vincent, « Les pratiques linguistiques et leurs contextes sociaux » *in* Battesti, Vincent & Ireton, François (éd.), *L'Égypte au présent. Inventaire d'une société avant révolution*, Bibliothèque arabe, Hommes et Sociétés, Sindbad-Actes Sud, Paris, 2011, p. 971-993.

« A Reading of Savary's Grammar in the Context of the Growing French Influence in North Africa and the East Mediterranean » *in* Ibrāhīm, Nāṣir Aḥmad (éd.), *Ğadal al-mawḍū'iyya wa-l-ḏātiyya fī kitābat tārīḫ Miṣr. Dirāsāt muhdāt' ilā al-mu'arriḫa al-kabīra Nelly Hanna, Objectivity and Subjectivity in the Historiography of Egypt, in Honour of Nelly Hanna*, al-Hay'a al-Miṣriyya al-ʿĀmma li-l-Kitāb, Le Caire, 2012, p. 113-144.

« Une tradition didactique appliquée à l'arabe. Les dialogues Pétis de La Croix – Savary » *in* Den Heijer, Johannes, La Spisa, Paolo & Tuerlinckx, Laurence (éd.), *Autour de la langue arabe : études présentées à Jacques Grand'Henry à l'occasion de son 70e anniversaire*, Publications de l'Institut orientaliste de Louvain 61, Université catholique de Louvain, Institut orientaliste, Louvain-la-Neuve, 2012, p. 189-206.

« L'arabe vulgaire et la grammaire de Claude-Étienne Savary. Discussion de l'intervention d'Aurélien Girard » *in* Larzul, Sylvette & Messaoudi, Alain (éd.), *Manuels d'arabe d'hier et d'aujourd'hui : France et Maghreb, XIXe-XXIe siècle*, Éditions de la Bibliothèque nationale de France, Paris, 2013, p. 27-30 ; http://books.openedition.org/editionsbnf/237

« Apparition du concept "d'arabe vulgaire" » in *Débuts en comparaison*, Textes recueillis et présentés par Amina Rachid avec la collaboration de Salma Mobarak, Publisud, Paris, 2015, p. 199-208.

Présentations / Préfaces

« Présentation » *in* Charnet, Chantal & Doss, Madiha (éd.), *La Traduction*, dossier de *Paroles* 6, Centre d'études françaises, Ambassade de France en République arabe d'Égypte, Le Caire, 1993, p. 7-8.

« Introduction », en collaboration avec Catherine Miller, *in* Doss, Madiha & Miller, Catherine (éd.), *Les langues en Égypte*, dossier de *Égypte/Monde arabe* 27-28, *Les langues en Égypte*, 3e et 4e trimestres 1996, p. 7-21.

« Préface » (en arabe), *al-Logha*, Cairo Linguists Group, Arab Research Center : no 2, 2000, p. V-VI ; no 3, 2002, p. 5-6 ; no 4, 2003, p. 5-7 ; no 5, 2005, p. 5-7, no 6, 2007, p. 5-10.

Traductions

Emad Abou Ghazi, « Observations sur la langue à travers l'étude d'actes notariés de l'époque mamelouke », *Les langues en Égypte*, dossier de *Égypte/Monde arabe* 27-28, 3e et 4e trimestres 1996, p. 147-156.

'Abd al-Rahmân Farag Allah, « La question de la langue dans la presse égyptienne », *Les langues en Égypte*, dossier de *Égypte/Monde arabe* 27-28, 3e et 4e trimestres 1996, p. 435-449.

Révision de la traduction en arabe de Calvet, Louis-Jean, *Pour une écologie des langues du monde* : Calvet, Louis-Jean, *Īkūlūǧyā luġāt al-ʿālam, tarǧamaṯ* Ǧamāl al-dīn Bātsī (Patsy), *murāǧaʿa wa-taqdīm* Madīḥa Dūs, al-Maǧlis al-Aʿlā li-l-Ṯaqāfa, Le Caire, 2004, 355 p.

Révision de la traduction de *Diglossia* de Charles Ferguson (*Word* 15, p. 325-340), par Muḥammad al-Šarqāwī, *al-Logha* 6, 2007, p. 6-41.

Révision de la traduction en arabe de Niloofar Haeri, *Sacred Language, Ordinary People: Dilemmas of Culture and Politics in Egypt*, traduit par Elham Aidarous (Ilhām 'Aydārūs) et publié par al-Markaz al-Qawmī li-l-Tarǧama, Le Caire, 2011.

Compte rendu

« Ditters, Everhard & Motzki, Harald (éd.), *Approaches to Arabic Linguistics: Presented to Kees Versteegh on the Occasion of his Sixtieth Birthday*, Brill, Leyde, 2007, 762 p. », *Revue des mondes musulmans et de la Méditerranée* 126, novembre 2009 ; http://remmm.revues.org/6307

I

Muhammad Abulghar
The American University in Cairo, Faculty of Medicine

As a Token of Friendship*

It is not an easy task writing about someone close to your heart and mind—and it is of utmost importance to be truthful when composing a "portrait" of someone. I will therefore set aside all personal feelings before I start writing.

Madiha co-founded the Cairo-based Linguists' Society in the early 1990s, a vibrant group, active for many years, which attracted several academics who did not necessarily specialize in Linguistics. Madiha's research in her field of study demonstrated her ability to excavate the past and dig out extremely curious elements hardly noticed by anyone else previously. In this way, she turned dry knowledge into one that represented Egyptians from times gone by, simultaneously delighting her contemporaries and teaching them a great deal about their past.

Madiha, who grew up an enamored scholar of French, can explicitly voice her opinion that it is a language of little value in the Egyptian context, identifying openly with school students who complain about studying the language—in my opinion a sign of her democratic thinking and broad-mindedness.

Despite Madiha's clear modesty, she is a highly cultivated person and an avid reader in different fields of knowledge (albeit a selective one, for she may rave about a work that did not widely appeal to others or avoid a bestselling one thinking it was not profound or real enough). Madiha lived

* Originally written in Arabic, this article was revised by Nael Eltoukhi (journalist and writer), and translated from Arabic by Walid El Hamamsy (Assistant Professor, English Department, Cairo University).

in France and came to know French culture profoundly, as she also did Anglo-Saxon culture when she studied at the University of California, Berkeley—the university of "the left". Additionally, she is very fond of Egyptian culture, especially literature and plastic arts. Her academic studies led her to know Egyptian writings of the post-French occupation period well, especially as regards written and spoken language, and she has a deep interest in how that language developed into the Arabic we know and use today.

Madiha is a true academic through and through. She may invest profound energy in teaching or supervising academic theses, but her main interest remains to be research. She is a rigorous scholar who meticulously consults documents and manuscripts to come up with up-to-date and creative research. The French invasion of Egypt in the late 18th century spearheaded by Napoleon accompanied by a host of scientists, historians, and artists may have instigated her academic interest in Egyptian history, focusing on her narrow specialization—Linguistics—a dry and difficult discipline which she managed to turn into knowledge and art that delight researchers and readers alike.

Madiha managed to maintain her academic integrity amidst a chaotic jungle of mediocre research in Egyptian universities. She has always defended intellectual property and fought plagiarism, a phenomenon so common to the point of passing undetected or penalized. Her strict academic integrity stood as a hard wall in the face of some of her students wishing to present previous research as new.

Madiha's refusal as a respectful academic to remain secluded in her academic ivory tower led her to side with students and junior academics, and she fought many a hard battle in the French Department where she teaches, harder ones still with the university's senior administration and the Ministry of Higher Education, when she participated in founding the March 9 Movement in support of university independence and academic freedom in the early 2000s. She has equally spared no effort to see that academic freedom a reality on campus, disseminating the Movement's publications and meeting officials to staunchly defend her principles, participating in university elections against the Muslim Brothers in support of March 9 and academic freedom.

She also participated in various anti-Mubarak protests and actively joined an opposition political party. All of this Madiha did wholeheartedly, her critical academic intellect stopping her from joining underground political organizations or assuming any leadership positions in political parties.

None of Madiha's relatives could imagine her participation in the January 25th Revolution, becoming an inseparable part of it from its outset, calling for freedom and the abduction of Mubarak, or that she would stay on Tahrir Square for as long as she did. Docile, calm Madiha suddenly became all revolutionary—fearless, indifferent to hazards!

Because of her close knowledge of history, Madiha believes in civil governance through and through, and she is profoundly sensitive to military rule in all its forms. She is energetic, proactively seeking to participate in various activities at the same time, putting concentrated effort in all of them simultaneously—except when she realizes she has a secondary role to play or that she is not adding anything of value—then she immediately withdraws. She is not one who seeks decorative memberships in tens of activities; she likes to be a truly active member—or not be one at all.

Madiha grew up in a bourgeois family, one that is not only well off but also has profound knowledge of local and global cultures. This, however, did not prevent her from being in touch with the downtrodden or sincerely befriending porters, peasants, or small workers. At the same time, Madiha has wide-ranging relationships with the youths due to her profession as a university professor. One such particularly admirable relationship is that she has with her socially, culturally, and politically active daughters: Shams and Malak, one that she took to the level of friendship and which allowed her close contact with many other young people.

Madiha is equally a first-rate mother, giving her daughters much love, care, and—above all—freedom, becoming for them a role model of what a truly knowledge-hungry, inquisitive researcher and scholar should be like. And the daughters in turn have grown to be two persevering activist girls, displaying much freedom and responsibility in their choices, whether these concern their studies, political allegiances, or marriages. In all of this, Madiha never interfered, remaining content with her chosen role of remote guidance, accepting her daughters' different choices lovingly and openly. Both daughters may well have already received their PhD degrees by the time this book is published.

Madiha belongs to a family that most Egyptians would call financially "comfortable", a fact that never stopped her from donating for various causes, to charities and the working class among her acquaintances in Cairo and Fayyoum, generously supporting youths, political detainees, and the ill.

She is perceptive, sharply intelligent, and very sensitive to subtle hints, yet she modestly abstains from bragging about that intelligence, preferring a humble and non-assuming demeanour.

Coptic by birth, she remains first and foremost an Egyptian citizen, in whose life religion only plays a marginal role, a curious phenomenon in a country where religion occupies center stage, entangling itself in various aspects of Egyptians' lives—Muslim or Christian.

Religion plays only a limited role in Northern Europe, where many societies have freed themselves from its dominance. And in my opinion, just like the case in many Scandinavian countries, for instance, the Church plays only a small role in Madiha's life. Egyptians are a deeply religious people, paying rituals special attention that occupies a large portion of their lives and influences their language and daily behavior. Yet Madiha, who—like many Egyptians, Muslim or Christian—knows the importance of religion and rituals for her society, believes that religion should be a very private relationship between individuals and God, one that should not be discussed with anyone or questioned by anyone. Madiha does not care much for religious appearance or rituals, in that sharing the views of many of her friends, including the author of these words, yet that has never stopped her from recognizing the importance of religion for the vast majority of Egyptians, especially the underprivileged.

Madiha may seem a simple and easy-going woman at first sight. And that may hold true for the simple aspects of her daily life. She eats whatever comes her way without fussing over what or where and dons the simplest of clothes, for instance. Yet Madiha can be very obstinate and hard-headed when it comes to her principles and convictions, accepting no compromises about these, except with difficulty and on the smallest of scales. She is always on the left of those she knows, adopting progressive views in siding with the poor or defending equality.

Madiha's social allegiances have always been crystal clear: aligning herself with the poor. For belief in social justice is part and parcel of her conscience and her formation. This stance by an individual from a bourgeois family whose life revolved in the same privileged milieu made her shy away from her class and seek to integrate herself among radical youths rejecting a life of extravagance, or like-minded individuals from her own class. Such large religiously, culturally, and intellectually varied groups constitute Madiha's true friends with whom she spends most of her time. And all of Madiha's friends are profoundly patriotic, valuing Egypt above all else.

Friendship is of such great significance for Madiha, and she has a wide circle of male and female friends in various walks of life and of various leanings. Such friendships are not delineated by religion, race, or gender; rather, they are defined by intimate human relations. And Madiha skillfully and spontaneously knows how to foster relationships with her friends. Knowing very well their variety and difference, she gives each of her friendships precisely what is needed to keep and develop that particular friendship.

Madiha loves life and lives each moment with taste, whether as an avid reader, a plastic art connoisseur, or a good music and film lover. And she has her own views on everything she watches, declaring these openly even when they deviate from everyone else's views. She knows how to nourish relationships with all her friends, enjoying a fancy dinner in a five-star restaurant with a group of friends as much as enjoys an inexpensive dinner of fava beans and falafel on a street sidewalk with another group.

Madiha, first and foremost, is a true human being, one with a big heart that radiates love to all who come near her, whether her porter Karim or any of her close friends—tens of them all over the world.

Ellis Goldberg
University of Washington, Department of Political Science

From Berkeley 1970, to Cairo 2012

Berkeley in the early 1970s was in the twilight of the political upheavals that had begun a decade before. The University of California campus had become internationally known for its contributions in mathematics and the physical sciences and attracted students from around the globe. As veterans of the Free Speech Movement entered local politics they too became more cosmopolitan and aware of the world outside. The university and the world in which its faculty and many of its students were immersed became a more dominant presence in everyday life. The continuing war in Vietnam, the civil conflict in Northern Ireland, the coup against Allende in Chile, and even the genocide in Bangladesh were topics of debate and discussion at pubs and cafes like the Chilean themed La Pena or the Irish-oriented Plough and the Stars.

It was in that world more than 40 years ago as I write this that I first met Madiha Doss. Within the United States and even Berkeley neither the social nor the political conflicts in the Middle East attracted quite as much interest. So it was harder to keep up on events especially if you were using the American media, which, when it paid attention at all to the region, was unselfconsciously disposed to see it in an Israeli optic.

I think we both wanted to read the latest copy of *Le Monde* in the Morrison Reading Room of the Bancroft Library at Berkeley. In those days the latest copy meant an issue at least a month old, but it provided a window on other news and other ways of looking at the news. For Americans *Le Monde* was still an exotic source of news but for Madiha it was more a welcome relief from the steady diet of coverage in the local media.

If I recognized the slight, light-haired and clear-eyed woman who was reaching for the same newspaper, however, we must have met earlier.

Perhaps it was at an event in solidarity with Palestine or perhaps it was with a group of international graduate students. We talked a lot of politics but for the international students, who were rarely citizens, any direct political activity could easily threaten their visas. It was never easy, either, to guess exactly how the frequently conservative faculty would react to their graduate students. This was especially so because faculty members sometimes personalized events in the larger political world.

Madiha was studying linguistics with a special interest in Arabic. She had a call late one evening in early October 1973 from Professor Ariel Bloch. Bloch was Jewish, something that in the ordinary course of things was no issue, and a specialist in comparative Semitics. Those days the atmosphere in the US was intense around the war because at first it seemed as if the Egyptian and Syrian armies would penetrate the borders of Israel. As it turned out, however, whatever his personal concerns about the war, the events along the Suez Canal were not directly on his mind. He had a question about Arabic linguistics that evidently it hadn't occurred to him to wait until the next time he saw her.

I was writing about international affairs for a now defunct left-wing newspaper and the circle of friends I shared with Madiha and her then husband Ramez was especially helpful to me by giving me both insights into life in their home countries but also in occasionally translating statements and news articles. And just as is the case now there was an intense debate about whether the destiny of Palestine and Israel was as one state or two. At the time, however, the argument that Palestine would be a separate state from Israel (which would continue to exist) was the edgier and less popular view among the Arab students.

What stands out, however, are the more relaxed and enjoyable social events we all shared. They were casual and innocently irreverent in a way I doubt is common any more. We would have picnics at the local parks that dot the Bay area and always had built-in grills and tables as well as shaded areas to sit and walk. George, a Palestinian graduate student from Jordan with a wicked sense of humour who had married a Palestinian-American from south of San Jose, pronounced the "bismillah" before "sacrificing" a watermelon for dessert at one picnic.

The irreverence went hand in hand with a remarkable generosity: we shared Brazilian, Chilean, and Tunisian meals as well as Egyptian and Palestinian food. Beyond the food was a spirit of inclusion that I've always admired. When I first arrived in Egypt in 1977 Madiha and Ramez invited me to their apartment for dinner. In 1979, on the verge of their departure from Cairo for Paris, they invited me to move in with them for a month before they left and left the apartment in my care.

Shams, Madiha's older daughter, had been born not long before. Madiha as a young mother showed a different side than I had seen in Berkeley: at once tender but immensely energetic and committed to doing whatever was necessary. Unlike Berkeley these were not casual interactions from month to month. I was sleeping in the living room and Madiha was preparing to leave as well as care for an infant. There were no supermarkets in Cairo at the time nor did the local grocers stock pasteurized milk. Madiha had an itinerant vendor who travelled by bicycle delivering milk once or twice a week. You can still, rarely, see these bikes with their characteristic milk cans parked in the streets. It looks very organic and healthy. What it really meant though was that Madiha had to spend a considerable amount of time boiling the milk after each delivery and then filling bottles with it so it could be refrigerated.

And there was her relentless war on flies. I doubt any fly ever made it to within a meter of Shams before her mother advanced with a flyswatter and cans of insecticide. I think she had both varieties: the pump version and the can with enough internal pressure to spray on its own.

I saw Madiha somewhat less often after my own children were born because I travelled less. Luckily Madiha writes wonderful letters—initially on real paper that arrived from Cairo or the occasional trip to Paris or Istanbul and then later electronically.

When I returned to Cairo from time to time over the following two decades I frequently stayed with Madiha and her daughters or in a small hotel next door. The neighbourhood has changed significantly over the years. There is more traffic. The buildings are taller and more of them are crowded into what were once green spaces. Madiha's household has also changed: there is now piped natural gas instead of butane cylinders for the stove and the ubiquity of cell phones makes it hard to recall a time when the land line was connected by two thin wires that went up the outside of the building to the roof and international telephone calls required an appointment with the national telephone authority.

The sense of tranquillity that pervades the household has not changed, however. Most households have their own rhythms. Sometimes the rhythm of a daily meal when everybody sat down to talk about the day was part of that sense because even if the day hadn't been easy there was always a place to talk about it. Sometimes it was just a quiet cup of tea.

Tranquillity was not always easy to maintain especially in the years of her mother's final illness around the turn of the century when Madiha was in what is sometimes called the "sandwich generation" trying to care for both elderly parents and not quite fully adult children. As a job on its own this would have been difficult, but Madiha managed to do it while keeping up her schedule of research and teaching. This was around the time I was coping with more or less the same issues: adolescent children and an elderly and ailing parent. It was around that time we must have both started to get greying hair.

I mention this because I realize that I've now known Madiha most of my adult life and we've had some similar experiences with our children, our parents, and even our own brushes with mortality during the last decade.

Meals are part of the rhythm of life but so is participation in a variety of cultural events many of which I'm sure I never would have experienced unless Madiha had taken me along.

Two of them are indelible and they probably both occurred between 2002 and 2007. The first was a concert of Central Asian music in a restored Mamluk palace. Although the exact date escapes me, I remember that it was a very warm Thursday night when we took a cab to the then recently restored Amir Taz palace to hear two performances. One was of Uzbek music and the other Afghan. The music was delightful and the venue was spectacular. The restoration and repurposing of the palace provided hope that perhaps Cairenes could look forward to regain the use of their architectural patrimony and also simply that there were hopeful ways to imagine the future. As the concert ended, however, it became clear that the weekend traffic was too dense for us to easily get a cab. Or more accurately we could have gotten a cab and sat in traffic for an hour. Madiha asked if I minded walking. I said no so we talked several miles to a large street in a different part of the city where there were as many cars but the streets were wider and less congested.

The other experience that stands out for me was completely at the other end of the cultural continuum. This was an Arabic rap group performing at the Saqiya Cultural Wheel complex in Zamalek. The group no longer exists but they were energetic, clever and vibrant. Talking to them it turned out that one of them had lived for several years in a Seattle suburb not far from where I live. His mother had been a maid in a Seattle hotel and he had lived through the initial years of the hip-hop explosion in the US.

I'm not sure I know anybody (except perhaps professional musicologists) whose taste is as broad as Madiha's and I'm quite sure that I don't know anyone else whose curiosity alone would have led her to want to experience these divergent modes of expression. Or simply to strike out late at night on foot across an unfamiliar part of a giant city rather than wait for a taxi.

In addition to the people in the house when we first met Madiha also had two cats. I'm pretty sure that the idea of rescuing cats was not very common back then but Madiha had two. One, Dendash, had been injured and had to drag himself around, but he was also part of the household. Luckily before she left for Paris Madiha arranged for me to receive a regular supply of barley straw (which is why I happen to have rather strong associations with the Arabic word for barley) as a form of cat litter. I don't know how many of Madiha's friends now think of her as an animal activist but there she was.

Although I don't think the issue was animals. She was always, I think, motivated by a strong desire to confront unfairness. I think it's a more or less automatic part of her personality—to defend anyone weaker or feebler or simply wronged. The most dramatically inspiring moment was during a street demonstration in 2012 when she was arguing with a supporter of the army who must have been at least twice her weight and half a meter taller about where Egypt was going. The demonstration itself was in support of a group called "kaziboon" (liars) who engaged in impromptu video showings designed to demonstrate that the leadership of the Egyptian Armed Forces were lying. It was late at night and on the edge of the busy street that divides Zamalek in half. Between the traffic whizzing by and the anger of many spectators and passers-by that anyone could accuse the Army of lying it was a surreal night. For a moment I really thought the man shouting at Madiha was going to smack her halfway across the street. But she didn't give up for a moment. She never does. And in the end he backed down.

Amina Rachid
Université du Caire, Faculté des Lettres

Récit de vies croisées

Rapprochées par l'amitié, par l'Égypte, par des parcours de vies très différents et semblables, par notre carrière universitaire au sein d'un même département à l'université du Caire, Madiha et moi avons partagé beaucoup d'instants précieux et uniques. Ce texte est un récit d'enfance, la mienne, et peut-être aussi, celle de Madiha et d'autres, grandir parmi les nantis d'un pays pauvre et vivre entre deux langues, le français et l'arabe, construire une identité en partie dans nos modes de vie et nos domaines de recherche, elle en linguistique et moi en littérature comparée. Écrit pour Nadim, mon petit-fils, je lui offre ce récit en songeant qu'elle le lira à Dalila, sa petite-fille qui vient de naître.

Tu es né loin de moi et tu grandiras sans doute loin de moi. Et peut-être ne pourrai-je pas te suivre très longtemps. Je vais avoir 67 ans dans deux semaines. Je n'ai pas le sentiment d'être une vieille femme. Je continue à aimer la vie, elle me donne encore beaucoup de moments heureux. Et pourtant…

Elsa, ta maman, m'a demandé un jour de poursuivre cette autobiographie que j'ai commencée, qui dort dans un tiroir en fragments dans le fouillis de mes papiers. Elle a ajouté : *J'aimerais que mes enfants sachent qui était leur grand-mère.*

Qui était-elle ? Qui est-elle ?

Te dire d'abord la petite fille qui a grandi aux confins du Caire dans cette architecture bizarre d'une villa au toit européen entourée d'un jardin magnifique au cœur d'un quartier populaire. Depuis, la contradiction n'a cessé de me poursuivre. D'une classe à l'autre. J'ai émigré de la grande bourgeoisie terrienne à la petite bourgeoisie de mon pays, puis à la campagne, j'ai vécu en Égypte et en France, dans des maisons diverses, étrangère dans l'intimité, dans un désir constant de racines, d'appartenance. J'ai poursuivi un idéal, être peuple, agir pour un avenir meilleur pour notre peuple que je voyais misérable derrière les grilles de notre jardin. Et puis cette ligne tantôt droite, tantôt brisée des études en gros réussies, malgré des failles que j'étais seule à voir. Te les raconterai-je ?

Et ce difficile passage entre les langues. J'ai grandi en français, avec l'arabe à côté, le français des femmes, de Khadiga Sedky, ma mère, et de mes deux tantes Amina et Bahia, ses deux sœurs, l'arabe des hommes, de la politique, des domestiques, du peuple.

Dans cette maison vivait plein de monde. Il y avait la « grande maison » et la « petite maison ». Dans la première vivaient ma mère et mon père, Ibrahim Rachid, ma tante Bahia et son mari, Ali Marei, et dans la seconde il y avait mon frère Ismail et moi, les enfants de Bahia et Ali, Fawzia dite « Bouffo », Amin dit « Boubi » et Malak qu'on appelait parfois du prénom ridicule de « Titissa ». Il y avait aussi ma tante Amina qui avait divorcé d'avec son mari, le prince Ismail Toussoun.

Amina était un personnage fascinant. Pour nous les enfants elle faisait régner la terreur, interdisant tout ce que nos parents relativement permissifs laissaient faire. Mais elle était belle et surtout avait ce qu'on appelait chez moi « un charme fou ». Elle était passionnée, un peu folle disait-on autour de moi. Après son divorce elle a vécu avec nous, dans la petite maison, s'adonnant corps et âme à des œuvres de charité : « La femme nouvelle » où l'on enseignait la couture à des jeunes filles pauvres leur permettant ainsi d'obtenir un métier plus tard, et « L'œuvre Mohamed-Ali », une chaîne d'hôpitaux célèbres qui existe jusqu'aujourd'hui. Chaque hôpital comprenait trois classes dont deux payantes qui entretenaient une troisième gratuite. La chaîne s'étendait sur l'ensemble de l'Égypte, ma mère et mes deux tantes étaient responsables chacune de deux ou trois hôpitaux de province et je me souviens de ma mère me traînant enfant à Mahalla Al-Kubra ou à Tanta, assistant à d'interminables réunions où je m'ennuyais ferme tandis qu'elle discutait avec des médecins et des propriétaires de la région, investisseurs de fonds qui devaient permettre à leurs ouvriers d'être soignés gratuitement à « Mubarrat Mohamed-Ali » par la suite.

Mais tandis que ma mère et Bahia s'occupaient sagement de leurs hôpitaux s'acquittant ainsi de leur dette envers les pauvres (*C'est Dieu qui a voulu qu'il y ait des riches et des pauvres mais les riches ont le devoir de donner aux pauvres*, slogan souvent entendu dans mon enfance et qui me faisait rager),

Amina le faisait de tout son cœur et de toute son âme. Je me souviens d'une épidémie de choléra qui a envahi l'Égypte vers la fin des années quarante (Andrée Chedid l'évoque dans un de ses premiers romans, *Le sixième jour*). Amina partit pour la Haute-Égypte où, avec une équipe de médecins et d'infirmières, elle faisait du porte-à-porte dans les cabanes délabrées des paysans les plus pauvres, pour détecter les « cas » et faire vacciner ceux qui n'étaient pas encore atteints, sans se soucier de la contagion éventuelle.

Elle faisait tout avec excès. Ses colères étaient violentes, son affection infinie, son don de soi illimité. Elle s'est remariée vers l'âge de quarante ans avec le poète dramaturge Aziz Abaza, veuf, père de trois enfants, qu'elle a aimés au point de se faire avorter toutes les fois qu'elle a été enceinte pour ne pas leur faire de peine. Elle m'a aimée aussi, mais nous avons eu de gros conflits à mon adolescence quand j'ai « choisi » le communisme qu'elle ne supportait pas : elle était vaguement fasciste et dans son salon trônait la photo de Mussolini, restée là jusqu'à la fin de sa vie. Cependant rien n'a entamé notre respect mutuel et une affection qui a duré, même de loin, durant les années que j'ai passées en France.

Ma mère et Bahia étaient différentes, beaucoup plus calmes. Bahia a joué un rôle déterminant dans ma vie : c'est grâce à elle que j'ai aimé les livres. Elle habitait comme je l'ai dit la grande maison, mais elle seule venait passer de longs moments avec nous, les enfants. Elle venait le soir peu avant notre coucher et nous racontait ou nous lisait des histoires. Alors pour moi la vie se mettait à rayonner ! Dans les histoires des livres était la vraie vie, pas celle que nous vivions qui me semblait terne et triste. Et comme dans les histoires des livres il y a souvent des mères pauvres qui cousent les vêtements de leurs enfants et les bordent le soir dans leur lit, j'ai idéalisé la vie des pauvres et détesté la nôtre ! Mon Dieu comme je me suis trompée !

Khadiga, ma mère, c'était des yeux de miel et d'or, des cheveux châtain clair, soyeux et ondulés, un visage aimant de tant de bonté, dans un corps qu'elle négligeait effroyablement. Elle souffrait et croyait qu'il ne fallait pas accabler les autres de ses soucis, alors elle n'en parlait jamais. Je ne l'ai jamais vue pleurer, ni ses sœurs, et j'ai appris à comprendre sa peine à son sourire quand il se faisait triste, à son menton qui se mettait à trembler. Elle a été mariée avant mon père avec un économiste qui est mort deux mois après un voyage de noces dont elle avait gardé un souvenir émerveillé. D'après ma tante Amina elle a crié pendant six mois (mais Amina, l'ai-je dit ? avait le génie de l'exagération). Elle se rendait sur sa tombe effrontément fardée et quand on lui disait que c'était inconvenant, que sa famille s'en offusquerait, elle disait : *Ça ne fait rien, lui me voit !*

Avec mon père ils ne formaient pas un couple, ou c'est comme ça que je les voyais. Lui était plus jeune qu'elle, beau, toujours élégant, aussi soucieux de sa personne qu'elle était négligente de la sienne ! Il me semblait qu'elle était notre mère à tous les trois. Elle avait pour lui beaucoup de tendresse, de l'affection, une infinie compréhension. Mais l'a-t-elle aimé ? Elle se souciait constamment de son « irresponsabilité », se lançant dans des « affaires » qui rataient (je n'ai jamais compris lesquelles), dépensant sans compter, généreux aussi avec les autres, brûlant sa vie à je ne sais quel feu (qui n'était sans doute pas sacré !). Cependant fidèle à mon grand-père, Ismail Sedky, plusieurs fois Premier ministre et ayant joué un rôle fondamental dans les destinées de notre pays. Il a partagé ses moments de gloire, mais ne l'a jamais abandonné dans ses déboires, quand toute l'opposition égyptienne s'est dressée contre lui et que le peuple manifestait partout contre ses accords avec les Anglais.

23 mai 2007

Madyan est né le 9 février de cette année et cette histoire sera aussi pour lui. De loin je vous aime tant. Tu permets Nadim bien sûr ? De toi j'ai de merveilleux souvenirs, de promenades dans ton landau jusqu'au parc, ou au square Chateaubriand, tu t'endormais et j'essayais de lire, puis tu te réveillais et me faisais un si beau sourire. Dans le parc plus tard, tu courais à perdre haleine et je te suivais à grand-peine et à mes dernières visites nous ne sommes plus allés au parc : tes parents avaient peur que je ne puisse te rejoindre dans tes courses folles et ils avaient raison ! Madyan c'est encore un bébé, beau et mignon comme tout. Avec toi nous lisions, nous dessinions, avec lui je chante et le berce quand il perd son sourire et prend son petit air de souris affolée.

Note des éditrices

Le récit d'Amina Rachid évoque une période caractérisée par l'émergence d'un mouvement féministe et nationaliste auquel ont pris part nombre de femmes issues de la haute bourgeoisie égyptienne et aujourd'hui il nous semble important de s'en souvenir. Parmi l'abondante littérature consacrée à ce thème, les quelques titres cités ci-dessous le permettront.

Ahmed, Leila, *A Border Passage: From Cairo to America – A Woman's Journey*, Penguin Books, Londres, 2000.

Baron, Beth, *Egypt as a Woman: Nationalism, Gender, and Politics*, University of California Press, Berkeley, CA, 2005.

Booth, Marilyn, *May Her Likes Be Multiplied: Biography and Gender Politics in Egypt*, University of California Press, Berkeley, CA, 2001.

Doss, Madiha, « Une femme de l'élite égyptienne entre deux cultures : la correspondance de Safia Zaghloul » *in* Naguib, Saphinaz-Amal (éd.), *The Intangible Heritage of the Mediterranean Transmission, Adaptation and Innovation*, Occasional Papers 3, Department of Culture Studies, University of Oslo, Oslo, 2002, p. 149-167.

Nelson, Cynthia, *Doria Shafik Egyptian Feminist: A Woman Apart*, The American University in Cairo Press, Le Caire, 1996.

Sharawi Lanfranchi, Sania, *Casting off the Veil: The Life of Huda Shaarawi, Egypt's First Feminist*, I.B. Tauris, Londres, New York, 2012.

Dūs, Laylā, *'Ešt we-šoft* (*J'ai vécu et j'ai vu*), Malak Rušdī (présentation), Lamīs al-Naqqāš (trad.), Markaz al-Maḥrūsa li-l-Našr wa-l-Ḫadamāt al-Ṣiḥḥiyya wa-l-Ma'lūmāt, Le Caire, 2015.

Taymūr, 'Ā'iša, *Mir'āt al-ta'ammul fī al-'umūr (Le miroir de la méditation sur les choses)*, Mirfat Ḥātim (présentation), Multaqā al-Mar'a wa-l-Ḏākira, Le Caire, 2002.

II

Bernard Botiveau
Aix-Marseille Université, CNRS, Iremam, Aix-en-Provence

Du Groupe du 9 Mars au Parti égyptien social-démocrate

La société civile égyptienne dans la tourmente

L'ATTENTION portée à l'évolution du Groupe du 9 Mars, depuis sa création en 2004 jusqu'à sa difficile mutation après le soulèvement de Tahrir de janvier 2011, suggère l'existence d'une société civile ancienne et forte en dépit de son implantation en apparence réduite dans la société et du nombre modeste de ses adhérents [1]. La participation de notre collègue et amie Madiha Doss à ce mouvement universitaire depuis ses tout débuts, ses choix et ses interventions dans ce cadre, témoignent des interrogations partagées par les membres de toute une génération intellectuelle éduquée dans une culture nationale forgée par la révolution nassérienne, dont les avancées en termes de développement social ont été discutées en parallèle avec ses échecs politiques, dont le dernier avatar fut le désaveu du régime de Hosni Moubarak en 2011.

Cette aventure se déroule essentiellement sur une décennie (2003-2013), c'est-à-dire dans une période de contestation initiée par les fortes mobilisations consécutives à la guerre d'Irak de 2003 et trouvant son point d'orgue avec le soulèvement de Tahrir en janvier 2011. Les années suivantes ouvrent de nouvelles perspectives hélas refermées lorsque le pouvoir militaire s'impose,

1. J'emploie ici « société civile » par référence à l'expression *muǧtamaʿ madanī*, notion qui a suscité de nombreux débats en Égypte et dans la région lors de la contestation des régimes arabes autoritaires, dans leur version moubarakienne ou dans d'autres versions parmi les pays voisins. Elle est en résonance avec les écrits de la philosophie politique occidentale des deux derniers siècles et est redevenue d'actualité en Amérique latine et en Europe, lors des transitions démocratiques des années 1980 et 1990. Dans ce contexte, la société civile est le plus souvent comprise comme étant l'ensemble des acteurs qui agissent en dehors des partis politiques, des syndicats et autres institutions officielles, en vue d'instaurer ou de restaurer le pluralisme dans l'organisation sociale et politique de l'espace public.

à partir de l'été 2013, comme une autorité sans partage. En 2004, la décision d'une poignée d'enseignants de l'université du Caire de se regrouper pour contester l'emprise toujours plus lourde du régime de Moubarak sur la vie universitaire découlait de ce qu'ils voyaient comme une lente dégradation de l'enseignement supérieur et de l'expression publique, après les attentes suscitées par l'indépendance de l'Égypte et la révolution nassérienne. Au cours de la décennie qui a suivi la mort de Gamal Abdel Nasser en 1970, les Égyptiens ont assisté aux réformes drastiques d'Anouar al-Sadate, entre, d'un côté, une politique d'ouverture économique libérale qui aggravait les inégalités dans la société, et, de l'autre, une dynamique régionale marquée par un traité de paix décrié avec Israël. Sur le plan intérieur, le malaise a encore grandi avec l'accaparement progressif des ressources financières disponibles et des leviers économiques par une élite affairiste associée à un pouvoir avant tout soucieux de sa pérennité, exercé depuis des décennies comme un monopole et ne se maintenant que par la proclamation, renouvelée tous les deux ans, d'un état d'urgence liberticide.

Pour des intellectuels qui voyaient ainsi les idéaux de la révolution nassérienne dévoyés par une oligarchie jalouse de ses privilèges, le moment était venu d'agir. Une opposition frontale étant sans issue, il restait possible de s'engager dans une action dont la légitimité ne pouvait être discutée facilement par le pouvoir politique lui-même, puisqu'il s'agissait de promouvoir une université libre et performante. Les régimes autoritaires ne tolèrent pas l'existence d'oppositions structurées mais ils peuvent être contraints de laisser subsister des enclaves d'autonomie, le monde académique étant de ceux-là du fait de son exigence d'indépendance intellectuelle, sans parler de sa plus grande visibilité internationale. L'une des conséquences de cette analyse était, nous le verrons, que la mobilisation, à ce stade, devait s'organiser seulement parmi les enseignants, en laissant aux étudiants, certes concernés au premier chef par la réforme académique, leurs propres modes de mobilisation, sous peine de nuire à la réforme dans son ensemble.

Le fil chronologique que j'ai suivi pour décrire ce processus de mobilisation m'a paru le mieux à même de rendre compte, d'une part, de la spécificité politique de l'action lancée sur les campus égyptiens au cours des années 2000, d'autre part, de son insertion dans un mouvement plus vaste de la société civile égyptienne dont l'aboutissement, avec le soulèvement du 25 janvier 2011, obligea du même coup le Groupe du 9 Mars à s'interroger sur son avenir. À ce moment en effet, les acteurs de la société civile égyptienne s'organisent rapidement et on voit surgir des dizaines de partis politiques. C'est le cas du Parti égyptien social-démocrate (ESDP)[2], à la fondation duquel prennent part plusieurs membres du 9 Mars, aux côtés de Muhammad Abulghar, l'un des fondateurs du 9 Mars, qui devient le président du nouveau parti.

Le texte qui suit ne constitue pas à proprement parler une enquête sur le Groupe du 9 Mars, ni même sur le parti ESDP, qui n'en est d'ailleurs aujourd'hui que dans sa première période de formation. Il s'agit davantage d'une tentative de comprendre, à partir de sources disparates[3], ce que signifiait l'engagement de ces universitaires pendant la période de désagrégation du système politique construit par Hosni Moubarak et son clan. En particulier, à quelles conditions il était possible de se déclarer opposant, quels en étaient les risques individuels et collectifs et en quoi cette action spécifique dans laquelle Madiha Doss, avec ses collègues proches, fut engagée, a contribué, avec d'autres initiatives dans d'autres secteurs professionnels, à convaincre beaucoup d'Égyptiens qu'ils devaient manifester clairement contre le régime autoritaire qu'ils subissaient, au point de descendre dans la rue au début de l'année 2011.

Les racines du Groupe du 9 Mars : la mémoire de l'université du Caire

Dans les années 2000, les plus lucides et résolus des universitaires ne supportaient plus la mainmise des dirigeants de l'Université sur la vie professionnelle des enseignants et sur leur expression publique, bref sur tout ce qui leur apparaissait chaque jour davantage comme une fermeture du débat public et

2. Al-Ḥizb al-miṣrī al-ištirākī al-dimuqrāṭī. Nous conservons pour cette contribution le sigle ESDP (Egyptian Socialist Democratic Party), très présent sur les réseaux sociaux concernés.
3. L'enquête la plus complète existant actuellement sur le Groupe du 9 Mars est due à Geer (2013). J'ai bien sûr emprunté, dans mes commentaires, à ce que Madiha Doss et Muhammad Abulghar m'ont expliqué, en juin 2014 et février 2015 au Caire, de la création et du développement du Groupe du 9 Mars, puis du parti ESDP. J'ai eu aussi recours à divers entretiens et analyses publiés dans plusieurs sites égyptiens et étrangers, mentionnés *infra*. Les notes que j'ai prises lors de mes séjours de recherche au Cedej, en particulier entre 2002 et 2004, m'ont par ailleurs aidé à préciser plusieurs des questions que je soulève dans cette contribution.

c'est là que le Groupe du 9 Mars joue un rôle important dans la décennie qui a précédé le soulèvement de la place Tahrir. Le nom choisi par les membres fondateurs en 2004 : « Groupe du 9 Mars pour l'autonomie de l'Université » (Maǧmūʿat al-tāsiʿ mars li-stiqlāl al-ǧāmiʿāt), fait référence à deux choses, d'ailleurs corrélées. La date symbolique retenue rappelle d'abord le 9 mars 1932, lorsque Lotfi al-Sayyid, alors président de l'université du Caire récemment fondée, avait démissionné par solidarité avec Taha Hussein, harcelé par les milieux azhariens les plus conservateurs après la publication de son livre sur la poésie antéislamique et sanctionné de ce fait par le ministère de l'Enseignement supérieur (Reid, 1990, p. 120 *sqq.* ; Lutfi al-Sayyid-Marsot, 1978). Ensuite, dans ces années 1930, l'autonomie des universités était le mot d'ordre de tous les intellectuels libéraux et anticolonialistes, qui protestaient contre le renforcement de l'autoritarisme de la monarchie égyptienne, après la suspension de la constitution wafdiste de 1923. La lutte était engagée contre la tutelle que voulaient imposer à cette époque le roi Fouad et son Premier ministre Ismaïl Sidqi aux élites égyptiennes. Le débat traduisait alors l'engagement des intellectuels en faveur de l'indépendance de l'Égypte face au Royaume-Uni, et exprimait en outre la volonté de réformer l'université en imposant la liberté académique de ses membres.

En 2004, les fondateurs du Groupe du 9 Mars sont bien conscients que l'autonomie de l'université est la condition *sine qua non* de sa réforme. Un combat qui, certes, a d'abord une portée nationale, mais qui ne peut être isolé du contexte international de cette période. Le moment où se forme le groupe est en effet inséparable de la période qui s'ouvre le 10 mars 2003, lorsque les États-Unis de G.W. Bush attaquent l'Irak de Saddam Hussein. Des manifestations imposantes ont lieu partout dans le monde, mais en Égypte elles prennent une tournure inquiétante pour le régime auquel les opposants rappellent l'ambiguïté chronique de sa diplomatie régionale et sa dépendance à l'égard de l'Amérique depuis le traité de paix signé avec Israël en 1978. Le jeudi 20 mars 2003 et surtout le vendredi 21, des dizaines de milliers de manifestants se retrouvent sur la place Tahrir et se rendent aux abords de l'Université américaine du Caire où la police est rapidement dépassée. Des unités d'élite reprennent le contrôle le troisième jour, arrêtant plus de mille personnes. Mais il est devenu clair que le régime Moubarak est sérieusement contesté, à un moment où, par ailleurs, la crise sociale s'est approfondie, à cause notamment du renchérissement des produits de base sur les marchés.

La répression de ces manifestations spontanées [4] est à l'origine de la création au cours des années suivantes de plusieurs mouvements émanant de la société civile, comme le parti al-Ġad ou l'association Kifāya, et de l'apparition de dynamiques de contestation à l'intérieur de certains partis et syndicats (cf. *infra*). Dans les universités, où les étudiants font l'objet d'une surveillance policière bien visible, le lien fait par les enseignants contestataires entre l'absence de liberté d'expression dans les rues et le contrôle suspicieux auquel toute leur activité professionnelle est soumise explique, me semble-t-il, que le mot d'ordre de faire sortir la police des campus soit devenu, pour les adhérents du Groupe du 9 Mars, l'axe principal de la contestation qu'ils ont mise progressivement en place à l'université du Caire. C'est dans la logique d'une génération formée aux idéaux du nassérisme, qui a cru à la réforme sociale (Doss, 1995), en l'occurrence de l'enseignement public, et qui mesure les ravages d'un autoritarisme sur la défensive, contraint de recourir à toutes les ressources des législations et juridictions d'exception pour se maintenir. Tous ces faits contribuent à l'entrée en dissidence de certains intellectuels. Le mouvement est formellement « corporatiste » parce que les conditions de l'autoritarisme lui imposent de se limiter à un affichage professionnel de ses revendications [5], il est politique car il établit un lien direct entre censure académique et répression par le régime de toute contestation publique.

Militer en régime autoritaire : le Groupe du 9 Mars sous Moubarak

Depuis l'assassinat d'Anouar al-Sadate le 6 octobre 1981, la vie politique égyptienne a été encadrée, pratiquement sans interruption jusqu'à 2011, par le régime de l'état d'urgence [6]. Officiellement adoptées pour détruire la lutte armée et clandestine des Frères musulmans sous Nasser, les lois d'urgence ont servi à Sadate pour contrer les *ǧamāʿāt* islamistes des années 1980-1990.

4. La veille de la première manifestation de Tahrir, le gouvernement avait organisé sa propre manifestation anti-guerre dans un stade du quartier de ʿAbbāsiyya au Caire.
5. Le 9 Mars s'est par exemple associé à des grèves d'enseignants revendiquant une amélioration du niveau des salaires et des pensions (Soueif, 2012).
6. Soit trente ans, si l'on excepte deux périodes de quelques mois où il fut levé. De plus, l'état d'urgence est resté en vigueur après le soulèvement égyptien, jusqu'en avril 2012 où il ne fut levé que partiellement.

La Constitution autorisait ces lois, qui entravaient les libertés de base dans presque tous les secteurs, mais les limitait dans le temps. La longévité de leur application a pourtant fait d'un système « exceptionnel » un système « normal », quoique a-juridique, sans que la justice égyptienne, à l'exception de la Haute Cour constitutionnelle, ne s'en émeuve. Par comparaison, la proclamation de l'état d'urgence en France, après les attentats à Paris du 13 novembre 2015, a fait soudainement prendre conscience à une majorité de Français, nés après la guerre d'Algérie, qu'ils ne vivaient désormais plus dans une situation « normale » mais qu'au contraire, des menaces dirigées contre l'ordre républicain devaient les habituer à subir des restrictions à leurs libertés. En janvier 2016, le gouvernement français a pu ainsi facilement reconduire pour trois mois l'état d'urgence, avant de proposer de le faire inscrire dans la Constitution. En Égypte au XXe siècle, même si les lois d'exception successives ont été combattues, la population a dû apprendre à vivre avec et à les considérer comme une partie intégrante de la législation. Certes, les législations et les tribunaux d'exception avaient été consolidés par le régime nassérien à partir des années 1960, mais ils existaient bien avant la révolution nassérienne. Depuis que l'occupation britannique avait mis en vigueur la loi martiale[7], pratiquement tous les gouvernements successifs de l'Égypte ont usé de cette pratique de façon quasi ordinaire, c'est-à-dire en rendant « normale » une pratique qui n'est prévue que pour être exceptionnelle.

La dynamique des protestations, lancée lors de l'attaque de l'Irak par les États-Unis en 2003, puis le développement des mobilisations en 2004 (Hassabo, 2004), ont eu deux effets sur l'évolution de l'autoritarisme en Égypte. Du côté du gouvernement, elles ont fait réaliser au régime de Hosni Moubarak, à ce moment-là en place depuis 22 ans, qu'il devait « lâcher du lest ». Au cours de l'année 2005, le président fait ainsi adopter un amendement constitutionnel améliorant le régime de citoyenneté (art. 75) et surtout, validant le principe de son élection au suffrage universel direct (art. 76). Il acceptait également l'ouverture des élections législatives

7. L'ancrage ancien des lois d'exception dans le droit moderne égyptien reste illustré par l'événement dit de Denchaway, en 1906. Dans ce village du Delta, un « accident de chasse » avait dégénéré avec la mort d'un officier anglais. Le pouvoir britannique avait exhumé une loi de 1895 permettant la répression des citoyens ordinaires par des juridictions militaires et, en l'occurrence, cette loi avait servi à condamner à la peine capitale plusieurs fellahs impliqués.

en autorisant les Frères musulmans à se présenter, certes comme simples « indépendants », mais cela n'en était pas moins une réelle concession puisque ces derniers obtinrent 20 % des sièges à l'Assemblée du peuple en 2005, alors qu'auparavant ils n'avaient pu se présenter, sans grand succès, que sur des listes d'autres partis comme le néo-Wafd. Ensuite, du côté de la société civile en dehors des formations islamistes, ce contexte d'ouverture concédé par le régime offrait de nouvelles possibilités, qui ne profitèrent cependant pas à tout le monde. Mis à part al-Ġad subissant, en la personne de son président Ayman Nour, emprisonné cette même année 2005, l'ire de Hosni Moubarak, on laissait bon gré mal gré Kifāya se développer (Ben Néfissa, 2007). Les syndicats de professions libérales, depuis longtemps actifs, ont poursuivi leurs actions revendicatives, à l'image du Club des juges d'Alexandrie exigeant, lors de *sit-in* devant le Conseil d'Etat à l'occasion des élections législatives de 2005, le respect de la compétence constitutionnelle des magistrats pour surveiller le scrutin. Une autre initiative comme celle du syndicat indépendant CTWUS a fonctionné, en dépit des entraves mises à son action. Si les ouvriers de l'industrie textile à al-Maḥalla al-Kubrā, qui défiaient ouvertement le régime (Beinin, 2007), ont su tenir face à la répression, et préfiguré la voie suivie en 2011, ce fut au prix de beaucoup d'abnégation face à la dure répression qu'ils subirent, lors des grèves de 2006 et 2007, de la part des unités d'élite de la police, les dirigeants du syndicat officiel au mieux fermant les yeux, au pire collaborant avec les forces de l'ordre[8].

C'est probablement la difficulté d'agir dans ce contexte coercitif permanent qui a conduit les fondateurs du 9 Mars à circonscrire leur action au domaine de la liberté académique. Faire ce choix ne signifiait pas réduire l'importance de la revendication en tant que telle, mais l'adapter aux exigences de la lutte, en tenant compte, par ailleurs, du faible impact du Groupe du 9 Mars sur les enseignants de l'université dont une cinquantaine seulement étaient actifs dans la mobilisation (Geer, 2013). Cette faiblesse numérique fut néanmoins compensée par une inspiration stratégique consistant à admettre la limitation objective des ressources mobilisables pour rendre l'action efficace autrement. C'est-à-dire subversive. Pratiquement,

8. Les grèves d'al-Maḥalla al-Kubrā à partir de mars 2006 ont permis à la police anti-émeute d'affiner ses méthodes répressives, tandis que, du point de vue de la mobilisation de la société civile, ce fut quasiment la répétition générale de janvier 2011.

cela se traduisait par le souci maintes fois réitéré d'agir au vu et au su de tous, d'agir publiquement en faveur de la liberté académique, c'est-à-dire en faveur d'un principe reconnu comme fondamental dans nombre de déclarations internationales et pour commencer, en Égypte, par le régime issu de la révolution nassérienne. Ainsi, le Groupe du 9 Mars au sein de l'université du Caire, puis d'autres universités égyptiennes, organise des *sit-in* devant le ministère de l'Enseignement supérieur, fait signer des pétitions et diffuse des communiqués de presse chaque fois qu'il estime qu'il peut agir pour défendre précisément cette liberté académique, incluant l'égalité de tous devant l'éducation et la recherche, ainsi qu'une transparence revendiquée pour les décisions affectant les carrières des enseignants. En 2005, il réussit à éviter la destruction de l'hôpital universitaire Shatbi à Alexandrie, un projet soutenu par Suzanne Moubarak. La même année, il réunit 500 signatures pour exiger le retrait des organismes de sécurité des universités et soutient des enseignants de Minia qui s'étaient joints au mouvement et, en rétorsion, avaient fait l'objet d'enquêtes disciplinaires, sous de fallacieux prétextes, dans leur université (Geer, 2013, § 7).

Entre 2008 et 2010, cette stratégie obtient un succès décisif lorsque des juridictions civiles de première instance puis d'appel reconnaissent que c'est à bon droit que le Groupe du 9 Mars avait déposé une plainte contre le fait que la sécurité à l'intérieur de l'université relevait à l'époque du ministère de l'Intérieur et non, comme l'aurait exigé le respect de l'indépendance universitaire, du président de l'université lui-même. En novembre 2010, soit deux mois avant le soulèvement de Tahrir, une décision de justice donna raison aux plaignants, soulignant la justesse de leur approche. La portée symbolique en était évidente et c'est à juste titre que le Groupe du 9 Mars considéra qu'il couronnait ses efforts des années passées (Soueif, 2012). Même si l'on peut supposer que sa mise en application aurait été entravée par l'administration de l'université, toujours sous la coupe, à ce moment, du ministère de l'Intérieur pour tout ce qui touchait à la sécurité sur les campus, cette décision de justice, obtenue après une décennie de lutte, était une réelle avancée. Le pouvoir moubarakien avait en effet fini par admettre que rien dans les législations dont il disposait ne l'autorisait à contrecarrer le légitime désir d'autonomie des universitaires.

D'autres modes d'action ont été expérimentés au cours des années d'opposition du Groupe du 9 Mars, cela a été rappelé. La judiciarisation des conflits dans ce domaine, c'est-à-dire le recours à la justice lorsque d'autres moyens comme la négociation syndicale ou partisane, l'affrontement direct ou les pétitions ont échoué, a été peu utilisée dans la période dont il est question en Égypte, les opposants pensant qu'ils n'obtiendraient rien de juges qu'ils estimaient sinon aux ordres, à tout le moins soucieux de leurs intérêts de carrière. Cependant, la pratique des juges sur la question des droits civils n'est pas unanime, comme on le voit avec la mobilisation des juges alexandrins en 2005 ou encore avec les décisions, dans la même période, de la Haute Cour constitutionnelle en faveur de ces droits. Dans ce cas précis de l'université du Caire, le choix de judiciariser le conflit est pertinent car il montre que le pouvoir politique sera placé devant ses contradictions s'il persiste à nier les garanties juridiques attribuées aux libertés intellectuelles par une Constitution ayant amélioré en 2005 la définition de la citoyenneté. Des libertés que confirme par ailleurs une tradition réformatrice et libérale illustrée dans l'histoire nationale égyptienne par maintes expressions publiques, comme l'action d'éclat de Lotfi al-Sayyid.

Une liberté académique réhabilitée, confrontée aux désillusions politiques de l'après-2011

En donnant raison aux promoteurs de la contestation antiautoritaire à l'origine de la déchéance de Hosni Moubarak, le soulèvement de Tahrir annonçait aussi leur déclin. Le cas du Groupe du 9 Mars est symptomatique de cette évolution : son combat n'avait pas lieu de cesser complètement mais son objet lui échappait en partie, dans la mesure où la dynamique de Tahrir allait dans le sens de la restitution aux universités égyptiennes d'une autonomie qu'elles n'auraient jamais dû perdre. Alors que le Groupe ne mobilisait que quelques dizaines de militants avant 2011, soutenus il est vrai par plusieurs centaines de sympathisants déclarés[9], les meetings de la révolution dans les universités connaissaient une grande affluence. Cela est vrai aussi pour d'autres formes de contestation élaborées sous Moubarak qui devaient alors se recomposer en vue de leur élargissement à des secteurs plus importants de la société.

9. Les pétitions de cette époque en attestent. L'université du Caire comprend à elle seule 30 000 enseignants, toutes catégories confondues.

Plusieurs explications peuvent être avancées pour comprendre l'essoufflement de la mobilisation dans les associations et mouvements de la société civile qui, comme le 9 Mars, avaient œuvré avant 2011. La première tient à l'institutionnalisation de ces formations politiques pionnières. Dans l'euphorie de Tahrir, ce n'est plus contre une politique honnie mais en vue de la construction d'une nouvelle politique que désormais les efforts tendent. Si les associations de la société civile demeurent centrales, elles sont amenées à s'effacer devant les partis, capables de fédérer les énergies à une échelle plus large, en vue des échéances électorales. Les militants de la première heure deviennent, eux aussi, acteurs de l'institutionnalisation en cours. Les Frères musulmans ont fondé leur propre parti, Liberté et Justice (al-Ḥurriyya wa-l-ʿAdāla). Les associations se retrouvent dans les dizaines de nouveaux partis dont l'inscription a été validée par les autorités de transition, en l'occurrence le Conseil suprême des forces armées (SCAF). La relative homogénéité d'un petit nombre de militants fait place à la diversité d'un grand nombre de nouveaux entrants dans ces nouvelles formations. Tout en maintenant une activité dans le 9 Mars, une partie de ses membres va se retrouver dans le tout nouveau Parti égyptien social-démocrate (al-Ḥizb al-miṣrī al-iǧtimāʿī al-dimuqrāṭī), officiellement créé le 3 juillet 2011 en vue de participer aux élections législatives tenues à la fin de cette même année. Muhammad Abulghar en sera l'un des fondateurs et le premier président.

L'ESDP n'existant que depuis mars 2011, il serait vain de tenter un « bilan » de son action, compte tenu de l'instabilité de la vie politique depuis cette date et surtout des non-dits et des impensés de la période de violence contre-révolutionnaire inaugurée par le coup de force du SCAF, au début du mois de juillet 2013. L'association du parti à certains événements importants de cette période est toutefois un bon indicateur de la façon dont les associations de la société civile sont passées au stade d'une simple institutionnalisation ou, plus, quand leurs animateurs sont devenus des leaders de partis. L'ESDP n'a pas échappé à ce processus, souvent destructeur de leur identité première. Son alliance précoce avec Tamarrud, le groupe promoteur du soutien au pouvoir militaire en 2013, le fait ensuite que deux des membres éminents du parti, Hazem El-Beblawi et Zyad Bahaeddine, ont accepté de devenir respectivement Premier ministre et vice-Premier ministre par intérim du gouvernement de transition formé en juillet 2013 (*Arab Reform Initiative*, 2014) après le renversement de Muhammad Morsi, premier président élu après Moubarak : ces faits ont pesé plus lourd que les professions de foi en faveur des libertés publiques bafouées[10] et ont commencé à semer le doute chez les militants comme chez les simples adhérents. Des défections internes suivent cette nomination, s'ajoutant à celles de Muhammad El Baradei ou de Amr Hamzawi qui s'étaient retirés pour protester contre la répression du régime militaire, indépendamment de l'opinion qu'ils pouvaient avoir de la gestion politique de Morsi. Une division dont Muhammad Abulghar tire la leçon en octobre 2015, en présentant sa démission de la présidence du parti. À l'instar de présidents d'autres partis comme le Waṭan ou encore le Dustūr également démissionnaires, ces dirigeants ont fait le constat du blocage, à partir de l'été 2013, du processus politique lancé en 2011 et du fait que l'option de soutenir le pouvoir militaire contre les Frères musulmans se révélait être un échec, le général Abdul Fattah al-Sissi ne tardant pas à faire savoir que toute objection à sa politique devait être traitée de la même façon que l'opposition « fériste », c'est-à-dire par une répression indistincte. Suivent effectivement une série de lois visant à contrôler l'expression publique dans différents lieux stratégiques : à l'université, dans les ONG, pour l'organisation des élections législatives alors programmées (El Khawaga, 2014). En 2012, semblant anticiper sur cette évolution, Samer Soliman, universitaire membre de l'ESDP, analysait finement l'engrenage dans lequel la société civile se trouvait entraînée. Pour lui, deux options étaient alors en concurrence : soit les instances élues (avec l'aval du pouvoir militaire et des Frères musulmans) décideraient du texte constitutionnel, soit au contraire, et cela était selon lui préférable, la Constitution définirait préalablement les bases sur lesquelles les parlementaires devaient être élus, ce qui laisserait plus de temps au temps et plus de chances à la société civile (Soliman, 2012).

Une observation sociologique de l'université elle-même peut enfin aider, en plus des facteurs politiques qui viennent d'être rappelés, à trouver du sens aux désillusions perceptibles parmi les acteurs de la société civile. Comme le montre Geer dans son enquête déjà citée, le petit Groupe du 9 Mars, sous Moubarak, représentait une élite. Les compétences de ces acteurs pionniers, leur notoriété, l'appartenance à l'université du Caire, institution prestigieuse,

10. Voir, par exemple, un communiqué, publié par le parti en octobre 2014, dans lequel il s'élève contre l'extension des pouvoirs de la justice militaire, le durcissement du code pénal et l'encadrement législatif des manifestations publiques, et dénonce « l'étranglement des associations de la société civile et leur intimidation » (ESDP, 2014).

et parfois leur généalogie sociale, tout cela représentait un capital symbolique agissant comme une relative protection, indépendamment du risque réel qu'ils prenaient sur le plan professionnel et en tant que citoyens. Leur conviction qu'il fallait défendre la liberté académique était bien ancrée car c'était une condition de la réforme indispensable de l'université. La contestation de la présence du ministère de l'Intérieur sur les campus fut le premier signe de l'exaspération de ces enseignants. Le contrôle des activités universitaires organisait d'abord l'insécurité chez les étudiants, l'omniprésence policière se traduisant par des arrestations dans cette population et, fréquemment, des actes de torture contre ses activistes. Quant aux enseignants, le contrôle aboutissait à une quasi-paralysie des activités attendues d'enseignants et de chercheurs, dont la mobilité nationale et internationale, le libre accès aux campus sont des conditions du développement professionnel. « Quand je veux inviter quelqu'un sur le campus, je n'ai pas à devoir demander l'autorisation de le faire, ni à m'inquiéter que cette personne puisse être bloquée à la grille d'entrée », proteste Madiha Doss (Lindsey, 2013).

Les témoignages fréquents d'enseignants concernés au cours de ces années qui ont précédé le soulèvement de 2011, posent au fond une question récurrente et centrale, à savoir que c'est dans sa structuration depuis plusieurs décennies que l'université égyptienne elle-même peut être considérée comme ayant été, par son manque d'ambition, l'agent de ses propres difficultés. Outre le fait que la chaîne hiérarchique universitaire avait fait allégeance à un pouvoir politique dont la police incarnait l'omniprésence sur les campus, force était de constater, pour les membres du 9 Mars, que trop d'enseignants ne jouaient plus depuis longtemps le rôle, attendu d'eux, de garants de la véritable liberté académique telle qu'elle pouvait se comprendre depuis Taha Hussein et Lotfi al-Sayyid. Pour Madiha Doss et les enseignants de l'université avec lesquels elle s'était associée au sein du Groupe du 9 Mars, il était devenu prioritaire de réformer un système privatisé et gangrené par un ensemble de pratiques frauduleuses et clientélistes, telles que les « leçons particulières, les années sabbatiques interminables sans réintégration de poste, la non-exécution des heures d'enseignement réglementaires, le fait d'imposer son propre *textbook* et de privilégier les conférences devant des audiences élargies de façon à maximiser les profits » (Lindsey, 2013). Elle ajoutait : « Cela est un problème organique. La majeure partie de l'université est corrompue et médiocre. » Ces conditions de fonctionnement dénoncées sans relâche par le Groupe du 9 Mars expliquent bien sûr qu'il ait été peu suivi sur les campus à l'époque de Moubarak et que, après 2011, ses mots d'ordre réformistes aient eu aussi du mal à passer puisque le changement de dirigeants n'impliquait pas *ipso facto* un changement de la société. La popularité sur le campus de l'une des fondatrices du 9 Mars, Randa Abou Bakr, lui valut d'être élue doyenne de la Faculté des lettres en juin 2011, mais ne lui permit pas de voir son élection validée par le président de l'université, Hosam Kamel, resté en poste après le renversement de Hosni Moubarak (Geer, 2003, § 17 et 18). Comme lui, 80 % des présidents d'université, qui auparavant étaient nommés, ont été confirmés dans leurs fonctions, lors des élections organisées après 2011 dans leurs universités respectives.

Les commémorations, le 9 mars de chaque année, du coup d'éclat de Lotfi al-Sayyid en 1932 sont aussi l'occasion de rappeler, à côté des indispensables protestations contre la « dé-démocratisation » de l'université, que beaucoup reste à inventer dans la structure même de l'institution comme dans ses modes de fonctionnement. Le 9 mars 2015, protestant contre des sanctions prises à l'encontre de plusieurs enseignants en raison de prises de position « non conformes » dans leurs universités respectives, seize associations de la société civile ont renouvelé dans une déclaration commune leur mise en garde contre tout ce qui continue, dans l'université présente, à faire obstacle à une liberté intellectuelle telle qu'elle avait été définie par les initiateurs historiques de la réforme sociale à l'université du Caire (*Mada Masr*, 2015). Le 9 mars 2016, un an plus tard, la protestation se maintient, à la dimension des menaces accrues pesant toujours sur les libertés publiques. C'est là que l'action initiée par le Groupe du 9 Mars, à laquelle notre amie Madiha Doss a pris une part déterminante, prend tout son sens dans l'histoire actuelle de l'Égypte comme dans la culture contemporaine des universités qui inclut le légitime souci de leur indépendance.

Références bibliographiques

Beinin, Joel, "The Militancy of Mahalla al-Kubra", *Middle East Research and Information Project*; http://merip.org/mero/mero092907, mis en ligne le 29 septembre 2007.

Ben Néfissa, Sarah, « "Ça suffit" ? Le "haut" et le "bas" du politique en Égypte », *Politique africaine* 4, 108, 2007, p. 5-24.

Doss, Madiha, « Discours de réforme » *in* Roussillon, Alain (éd.), *Entre réforme sociale et mouvement national. Identité et modernité en Égypte (1882-1962)*, Cedej, Le Caire, 1995, p. 235-256 ; http://books.openedition.org/cedej/1415?lang=fr

"Egyptian Social Democratic Party", *Jadaliyya* ; http://english.ahram.org.eg/NewsContent/33/104/26700/Elections-/Political-Parties/Egyptian-Social-Democratic.aspx, mis en ligne le 18 novembre 2011.

El Khawaga, Dina, « A New Authoritarian Regime in Egypt? Controlling Power and Eliminating Dissent », *Arab Reform Initiative* ; http://www.egyptindependent com/new-authoritarian-regime-egypt-controlling-power-and-eliminating-dissident/, mis en ligne le 6 novembre 2014.

ESDP, *Bayān al-ḥizb al-miṣrī al-dimuqrāṭī al-iğtimā'ī bi-šā'n al-waḍ' al-siyāsī al-'āmm* (Communiqué de l'ESDP sur la situation politique générale), Le Caire, 31 octobre 2014.

Geer, Benjamin, « Autonomy and Symbolic Capital in an Academic Social Movement: The March 9 Group in Egypt », *European Journal of Turkish Studies* 17, 2013 ; http://ejts.revues.org/4780, consulté le 14 décembre 2015.

Hassabo, Chaymaa, « Chronique » *in* Cedej, *L'Égypte dans l'année. Chronique politique 2004*, Le Caire, 2005.

Kodmani, Bassma, « A Dialogue with Ziad Bahaa-Eldin », *Arab Reform Initiative*, décembre 2014.

Lindsey, Ursula, « The March 9 Movement Faces New Challenges », *Al-Fanar Media. News and Opinion About Higher Education* ; https://www.al-fanarmedia.org/2013/02/the-march-9-movement-faces-new-challenges/, mis en ligne le 25 février 2013.

« On March 9, Rights Group Points to Deterioration in Academic Freedom », *Mada Masr* ; http://www.madamasr.com/en/2015/03/09/news/u/on-march-9-rights-group-points-to-deterioration-in-academic-freedom/, mis en ligne le 9 mars 2015.

Prat, Nicola, « Bringing the Revolution to Campus: An Interview with March 9 Activist Laila Soueif », *Jadaliyya* ; http://www.jadaliyya.com/pages/index/5457/bringing-the-revolution-to-campus_an-interview-wit, mis en ligne le 10 mai 2012.

Reid, Donald M., *Cairo University and the Making of Modern Egypt*, Cambridge University Press, 1990.

Al-Sayyid-Marsot, Afaf Lutfi, *Egypt's Liberal Experiment: 1922-1936*, University of California Press, Berkeley, Londres, avril 1977.

Soliman, Samer, « Les nouvelles forces "civiles" égyptiennes face au défi électoral », *Confluences Méditerranée* 3, 82, 2012, p. 161-169 ; https://www.cairn.info/revue-confluences-mediterranee-2012-3-page-161.htm

Aziza Boucherit
Université Paris Sorbonne-Cité & MoDyCo – Associée à l'Iremam

Entre *norme* et *usages*

L'apprentissage de l'arabe aux débuts de l'Algérie coloniale

Introduction

Lorsque, aux débuts de la conquête de l'Algérie par la France (1830) il s'est agi d'enseigner la langue arabe à « la population française en Algérie, [...] [pour] communiquer par la parole avec les indigènes [1] » (Cotelle, 1850, p. 5), les auteurs des ouvrages élaborés à cette fin ont été confrontés à une situation où s'opposaient les *usages de la langue* et la *norme linguistique* – norme linguistique que la tradition grammaticale avait prise pour objet en l'assimilant à *la langue* considérée comme l'invariant de tous les *usages*, négligeant la diversité inhérente à toute langue vivante. Or, dès ces débuts, la nécessité de contrôler et d'administrer les territoires conquis impliquait pour les autorités,

1. D'intéressants développements seraient à faire sur le vocabulaire employé pour désigner les « Indigènes » ou les « Arabes » au début et durant la quasi-totalité de la colonisation. Pour « indigène », on peut certes retenir qu'au début du XIXe siècle le terme avait pour sens « originaire d'un pays occupé par les colonisateurs » (Rey, 1995), il n'en était pas moins chargé, tout comme « Arabe », de connotation péjorative et même raciste. On en voit d'ailleurs l'empreinte institutionnelle dans le nom donné à la « monstruosité juridique » (Le Cour Grandmaison, 2005, p. 247-252) que fut le Code de l'indigénat (1881-1944) instaurant, en Algérie d'abord, dans les autres colonies françaises ensuite, un régime juridique et administratif discriminatoire entre les « Indigènes » et la population d'origine française ou européenne. D'autres développements, tout aussi intéressants, pourraient également être faits sur l'emploi de ce terme par des « nationalistes musulmans » (Gallissot, 2007, p. 101) pour se désigner dans et sur ce que les « Indigènes » eux-mêmes appelaient la « presse indigène » francophone : *La Tribune Indigène algérienne*, *La Voix indigène* (Ihaddaden, 1983). Dans les citations les deux termes (avec ou sans majuscule, au singulier ou au pluriel) sont repris tels qu'ils apparaissent dans les ouvrages cités, hors citation ils sont assortis des guillemets nécessaires.

militaires d'abord, civiles ensuite, de « disposer de fonctionnaires connaissant bien la langue de l'adversaire (ou du partenaire, selon qu'on parle le langage de la guerre ou le langage humanitaire), [...] d'hommes entendant l'arabe parlé et maîtrisant l'arabe écrit usuel, pour connaître le pays et prendre, dans la mesure du possible, le relais de l'administration ottomane » (Messaoudi, 2008b, p. 43). Dès lors, on comprend que la publication de ces ouvrages, fort nombreux, ait été « encouragée et soutenue par les autorités françaises, notamment le ministère de la Guerre » (Larzul, Messaoudi, 2013a, p. 8).

Ainsi, par pragmatisme, se fait jour la nécessité de s'affranchir de la tradition normative héritée de la Grammaire et d'élaborer les ouvrages didactiques (manuels de grammaire, guides de conversation, dictionnaires, corpus de textes) exemplifiant les usages pour répondre aux besoins des utilisateurs et adapter l'apprentissage à ces objectifs. S'amorce alors un processus de codification et de grammatisation d'*usages* de l'arabe parlé et écrit en Algérie qui va à l'encontre de la *norme linguistique* établie de longue date en France dans le cadre académique des études arabes. L'élaboration d'ouvrages explicitement destinés à satisfaire des besoins pratiques supposant, en effet, l'identification et la description de l'arabe *usuel* parlé et écrit et, par là même, la mise au jour des règles de fonctionnement qui, de fait, l'établissent comme système linguistique permettant de communiquer avec la population arabophone, ce qui est finalement le but.

Cette situation, qui met nettement en évidence l'étendue de la distance entre *usages de la langue* et *norme linguistique* – ou, pour reprendre des termes utilisés par les auteurs eux-mêmes, entre *arabe vulgaire* et *arabe régulier* – suscite un certain nombre de réflexions autour de l'unité de la langue arabe et de l'attitude à adopter pour répondre aux besoins linguistiques de l'entreprise coloniale.

Ces réflexions font en partie écho, en Europe, à celles qui ont cours à peu près dans le même temps quand la dialectologie naissante oriente la réflexion autour des parlers locaux et confirme que des parlers d'une même langue ne sont pas séparés par des frontières précises et que, de l'un à l'autre, existent des zones de contact et de transition dans lesquelles se mêlent des traits relevant de chacun d'eux. Ce faisant, la dialectologie met également en lumière l'importance des facteurs historiques, géographiques et sociaux dans les processus de différenciation linguistique et le rôle unificateur des structures politiques, notamment celui de l'État centralisateur.

Par ailleurs, les préoccupations liées à l'enseignement des langues font également apparaître le conflit entre la *variation* et la *norme*[2]. Face à ce conflit tranché de longue date par l'unification de la langue dans le cadre académique pour ce qui est de l'enseignement du français en milieu scolaire, les positions à adopter sont encore incertaines pour ce qui est de l'apprentissage des langues étrangères vivantes. C'est notamment le cas de la langue arabe dans le contexte particulier de la colonisation où il s'agit de répondre à des besoins pratiques (civils[3] et militaires[4]) tout en intégrant cet enseignement dans un système institutionnel[5].

C'est dans ce contexte qu'il convient de lire, comme je me le propose pour cet article en hommage à ma grande amie Madiha, les notes d'intention (avant-propos, avertissement, introduction, préface) d'auteurs d'ouvrages didactiques produits durant la première période (1830-1871) de la colonisation[6]. Reflets des politiques linguistiques changeantes menées par les autorités françaises, ces ouvrages sont liés au projet même de la

2. De nombreux linguistes, sociolinguistes, pédagogues ont traité de la question *des* normes et *des* usages de la langue (voir Boucherit, 2002). En ces matières, l'article fondamental d'Alain Rey, « Usages, jugements et prescriptions linguistiques » (1972) montre que ces concepts sont théoriquement malaisés à définir, et que les attitudes et les représentations des sujets parlants envers les usages linguistiques alimentent continûment la discussion sur ce que sont ces usages (jugement de fait) et ce qu'ils devraient être (jugement de valeur).

3. Ainsi, dans la lettre/dédicace adressée « À Monsieur le Général de la Ruë, ancien directeur des affaires l'Algérie, etc. » insérée dans son *Dictionnaire*, Paulmier (1850, p. v-vi), s'adressant à son « ancien condisciple et ami » écrit : « Ta connaissance pratique des affaires de ce pays [...] t'avait fait comprendre quelle influence exercerait le développement de la langue arabe sur le commerce et la colonisation ainsi que sur l'administration directe des indigènes. »

4. « Bellemare place en annexe de sa *Grammaire arabe (Idiome d'Algérie)* « des "exercices" qui intéressent plus particulièrement les cadres de l'armée, comme un "dialogue sur des matières [...] spéciales aux militaires" et une "Lettre du Kaïd de la tribu des Aribs au général d'Erlon, gouverneur général de l'Algérie", dans laquelle le chef déclare se réjouir de l'arrivée des Français et leur fait allégeance » (Larzul, 2013b, § 29).

5. La première chaire publique d'arabe à Alger est fondée en 1836, Louis-Jacques Bresnier en est le titulaire ; cette même année l'arabe est enseigné en option au collège d'Alger de la 4e à la terminale (Messaoudi, 2008a, p. 167 ; 2008b, p. 43-44, n. 6).

6. Cette première période s'achève, en gros, lors de la chute du Second Empire et de l'accession des Républicains au pouvoir. Les bouleversements consécutifs à ce changement de régime mettent fin à l'indécision des autorités quant à la politique de colonisation à mener en Algérie, qui oscillait jusque-là entre deux grands courants où s'opposaient les partisans d'une politique associationniste et ceux de l'assimilation. Sur le plan linguistique les premiers étaient plutôt favorables à la langue et à la culture arabes, alors que pour les

colonisation qui, dans cette première période, apparaît davantage comme une suite de négociations entre plusieurs tendances (militaires, politiques, économiques et culturelles) que comme un projet homogène et continu. Dans les ouvrages cette hésitation se manifeste, entre autres, dans la position adoptée par leurs auteurs sur la variété de langue à transmettre. Faut-il privilégier l'apprentissage de l'arabe « littéral », « régulier » en respectant la tradition académique ou favoriser celui de l'arabe « vulgaire », « usuel », « local », et pourquoi ? Ces questions trouvent en partie leurs réponses dans les notes d'intention d'où émergent des discours mêlant arguments politiques, culturels, linguistiques et didactiques contraires. Cependant, d'où qu'ils émanent, ces discours ont en commun – je n'y reviendrai pas, ce n'est pas le lieu, mais il convient de le souligner – de ne pas remettre en cause l'entreprise coloniale[7]. Quelle que soit l'orientation linguistique et méthodologique qu'il revêt ou les représentations plus ou moins positives de la langue arabe, des Arabes et de leur culture qu'il révèle, l'ouvrage est réalisé pour être au service de celle-ci. De ce point de vue, la formule de Cherbonneau qui clôt l'introduction de son *Dictionnaire français-arabe* reflète lucidement cette attitude : « Il est impolitique de ne pas connaître la langue d'un pays conquis » (1872, p. XXIII).

Dans la suite, j'examine quelques-unes de ces notes d'intention en m'interrogeant sur les arguments avancés par leurs auteurs à propos de l'unité de la langue arabe et de ceux connexes concernant des phénomènes de variation dont les auteurs sont tout à fait conscients.

Ces notes d'intention, tout comme le contenu des ouvrages, font apparaître d'autres sujets de recherche qui ont été, pour certains, étudiés par Madiha (voir par exemple ses travaux consacrés à Savary[8], aux drogmans

seconds la promotion de la langue française était le mieux à même d'assurer la réussite de l'entreprise coloniale.

7. Ce que relève également Sylvette Larzul (2013b, § 34). « En définitive, écrit-elle, la plupart des ouvrages d'arabe algérien des années 1830-1871 ne peuvent être dissociés d'une visée coloniale car c'est souvent en fonction de leur utilité pour le contrôle et l'administration du territoire que le vocabulaire et les textes qu'ils renferment sont sélectionnés. »

8. Claude Étienne Savary (1750-1788), « homme des Lumières, marqué par la pensée voltairienne. Désireux de voyager, il se rend de 1776 à 1779 en Égypte et consacre douze mois de son séjour à "se perfectionner dans le dialecte arabe" à Damiette » (Larzul, 2009, § 23). Il est l'auteur de la deuxième traduction du Coran en langue française (1783) et d'une *Grammaire de la langue arabe vulgaire et littérale* achevée en 1784 et publiée à titre posthume en 1813.

et au « concept d'arabe vulgaire » cités en bibliographie). Si je m'interroge au sujet de l'unité de la langue, c'est qu'à la relecture de ces ouvrages (Boucherit, 1994 ; 2006), il m'a semblé qu'une question sous-jacente était aussi celle, toujours présente, de l'articulation du concept de *langue-système de signes abstrait* avec celui d'*usages-réalité concrète* ou, pour reprendre la terminologie saussurienne, celle de la relation entre *langue* et *parole* et, dans cette relation, de la place à accorder à *l'usage*[9]. À côté donc de la variété de langue à enseigner en réponse à des besoins pratiques, à côté de ce qui apparaît comme une querelle entre « puristes » et « pragmatistes », selon la terminologie de Sylvette Larzul (2013b, § 9), à côté encore de la situation diglossique qui n'avait pas encore été théorisée, il me semble en effet que c'est aussi à cette question qu'ont été confrontés les auteurs de ces ouvrages. Évidemment, il ne s'agit pas ici de repenser cette question fondamentale ; outre Coseriu et Hjelmslev, déjà mentionnés, d'autres éminents linguistes s'y sont employés et s'y emploient encore. Sous cet angle et à ce sujet, je voudrais seulement faire le parallèle entre cette période et la nôtre.

Ouvrages et auteurs

Globalement, les ouvrages d'apprentissage de l'arabe réalisés durant les cinquante premières années qui ont suivi la conquête se répartissent en trois catégories :

– des *grammaires* exposant de manière plus ou moins détaillée et fidèle les règles de fonctionnement de la langue[10] ;

9. C'est en réponse à cette question que Hjelmslev (1971) et Coseriu (1969) ont introduit un troisième concept ayant le rôle d'élément charnière entre *langue* et *parole* et permettant de rendre compte des processus de régulation des usages changeants qui se produisent dans la langue. Malencontreusement nommé *norme* par les deux linguistes, ce concept, tel qu'il est défini dans leur système théorique respectif, ne se confond pas avec celui de *norme* dans l'acception *normative* (*prescriptive*, *évaluative*) qui lui est donnée dans l'usage courant et par les « puristes ».

10. Classiquement composées, ces *grammaires* contiennent le plus souvent : un exposé des principes (élémentaires) de l'écriture et de la lecture, une partie consacrée aux différentes parties du discours et à leur fonctionnement et, en nombre et en genre différents, des textes (lettres, actes juridiques, contes, maximes, dialogues). Une de leurs caractéristiques les plus significatives pour l'époque concerne la méthode d'apprentissage : pratiquement tous comportent (selon le niveau) une translittération de l'arabe en caractères latins (faciliter la

– des *guides de la conversation* proposant des dialogues destinés à répondre aux besoins de tel ou tel groupe d'individus en contact direct avec la population arabophone : interprètes, personnels des bureaux arabes, personnels de l'administration civile et de la justice, colons ;

– des *dictionnaires* et des *lexiques* bilingues, ceux dans le sens français-arabe étant beaucoup plus fréquents que l'inverse.

Tenant compte des précieuses informations fournies par Sylvette Larzul et Alain Messaoudi dans leurs travaux (voir Bibliographie) [11], j'ai retenu neuf ouvrages parmi ceux contenant une note d'intention. Trois *grammaires* : Bellemare (1850), Bresnier (1855), Pihan (1851), deux *guides de la conversation* : Cotelle (1850), Delaporte (1837), et quatre *dictionnaires*, deux français-arabe : Cherbonneau (1872), Paulmier (1850), et deux arabe-français : Beaussier (1871), Cherbonneau (1874).

Ils ont été élaborés par des interprètes militaires (Beaussier, Bellemare, Cotelle) ou civils (Delaporte) ; des professeurs (Bresnier, Cherbonneau [12]) ou des « autodidactes » (Paulmier, Pihan) [13]. Parmi eux, Beaussier et Delaporte, issus de familles de drogmans, ont une connaissance intime de la langue arabe acquise au cours de leur enfance passée en pays arabophone (Beaussier à Tunis, Delaporte à Tripoli et Tanger) et sont bilingues

prononciation) et une traduction mot à mot des phrases ou textes proposés (faciliter leur compréhension ainsi que celle de l'organisation de la langue).

11. Travaux abondamment utilisés ici et auxquels il est indispensable de se reporter pour avoir une vue d'ensemble de la situation et replacer ces ouvrages dans leur perspective historique.

12. Bresnier, premier titulaire de la chaire publique d'arabe à Alger (1836), y enseigne jusqu'en 1869 ; Cherbonneau, professeur à la chaire supérieure d'arabe de Constantine de 1847 à 1862, poursuivra sa carrière en France où il sera titulaire de la chaire d'arabe vulgaire à l'École des langues orientales (1879-1882).

13. Pour de plus amples informations, se reporter à la notice biographique que consacre Alain Messaoudi (2008a, II) à ces auteurs (excepté Paulmier et Pihan qui ne font pas l'objet de notice). On sait que Pihan était « prote honoraire de la section des langues orientales à l'Imprimerie impériale », qu'il a « fait partie de la "commission spéciale pour la réorganisation de l'École [spéciale des langues orientales] mise sur pied en 1865" par le ministère de l'Instruction publique » (Messaoudi, 2008a, I, p. 360, n. 1504, et p. 72, n. 323) et qu'outre les *Éléments de la langue algérienne*, il est l'auteur d'un *Dictionnaire étymologique des mots de la langue française dérivés de l'arabe, du persan ou du turc* (1866) et d'autres textes signalés sur le portail de la BnF. Quant à Paulmier, ancien conseiller à la cour d'appel d'Alger, on sait qu'il était juge au tribunal d'instance de Metz avant d'être nommé en Algérie en septembre 1840.

français-arabe dialectal. Quasiment tous ont étudié l'arabe dans un cadre académique, notamment à l'École des langues orientales (Bellemare, Bresnier, Cherbonneau). Pour autant, cela a été souligné pour Beaussier et Delaporte, ils n'ont pas seulement une connaissance livresque de la langue car leur séjour prolongé en Algérie et les fonctions qu'ils y exerçaient en ont fait aussi des « arabisants de terrain » – ce que fut seulement Paulmier qui souligne que son *Dictionnaire* est « le fruit de neuf ans de travaux exécutés pendant notre résidence en Algérie » (1850, p. XI)[14]. On retiendra également que certains d'entre eux sont instruits dans des langues étrangères autres que l'arabe, parce qu'ils les ont étudiées à l'École des langues orientales (le turc, le persan et l'hindoustani pour Bresnier, le persan et le turc pour Pihan) ou par curiosité scientifique (Delaporte a publié un « Vocabulaire berbère », *Journal asiatique*, 1836, p. 97-122).

Aussi, sans nier la situation coloniale et les circonstances dans lesquelles ces ouvrages ont été réalisés, on peut cependant reconnaître à ces auteurs une connaissance certaine de la langue arabe, qui leur permettait de distinguer les différents registres de la langue et d'avoir une bonne vision de la complexité sociolinguistique de la situation.

Notes d'intention

Selon les ouvrages, les notes d'intention sont plus ou moins développées et argumentées, on le constatera à la lecture des citations présentées dans la suite. Cependant toutes ont en commun de retenir au moins **deux variétés** d'arabe linguistiquement distinctes. C'est une évidence que Cotelle et Delaporte ne commentent même pas. Leurs *guides de la conversation* étant destinés à satisfaire les besoins de la communication quotidienne[15], ces besoins seront satisfaits au moyen de la « langue vulgaire » (Cotelle, p. 6),

14. En raison de ses fonctions, il avait, Duval et Warnier le soulignent à son propos, une bonne connaissance de la langue arabe. « Depuis l'institution de la magistrature française en Algérie, écrivent-ils, l'étude de la langue arabe a toujours été en grande faveur parmi les hommes consciencieux appelés à rendre des jugements dans des affaires où la connaissance de l'idiome des indigènes n'était pas une superfluité. » (Duval, Warnier, 1869, p. 29).
15. On ne peut mieux le formuler que Pihan : « Le but que je me suis proposé, en écrivant cette Grammaire, est de faciliter l'étude du dialecte arabe usité dans l'Algérie aux voyageurs et aux négociants qui ont à parcourir le littoral de l'Afrique septentrionale » (p. I).

du « dialecte arabe en usage à Alger » (Delaporte, p. v), et pour eux, il s'agit d'arabe parlé. Aucun des deux ne cherche à le distinguer de l'arabe « littéral », « régulier » ou « grammatical » (je reviendrai sur ce terme qui montre le poids attaché à la Grammaire), ni à se justifier de ce choix. Mais, quoique distinctes, ces deux variétés ne recouvrent pas la même réalité ; c'est alors le critère de l'opposition **oral/écrit** qui est mis en avant. Ainsi, pour Beaussier il y a bien une distinction entre « arabe régulier » et ce qu'il appelle « arabe usuel », mais ce dernier englobe les deux modes d'émission, alors que pour Paulmier la distinction entre « arabe littéral » et « arabe vulgaire » est basée sur cette opposition – ce qu'il énonce comme une banalité : le premier est « celui qu'on emploie pour *écrire* [...] le nom l'indique » (p. VII), le deuxième est « l'idiome qui *se parle* dans chaque pays, et qui ne doit pas s'*écrire* » (p. VII). On verra que ce critère joue un rôle dans le positionnement des auteurs.

Outre la distinction entre ces deux variétés, diversement nommées et, on vient de le voir, diversement conçues, tous s'accordent à reconnaître une **diversité spatiale** au sein de la « langue vulgaire » parlée dans le monde arabophone, c'est « l'idiome qui *se parle* dans chaque pays », spécialement en Algérie [16] : « L'arabe ne se parle pas absolument de la même manière à Alger, qu'au Caire ou à Alep, par exemple » (Bellemare, p. IV). L'insistance sur ce point étant liée au fait que, jusqu'alors, c'est vers l'arabe parlé dans ces autres régions que les publications étaient orientées ; il s'agissait de s'en distinguer mais aussi de justifier ses choix. « Les dialogues publiés jusqu'à ce jour, écrit Delaporte, me paraissent peu appropriés aux besoins du pays [...] Je suis loin de vouloir affaiblir le mérite de ces sortes d'ouvrages pour rehausser l'utilité du mien [...] Mais, s'il est prouvé que le dialecte d'Alger diffère essentiellement de celui de Syrie, adopté par ces auteurs, mon assertion ne pourra être taxée ni de partialité, ni de suffisance » (p. VI) [17]. Quant à la diversité

16. De ce point de vue les titres parlent d'eux-mêmes. Bellemare : *Grammaire arabe (idiome d'Algérie)* ; Cherbonneau : *Dictionnaire français-arabe pour la conversation en Algérie* ; Paulmier : *Dictionnaire français-arabe (idiome parlé en Algérie)* ; Pihan : *Éléments de la langue algérienne ou principes de l'arabe vulgaire usité dans les diverses contrées de l'Algérie.*
17. Noter la remarque de Pihan. « C'est [...] la première fois que l'Imprimerie nationale [...] fait usage de types semblables à l'écriture des peuples barbaresques, qui diffère sensiblement de celle des habitants de l'Égypte et de la Syrie » (p. II). On comprend bien que Pihan, prote honoraire à l'Imprimerie impériale et auteur d'une *Notice sur les divers genres d'écriture ancienne et moderne des Arabes, des Persans et des Turcs* (Imprimerie impériale, 1856) ait été sensible à ce point.

spatiale, au sein même de l'Algérie, il en est peu question. Seul Delaporte indique que ses dialogues sont proposés dans le « dialecte arabe en usage à Alger » (p. v) mais, à partir de sa note d'intention, il est difficile de savoir si Alger entre en opposition avec d'autres régions d'Algérie ou avec d'autres régions du monde arabophone.

En revanche, les auteurs mettent rarement l'accent sur la **diversité stylistique** propre à l'arabe parlé ; seul Paulmier l'évoque pour le caractériser. « Les indigènes lettrés ou illettrés emploient, *pour parler*, les mêmes mots prononcés de la même manière, lesquels forment ce qu'on appelle l'idiome de l'Algérie. Le style diffère ; mais les mots employés sont les mêmes » (p. VIII).

Il y a donc, c'est un fait, un « arabe parlé algérien » que l'on explique par l'**usage**. « Si, dans tous les pays arabes, l'usage avait laissé tomber les mêmes règles en désuétude, cette langue se parlerait naturellement partout d'une façon uniforme. Mais il n'en a pas été ainsi. En Algérie, par exemple, telle règle est passée en oubli, qui, en Orient, continue à être observée, et vice versa. » (Bellemare, p. IV).

Ainsi, en raison de l'**usage**, la langue arabe parlée, « née dans le désert » et pensée originellement comme uniforme, et même unique on le verra, s'est diversifiée dans l'espace, perdant « un peu de l'homogénéité qu'elle avait à son berceau » (Bellemare) ; des variétés différentes, colorées des substrats locaux se sont constituées – « la langue kabyle, écrit Cherbonneau, a enrichi peu à peu l'arabe algérien d'un grand nombre d'expressions » (1872, p. II, n. 1) et ont évolué dans le temps en fonction des besoins des locuteurs. « Chaque peuple, en effet, selon ses besoins, selon ses rapports plus ou moins fréquents avec les États civilisés, dut emprunter aux langues étrangères quelques mots nouveaux pour exprimer des idées nouvelles, ou détourner de leur sens primitif quelques expressions arabes pour rendre ces mêmes idées. Puis, chacun de ces peuples vivant désormais d'une vie isolée, et n'ayant plus de rapports entre eux qu'à des intervalles assez éloignés, au lieu de se servir indistinctement de tous les mots existants dans la langue arabe, pour rendre les idées premières qu'elle comportait, trouva plus simple et moins gênant d'en adopter seulement un ou deux ». (Bellemare, p. IV)

Bien évidemment divers dans son fonctionnement réel, cet *usage* qui s'est constitué en Algérie, comme ailleurs dans le monde arabophone, a eu aussi comme conséquence d'influer sur l'arabe « littéral » ; il « s'est généralisé [au point que même les lettrés] ont dû [s'y] conformer [...] sous peine de ne pas être compris [de la majorité non lettrée] » (Bellemare, p. IV).

Ce faisant, par une succession d'« altérations grammaticales passées en règles » (Beaussier, p. 8) ayant abouti à des « anomalies » (Cherbonneau, 1872, p. 20), c'est-à-dire à une « déviation par rapport à la règle, à la norme » (Rey, 1992), l'arabe parlé s'est affranchi des règles de l'arabe littéral.

Pour expliquer les phénomènes d'**altération**, deux raisons sont invoquées : la complexité de la « grammaire savante » (Cherbonneau, 1872, p. 1) et l'inculture des populations locales[18]. Les règles de l'arabe, « dans son état régulier présentant dans leur application des difficultés assez grandes, auraient naturellement astreint les indigènes à des études que leur manière de vivre et leur paresseuse indifférence ne comportent pas. Plutôt que de se soumettre à ces études, ils ont préféré en détruire le motif, et d'un commun accord, pour ainsi dire, ils sont convenus de négliger ceux des principes de leur grammaire dont l'observation aurait exigé de leur part un effort d'intelligence. Ils n'ont pas, par conséquent, donné des règles nouvelles à leur langue ; ils se sont bornés à ne plus tenir compte de plusieurs d'entre elles » (Bellemare, p. IV). Et l'on comprend par-là que l'arabe « vulgaire » n'est qu'une forme dégradée de l'arabe « littéral ».

Mais l'*usage*, encore lui, montre également que l'arabe « vulgaire » a des **règles de fonctionnement** qui le constituent en variété linguistique, ce que tient à souligner Paulmier, renvoyant dans sa préface à sa traduction de *Histoire de Gil Blas de Santillane* (1850b). « Bien entendu, écrit-il, nous n'avons employé, dans cette traduction, que les mots usités pour *parler* en Algérie, formés d'après les règles (de la syntaxe et de l'orthographe) de la langue *parlée* » (1850a, p. IX-X). Ayant à l'esprit que cet « arabe parlé » est écrit, il signale, presque à regret, que « par exception, pour aider à parler, [il lui a fallu] contrevenir à l'usage établi par les lettrés, qui veut qu'on n'écrive pas comme on parle » (1850a, p. X).

Ainsi, la présence de ces règles propres à l'arabe parlé et le recours fréquent aux **lettrés** pour expliquer tel ou tel phénomène font réapparaître la question de la différence entre oral et écrit et, en relation avec elle, celle des **registres de la langue**, système à plusieurs dimensions où le locuteur se meut selon son instruction et son expérience personnelle – registres révélant l'existence d'« un style intermédiaire qui tient, entre l'arabe *régulier* ou *littéral*

18. « Les populations arabes, en général, étant fort ignorantes, par leur misère d'abord, et ensuite par l'extrême difficulté de l'étude et de l'application de leur idiome [...] » (Bresnier, p. 8).

et l'arabe *parlé*, une place analogue à celle de notre style épistolaire, entre notre conversation et notre style noble» (Bellemare, p. v).

Ce **style intermédiaire** est, selon Bellemare, le fait de « personnes qui, sans être parfaitement lettrées, ont néanmoins certaines notions de grammaire, cherchent autant que possible à écrire d'une manière un peu plus recherchée qu'elles ne s'expriment» ; mais les lettrés (les vrais!) ne l'emploient pas car «ces mêmes hommes, contraints par la masse de négliger *en parlant* les règles de leur grammaire, ne s'y soumettent pas lorsqu'ils *écrivent*» (Bellemare, p. v)[19].

On voit ici l'attachement à la **Grammaire** dont seul l'arabe «littéral» disposerait. Cette position est précisément énoncée par Bresnier au tout début du LIVRE VI. DU LANGAGE ET DE SES «DIALECTES» qui décrit «les diverses modifications locales et arbitraires que l'on rencontre dans la pratique la plus commune» (p. 527). D'emblée, il y souligne que «ceci ne peut être une grammaire: c'est l'exposé de l'altération populaire de formes de mots indiquées dans les chapitres qui précèdent. Cette altération peut s'étendre ou se restreindre suivant le degré d'instruction ou d'*éducation* des individus, et selon les usages reçus dans les divers lieux. Chez les gens instruits, elle se maintient dans les *limites de la tolérance accordée en toutes les langues au discours familier*; chez la masse grossière elle ne connaît de bornes que celles de l'instinct arbitraire des analogies et de l'hésitation résultant d'une instruction nulle ou mal assise» (p. 527).

Suit une longue note (p. 527-531 = 1 514 mots) qui tient du manifeste en faveur de la bonne et belle langue qu'est l'arabe «littéral» et qui rejette l'idée même que ces dialectes puissent avoir une grammaire. «On conçoit facilement, écrit-il, qu'il est impossible d'indiquer des règles fixes, là précisément où il n'y a qu'ignorance de toute règle et application irréfléchie d'une routine traditionnelle. Si l'on veut étudier le langage [...] des gens d'instruction, il faut

19. Et il ajoute «Non; ils ont soin, au contraire, de s'y conformer strictement, de choisir leurs expressions, de polir leur style. On dirait même qu'ils cherchent alors à se venger de la loi qu'ils ont dû subir; car souvent ils ont recours à des mots si peu usités, ils emploient des tournures de phrase si étranges, que le sens devient pour ainsi dire nuageux, et que l'on serait porté à croire que le style pour eux est d'autant plus beau qu'il n'est compréhensible que pour un petit nombre» (Bellemare, p. v). On retrouve ce type de remarque sur le style chez Beaussier à propos des «*difficultés qui se présentent dans les lettres et pièces arabes*» (Bresnier, p. 11): «Il faut ajouter à ces difficultés celles provenant du style prétentieux des lettrés indigènes qui emploient à tort et à travers des mots tirés de l'arabe littéral du Coran, appris de routine et appliqués souvent avec un sens entièrement opposé à celui qui lui est propre [...]» (p. 10).

en chercher les principes dans la grammaire de la langue; mais quant aux altérations variées que les masses emploient, on ne peut guère les appuyer que sur les faits. [...] La grammaire, [...] ce seraient les gens eux-mêmes» (p. 528).

Revient alors l'opposition *prescription-norme* = *Grammaire* vs *description-usages* = *faits* dont il a été question au début de cet article et l'idée, encore communément répandue de nos jours, qu'il n'y a de langue que correcte; la correction s'évaluant à l'aune de ce que retient la Grammaire qui «s'appuie sur des règles précises» (Bresnier, p. 16, n. 1), le reste n'étant qu'une altération, une dégradation de *la langue*.

Au fond, dans la nécessité pratique de mettre au jour les règles de fonctionnement des *usages* résultant, selon eux, des *altérations* de la langue, les auteurs reconnaissent de réelles différences linguistiques entre des *variétés de langue* (même si elles ne sont pas également nommées et qu'elles ne recouvrent pas tout à fait la même chose), mais ils rejettent totalement l'absence d'**unité de la langue arabe**. Volontairement longs, parce que significatifs, les passages qui suivent illustrent parfaitement cette position catégorique des auteurs.

> Il ne faudrait pas induire de ces deux mots d'*arabe vulgaire* et d'*arabe littéral* que la langue arabe se compose de deux langues séparées, dont les règles sont entièrement distinctes, dont l'une est à l'autre, comme une langue vivante est à une langue morte; ce serait une erreur aussi grave que malheureuse. Non; les différences que l'on a remarquées entre l'arabe que quelques-uns nomment *littéral*, et l'*arabe vulgaire*, se résument dans des différences de style bien plutôt que dans des différences de règles.

> L'arabe, hâtons-nous de le dire pour redresser à cet égard bien des idées erronées, est une langue *une*; ce qui ne signifie pas que partout elle se parle de la même manière, ou bien qu'aucune dissemblance n'existe entre le style écrit de l'homme *lettré* et le langage du Bédouin, mais en ce sens, du moins, que ses *principes réguliers* sont partout les mêmes. (Bellemare, p. III-IV)

> On croit généralement qu'il existe entre l'arabe écrit et l'arabe parlé des différences assez marquées pour en faire deux langues tout à fait distinctes. C'est là une erreur qu'il importe de combattre, autant au point de vue de la science que dans l'intérêt de l'Algérie. (Cherbonneau, 1872, p. 1)

> Quant à cette distinction *théorique* de l'arabe en deux langues constituées, l'une *littérale*, l'autre *vulgaire*, distinction que l'on peut faire *dans la pratique de toutes les langues*, soit par rapport aux différences entre la prononciation et l'orthographe [...], soit par rapport aux altérations de l'orthographe ou de l'expression parmi les classes illettrées, elle fait sourire les gens expérimentés dans la question ; elle n'infirme ou n'atténue en rien les règles universelles de la langue, et ne fait pas que l'on doive prendre pour une abrogation des principes, le fait d'une tolérance générale dans la prononciation, ou celui d'une faute d'orthographe ou d'une expression triviale chez un homme ignorant ou grossier. (Bresnier, p. 528-529)

Et Bresnier ajoute : « Faut-il diviser la langue française en deux idiomes, parce que nous prononçons *mocieu* [monsieur], et qu'un pauvre artisan aura *ajeter hun fon de boutic* [acheter un fond de boutique] ? Où s'arrêterait une telle distinction, une fois que le principe en aurait été admis ? » (p. 528-529), montrant par-là que la position qu'il adopte face à l'unité de la langue arabe n'est pas propre à cette langue mais qu'il s'agit d'un principe général [20].

En fait, en considérant que l'arabe « vulgaire » (ou autrement nommé) n'est qu'une forme dégradée de l'arabe « littéral », ces auteurs sont en accord avec les conceptions prévalant à leur époque – fréquentes chez les comparatistes du XIXe siècle – qui présupposent le caractère originellement uniforme et stable d'une langue-mère, ici l'arabe, qu'il convient de préserver, même si la *norme prescrite* aboutit à un pseudo-système obtenu par une sélection de certains types d'usages au détriment d'autres. Et au fond, ils ne sont pas en mesure de saisir que ce qu'ils perçoivent, à tout le moins, comme une dualité de la langue – dont l'un des éléments, premier et prééminent, aurait généré le deuxième, seulement toléré du fait de son existence –, n'est pas une contradiction mais l'expression même de la réalité de ces usages qu'ils ont contribué à mettre en évidence en décrivant leurs règles.

20. Ce principe de l'unité de la langue appuyée par l'existence de la Grammaire est plusieurs fois réaffirmé dans cette longue note par de constantes comparaisons avec la situation de la langue française comme le montre le passage qui suit. « Dans quelle grammaire, par exemple, enseignerait-on l'*orthographe* et la *syntaxe* du *français* trivial et pittoresque de la populace parisienne ou marseillaise ? » (Bresnier, p. 527).

Dans l'étude qui précède et par les nombreuses citations qu'elle contient, j'ai cherché à rendre compte de l'atmosphère d'une époque donnée. J'ai toutefois conscience que l'analyse présentée n'épuise pas les remarques qui pourraient être faites, tant chaque mot ou presque appelle de commentaires dans nombre de domaines (d'où sans doute l'abondance de mes notes de bas de page). On pourra s'en faire une idée en lisant la préface de Bellemare présentée en annexe et qui, à mon avis, synthétise bien l'ensemble des notes d'intention examinées dans le cadre de cette étude.

Références bibliographiques

Instruments de travail

Rey, Alain, *Dictionnaire historique de la langue française*, Paris, Le Robert, 1992 (1re éd.), 1995 (2e éd.).

TLFi – Trésor de la langue française informatisé, Atilf, CNRS, Université de Lorraine, Nancy ; http://atilf.atilf.fr/tlf.htm

Sources

Bellemare, Alexandre, « Introduction à l'étude de la langue Arabe » (p. III-VII), *Grammaire arabe (idiome d'Algérie), à l'usage de l'armée et des employés civils de l'Algérie ; ouvrage publié avec l'approbation de M. le ministre de la Guerre sur le rapport d'une commission spéciale par Alexandre Bellemare, Ancien Secrétaire Interprète détaché à la Direction des Affaires de l'Algérie*, Hachette et Cie, Paris, Dubos Frères, Alger, 1850 ; 1867 (7e éd.).

Beaussier, François Louis Marcelin, « Esquisse des caractères spéciaux à la langue arabe parlée » (p. 8-9), *Dictionnaire pratique arabe-français contenant tous les mots employés dans l'arabe parlé en Algérie et en Tunisie ainsi que dans le style épistolaire, les pièces usuelles et les actes judiciaires par Marcelin Beaussier, Interprète principal de l'armée d'Algérie, Officier de la Légion d'honneur, Membre de la Société historique algérienne, de la Société d'acclimatation, etc.*, Imprimerie typographique et lithographique Bouyer, Alger, 1871 ; 1887 (2e éd. inchangée).

Bresnier, Louis Jacques, « Avant-propos » (p. X-XVI), Préface de la première édition (p. 1-3), Introduction à l'étude de la langue arabe. Observations importantes (p. 5-16) ; Du langage et de ses "dialectes" » (Livre IV, p. 527-531), *Cours pratique et théorique de langue arabe renfermant les principes détaillés de la lecture, de la grammaire et du style ainsi que les Éléments de la Prosodie, accompagné d'un traité du langage arabe usuel et de ses divers dialectes en Algérie, par L.-J. Bresnier, l'un des disciples de Sylvestre de Sacy*, Bastide, Alger, 1855 (1re éd.) ; Adolphe Jourdan, Alger, 1914 (2e éd.), contenant l'avant-propos de la 1re éd. et la préface de l'édition autographe titrée *Leçons théoriques et pratiques du cours public de langue arabe*, Bastide, Alger, 1846.

Cherbonneau, Auguste, « Introduction » (p. I-XXIII), *Dictionnaire français-arabe pour la conversation en Algérie*, Hachette, Paris, 1872.

—, « Introduction » (p. I-VIII), *Dictionnaire arabe-français (langue écrite)*, Imprimerie Nationale, Paris, 1876, 2 t.

Cotelle, Émile Henri, « Avant-propos » (p. 5-7), *Le Langage arabe ordinaire, ou Dialogues arabes élémentaires, destinés aux Français qui habitent l'Afrique ou que leurs occupations retiennent à la campagne, ou dans les différentes localités de l'Algérie*, Dubos Frères, Alger, 1850.

Delaporte, Jean-Honorat, « Préface » (p. V-VII), *Guide de la conversation français-arabe ou dialogues avec le mot-à-mot et la prononciation interlinéaires figurés en caractères français*, Imprimerie du Gouvernement, Alger, 1837 (1re éd.) ; rééd. 1841, 1846 et 1908 ; édition citée : 1841, VII-180 p.

—, *Principes de l'idiome arabe en usage à Alger*, J.-B. Philippe, Alger, 1836 (1re éd.) ; rééd. 1839, 1845.

Duval, Jules & Warnier, Auguste, *Bureaux arabes et colons, réponse au « Constitutionnel » pour faire suite aux « Lettres à M. Rouher »*, par MM. Jules Du Val (Directeur de *L'Économiste français*, ancien membre et secrétaire du Conseil général de la province d'Oran) et Auguste Warnier (Médecin militaire en retraite, ancien membre du Conseil du gouvernement de l'Algérie), Délégués officieux d'un grand nombre de colons algériens, Challamel Aîné, Libraire - Éditeur, Paris, 1869.

Paulmier, Adrien, « Préface » (p. VII-XI), *Dictionnaire français-arabe (idiome parlé en Algérie), contenant : 1o Tous les mots usités pour parler en Algérie, sans mélange de mots inusités ; 2o leur prononciation indiquée en caractères français d'après le mode adopté par la Commission scientifique de l'Algérie ; 3o leur pluriel ; 4o leur genre ; par AD. Paulmier, ancien conseiller à la cour d'appel d'Alger, membre de la Légion d'honneur. Ouvrage composé à Alger et vérifié par plusieurs savants indigènes*, Hachette, Paris, 1850a (1re éd.) ; rééd. 1860, 1872.

—, *Histoire de Gil Blas de Santillane [de A.-R. Lesage] traduite dans l'idiome parlé en Algérie des dix-sept chapitres composant le livre premier avec le texte français et le mot à mot en regard et la prononciation des mots arabes*; Adrien-Augustin Paulmier (trad.), Vérifié par Mouh'ammed R'oudja ben H'affaf, Chez Théophile Barrois, Paris, 1850b.

Pihan, Antoine-Paulin, « Avertissement » (p. I-III), *Éléments de la langue algérienne ou principes de l'arabe vulgaire usité dans les diverses contrées de l'Algérie*, Imprimé par autorisation du gouvernement à l'Imprimerie nationale, Paris, 1851.

Savary, Claude-Étienne, *Grammaire de la langue arabe vulgaire et littérale, ouvrage posthume de M. Savary, traducteur du Coran, augmenté de quelques contes arabes, par l'éditeur*, Imprimerie impériale, Paris, 1813.

Études

Boucherit, Aziza, « Les fonctions verbales de la particule *ra-* dans les manuels de grammaire et guides de la conversation au XIXe siècle en Algérie. Temps, aspect, concomitance, implication ? » *in* Caubet, Dominique & Vanhove, Martine (éd.), *Actes des premières journées internationales de dialectologie arabe*, Paris, 27-30 janvier 1993, INALCO, Paris, 1994, p. 161-171.

—, « Norme, représentation, idéal, imaginaire linguistique ? », *L'imaginaire linguistique*, Actes du colloque international, université Paris 5-Sorbonne, 30 novembre-1er décembre 2001, L'Harmattan, Paris, 2002, p. 25-30.

—, « Processus de construction et de circulation de la représentation de l'"Indigène" dans la seconde moitié du XIXe siècle en Algérie. Construction d'un imaginaire » in *Parcours, échanges et recoupements culturels*, VIIIe Colloque international du Département de français organisé par la faculté des lettres de l'université du Caire en collaboration avec les universités de Guelph et Waterloo (Canada), Le Caire, 8-10 novembre 2010, non publié.

Coseriu, Eugenio, « Sistema, Norma y Habla », *Teoría del Lenguaje y Lingüística general*, Éditions Gredos, Madrid, 1961 (1re éd.) ; 1969 (2e éd.), p. 11-114 ; rééd. de *Sistema, Norma y Habla*, Universidad de la Republica, Facultad de Humanidades y Ciencias, Instituto de Filologia, Dept. de Lingüistica, Montevideo, 1952.

Doss, Madiha, « Les dialogues comme méthode d'enseignement des langues : parcours et échanges », *Parcours, échanges et recoupements culturels*, VIIIe Colloque international du Département de français organisé par la faculté des lettres de l'université du Caire en collaboration avec les universités de Guelph et Waterloo (Canada), Le Caire, 8-10 novembre 2010, non publié.

—, « *Riḥlat al-turǧumān ʿabra al-zamān wa-l-makān* / The Dragoman's Journey Through Time and Space », *'Alif: Journal of Comparative Poetics* 26, AUC Press, Le Caire [*Šahwat al-tirḥāl: 'adab al-riḥla fī miṣr wa-l-šarq al-'awsaṭ* / Wanderlust: Travel Literature of Egypt and the Middle East], 2006, p. 64-84 ; traduction en français, « Le parcours du drogman dans le temps et l'espace », *Matériaux arabes et sudarabiques*, nouvelle série 12, 2006-2010, p. 63-88.

—, « Une tradition didactique appliquée à l'arabe. Les dialogues Pétis de La Croix - Savary » *in* Den Heijer, Johannes, La Spisa, Paolo & Tuerlinckx, Laurence (éd.), *Autour de la langue arabe : études présentées à Jacques Grand'Henry à l'occasion de son 70e anniversaire*, Publications de l'Institut orientaliste de Louvain 61, Institut orientaliste, Université catholique de Louvain, Peeters, Louvain, 2012, p. 189-206.

—, « A Reading of Savary's Grammar in the Context of the Growing French Influence in North Africa and the East Mediterranean », *Objectivity and Subjectivity in the Historiography of Egypt, in Honour of Nelly Hanna*, GEBO, Le Caire, 2012, p. 110-136.

—, « L'arabe vulgaire et la grammaire de Claude-Étienne Savary. Discussion de l'intervention d'Aurélien Girard » *in* Larzul, Sylvette & Messaoudi, Alain (éd.), *Manuels d'arabe d'hier et d'aujourd'hui : France et Maghreb, XIXe-XXIe siècle*, Éditions de la Bibliothèque nationale de France, Paris, 2013b, p. 27-30 ; http://books.openedition.org/editionsbnf/237

—, « Apparition du concept "d'arabe vulgaire" », *Débuts en comparaison*, Textes recueillis et présentés par Amina Rachid avec la collaboration de Salma Mobarak, Publisud, Paris, 2015, p. 199-208.

Gallissot, René, *Algérie colonisée, Algérie algérienne (1870-1962). La République française et les indigènes*, Éditions Barzakh, Alger, 2007 ; 1re éd. sous le titre *La République française et les indigènes, Algérie colonisée, Algérie algérienne (1870-1962)*, Les Éditions de l'Atelier/Les Éditions ouvrières, Paris, 2007.

Hjelmslev, Louis, « Langue et parole », *Essais linguistiques*, Minuit, Paris, 1971, p. 77-89 ; repris de *Cahiers Ferdinand de Saussure* 2, 1942, p. 29-44.

Ihaddaden, Zahir, *Histoire de la presse indigène en Algérie des origines jusqu'en 1930*, ENAL, Alger, 1983.

Larzul Sylvette, « Les premières traductions françaises du Coran (XVIIe-XIXe siècles) », *Archives de sciences sociales des religions* 147, 2009, p. 147-165 ; http://assr.revues.org/21429

—, « Grammatisation et lexicographie de l'arabe algérien au XIXe siècle », *Synergies Monde arabe* 7, 2010, p. 89-100.

—, « Les manuels de langue arabe des débuts de l'Algérie coloniale (1830-1871) » *in* Larzul, Sylvette & Messaoudi, Alain (éd.), 2013b, p. 54-78 ; http://books.openedition.org/editionsbnf/244

Larzul, Sylvette & Messaoudi, Alain (éd.), « Introduction » *in* Larzul, Sylvette & Messaoudi, Alain (éd.), 2013a, p. 6-10 ; http://books.openedition.org/editionsbnf/233

Larzul, Sylvette & Messaoudi, Alain (éd.), *Manuels d'arabe d'hier et d'aujourd'hui : France et Maghreb, XIXe-XXIe siècle*, Éditions de la Bibliothèque nationale de France, Paris, 2013b.

Le Cour Grandmaison, Olivier, *Coloniser. Exterminer. Sur la guerre et l'État colonial*, Fayard, Paris, 2005.

Messaoudi, Alain, *Savants, conseillers, médiateurs : les arabisants et la France coloniale (vers 1830-vers 1930)*, thèse de doctorat, université de Paris I, 2008a, 3 vol.

—, « Origines et enjeux initiaux de l'agrégation d'arabe », *Actes du séminaire national Le centenaire de l'agrégation d'arabe, Paris, 17 et 18 novembre 2006*, ÉduSCOL, ministère de l'Éducation nationale, Paris, 2008b.

Rey, Alain, « Usages, jugements et prescriptions linguistiques » *in La Norme*, dossier de *Langue française* 16, sous la direction de René Lagane & Jacqueline Pinchon, 1972, p. 4-28.

Annexe

Alexandre Bellemare,
« Introduction à l'étude de la langue arabe »,
Grammaire arabe (idiome d'Algérie), à l'usage de l'armée et des employés civils de l'Algérie…, 1850, p. III-VII.

L'autorité des grammairiens qui, les premiers, ont exposé les principes de la langue arabe, a fait consacrer par l'usage les expressions d'*arabe vulgaire* et d'*arabe littéral*, pour marquer la différence qui existe entre le langage et le style relevé des écrits. À nos yeux ces orientalistes ont eu le tort de ne point compléter par leurs explications le sens qui doit appartenir régulièrement à ces mots ; ils auraient évité ainsi de donner lieu à une confusion regrettable qu'il importe de faire cesser.

Nous admettrons volontiers, quant à nous, l'expression d'*arabe vulgaire*, parce qu'elle fait bien comprendre l'idée qu'elle a pour but de présenter à l'esprit ; mais il n'en saurait être de même de celle d'*arabe littéral* qui n'offre à l'intelligence aucune signification claire et précise.

Il ne faudrait pas induire de ces deux mots d'*arabe vulgaire* et d'*arabe littéral* que la langue arabe se compose de deux langues séparées, dont les règles sont entièrement distinctes, dont l'une est à l'autre, comme une langue vivante est à une langue morte ; ce serait une erreur aussi grave que malheureuse.

Non ; les différences que l'on a remarquées entre l'arabe que quelques-uns nomment *littéral*, et l'*arabe vulgaire*, se résument dans des différences de style bien plutôt que dans des différences de règles.

L'arabe, hâtons-nous de le dire pour redresser à cet égard bien des idées erronées, est une langue *une* ; ce qui ne signifie pas que partout elle se parle identiquement de la même manière, ou bien qu'aucune dissemblance n'existe entre le style écrit de l'homme *lettré* et le langage du Bédouin, mais en ce sens, du moins, que ses *principes réguliers* sont partout les mêmes.

D'où viennent donc alors les différences que l'on remarque entre le style relevé des écrits et le langage ?

D'où vient aussi que l'arabe ne se parle pas absolument de la même manière à Alger, qu'au Caire ou à Alep, par exemple ?

C'est ce que nous avons à faire connaître.

Nous aurons expliqué en même temps l'origine des mots d'*arabe littéral* et *vulgaire* et le sens véritable à donner à ces expressions.

L'arabe, dans son état régulier, a pour tous les pays des règles invariables. Ces règles, présentant dans leur application des difficultés assez grandes, auraient naturellement astreint les indigènes à des études que leur manière de vivre et leur paresseuse indifférence ne comportent pas. Plutôt que de se soumettre à ces études, ils ont préféré en détruire le motif, et d'un commun accord, pour ainsi dire, ils sont convenus de négliger ceux des principes de leur grammaire dont l'observation aurait exigé de leur part un effort d'intelligence. Ils n'ont pas, par conséquent, donné des règles nouvelles à leur langue ; ils se sont bornés à ne plus tenir compte de plusieurs d'entre elles.

L'arabe vulgaire, *comme on le voit, n'est donc que l'arabe appelé* littéral *dépouillé de ses principales difficultés.*

Si, dans tous les pays arabes, l'usage avait laissé tomber les mêmes règles en désuétude, cette langue se parlerait naturellement partout d'une façon uniforme. Mais il n'en a pas été ainsi. En Algérie, par exemple, telle règle est passée en oubli, qui, en Orient, continue à être observée, et vice versa. De là, un premier motif de dissemblance entre l'idiome barbaresque, et les idiomes de Syrie ou d'Égypte.

Les hommes lettrés eux-mêmes qui, dans toutes les contrées musulmanes, sont en si effrayante minorité, ont été entraînés par la majorité, et forcés, sous peine de ne pas être compris, de parler comme elle. C'est ainsi que s'est formé le langage appelé *vulgaire*.

Mais il ne faudrait pas croire que ces mêmes hommes, contraints par la masse de négliger *en parlant* les règles de leur grammaire, ne s'y soumettent pas lorsqu'ils *écrivent*. Non ; ils ont soin, au contraire, de s'y conformer strictement, de choisir leurs expressions, de polir leur style. On dirait même qu'ils cherchent alors à se venger de la loi qu'ils ont dû subir ; car souvent ils ont recours à des mots si peu usités, ils emploient des tournures de phrase si étranges, que le sens devient pour ainsi dire nuageux, et que l'on serait porté à croire que le style pour eux est d'autant plus beau qu'il n'est compréhensible que pour un petit nombre.

On voit, d'après ces explications que, pour connaître les principes de la langue arabe *parlée* dans tel ou tel pays, il n'y a pas à étudier des règles étrangères à l'arabe appelé par quelques-uns *littéral*, mais seulement celles que l'usage n'a pas sacrifiées.

Il convient de remarquer en même temps que les personnes qui, sans être parfaitement lettrées, ont néanmoins certaines notions de grammaire, cherchent autant que possible à écrire d'une manière un peu plus recherchée qu'elles ne s'expriment. Elles ont ainsi formé, à côté de celui du langage, un style intermédiaire qui tient, entre l'arabe *régulier* ou *littéral* et l'arabe *parlé*, une place analogue à celle de notre style épistolaire, entre notre conversation et notre style noble.

Nous nous sommes efforcé, dans ce travail, tout en indiquant d'une manière toute spéciale les règles conservées dans le langage, de faire remarquer cependant ceux des principes de l'arabe *régulier*, qui, négligés en parlant, sont employés dans ce style intermédiaire que nous venons de signaler. S'il est en effet d'une nécessité majeure de communiquer sa pensée par la parole, il est d'une importance extrême de pouvoir la transmettre aussi par le moyen de l'écriture.

Nous venons d'expliquer la première raison des différences qui existent entre le style que nous appellerons *régulier* ou grammatical et l'arabe *parlé* ou *vulgaire*. Il nous reste à faire connaître le second motif des dissemblances que l'on remarque entre la langue en usage en Barbarie, et celle qui est employée au Caire et en Syrie.

L'arabe est une langue *riche* et *pauvre* tout à la fois. *Pauvre*, en ce que, née dans le désert, elle n'a pas de mots pour exprimer un grand nombre d'idées qui ne sont venues qu'à la suite de la civilisation ; *riche* en ce qu'elle possède, au contraire, plusieurs expressions pour rendre une même pensée, quand cette pensée s'est trouvée dans le cercle restreint des besoins primitifs du peuple arabe.

Lorsque cette langue se répandit par le monde, à la suite des invasions musulmanes ; lorsque les Arabes, après avoir conquis la Syrie, l'Égypte, la Barbarie, l'Espagne, s'établirent dans ces divers pays, y fondèrent des empires séparés, elle perdit un peu de l'homogénéité qu'elle avait à son berceau.

Chaque peuple, en effet, selon ses besoins, selon ses rapports plus ou moins fréquents avec les États civilisés, dut emprunter aux langues étrangères quelques mots nouveaux pour exprimer des idées nouvelles, ou détourner de leur sens primitif quelques expressions arabes pour rendre ces mêmes idées. Puis, chacun de ces peuples vivant désormais d'une vie isolée, et n'ayant plus de rapports entre eux qu'à des intervalles assez éloignés, au lieu de se servir indistinctement de tous les mots existants dans la langue arabe, pour rendre les idées premières qu'elle comportait, trouva plus simple et moins gênant d'en adopter seulement un ou deux.

Or, les mêmes mots ne furent pas, et ne purent pas être choisis par des populations vivant éloignées les unes des autres. Le hasard guida souvent les choix, et dans le grand partage qui eut lieu des expressions de cette langue entre les peuples qui la parlent, telle expression fut préférée dans un pays, telle autre dans un autre. De cette manière, se constituèrent des idiomes présentant entre eux quelques différences, mais composés tous de mots *essentiellement arabes*.

L'observation plus ou moins complète des règles de la grammaire arabe ; l'emprunt fait aux langues étrangères de certaines expressions ; l'adoption plus spéciale par chaque pays de tel ou tel mot arabe pour rendre telle pensée ; nous ajouterons, et les idiotismes particuliers à chaque contrée : voilà les causes des différences que l'on remarque, d'un côté, entre le style *écrit* et le style *parlé* ; de l'autre, dans le langage des populations qui habitent la Barbarie, l'Égypte et la Syrie.

Nous devons le dire, ces différences qui ne sont pas aussi sensibles qu'on le croit généralement, du moins dans ce dernier cas, seraient bien plus considérables si le Koran ne formait un lien qui rattache ensemble tous les peuples musulmans. Car une chose doit paraître extraordinaire, c'est qu'une langue qui a traversé tant de siècles, tant de pays, tant d'événements divers, n'ait point subi de variations plus grandes.

Nous n'avons pas entendu dans cette grammaire signaler les dissemblances qui existent entre ces divers idiomes ; c'eût été compliquer encore une matière qui offre assez de difficulté par elle-même.

Ayant eu l'Algérie pour unique pensée dans ce livre, nous avons pris l'idiome algérien tel qu'il est, sans nous occuper de ce qui pouvait exister dans les autres pays.

Peu de personnes ont le temps, encore moins ont la volonté de se livrer à une étude approfondie de l'arabe ; elles veulent apprendre cette langue, non dans un but scientifique, mais pour l'usage qu'elles sont appelées à en faire.

C'est à ces personnes qu'est destinée cette grammaire, pour la rédaction de laquelle nous nous sommes servi plusieurs fois des judicieuses observations consignées par MM. Bresnier et Delaporte dans leurs précédents travaux.

Mettre l'étranger à même de communiquer sa pensée par la parole ; lui enseigner les principales règles qui, négligées dans le langage, sont observées néanmoins dans ce style intermédiaire que nous avons comparé à notre style épistolaire ; tel est le double résultat que nous nous sommes proposé.

L'approbation officielle que M. le Ministre de la guerre a bien voulu accorder à ce livre, d'après l'avis d'une commission composée de trois des plus savants orientalistes de France, est un premier jugement qui justifie notre confiance en celui de nos lecteurs.

Louis-Jean Calvet
Aix-Marseille Université

Géopolitique de la traduction en Méditerranée

Dans les nombreux travaux de Madiha Doss on trouve des publications sur les traducteurs et les traductions, en particulier sur les drogmans au XVIe siècle (Doss, 2006-2010). C'est pour lui faire écho que je lui offre ici ce texte, version remaniée d'un chapitre d'un livre récemment publié (Calvet, 2016).

Science en arabe et traduction

L'une des retombées de l'expansion des Arabes et de l'arabe dans le Levant est que, dès la seconde partie du VIIIe siècle, Bagdad devient un important centre commercial, aboutissement de la route de la soie, importateur d'épices, d'or, d'ivoire, de bois précieux, d'esclaves, en même temps qu'un centre intellectuel et scientifique dont la fondation d'une « maison de la sagesse » *(bayt al-ḥikma)* en 832 est le symbole.

Ahmed Djebbar, dans son ouvrage consacré à la science en arabe (2001), a montré l'importance de la traduction comme accompagnatrice de l'histoire de cette science, en amont et en aval de son apogée. Considérons par exemple le cas de la médecine. On sait qu'elle n'a pas été inventée par les Arabes et qu'ils sont partis de recherches antérieures, celles d'Hippocrate et de Galien mais aussi de médecins persans et indiens qui en sont les grands ancêtres. Djebbar (2001, p. 304-305) indique à ce propos que :

> En Mésopotamie, l'enseignement médical se faisait en syriaque [...] il s'appuyait essentiellement sur seize livres de Galien et douze livres

> d'Hippocrate, qui avaient été traduits en syriaque au VIe siècle [...] tout au long du VIIIe siècle, les nouveaux ouvrages de médecine ont été écrits en syriaque.

Lorsque au IXe siècle paraissent les premiers écrits médicaux en arabe, leurs auteurs s'appuient donc sur une solide tradition qui leur est parvenue grâce à des traductions du grec, du syriaque et du sanscrit, textes qui le plus souvent ont été traduits entre le Ve et le VIIe siècle du grec vers le syriaque et retraduits ensuite vers l'arabe. Djebbar signale ainsi que tous les textes de Galien avaient été traduits du grec vers le syriaque, et que 75 d'entre eux sont traduits vers l'arabe. Il en va de même pour ce qui concerne la géométrie : Euclide, Archimède, Appolonius sont traduits du grec vers l'arabe, tout comme les textes de physique d'Euclide, d'Archimède et d'Héron. Et nous pourrions multiplier les exemples. Il y a là quelque chose de fondamental : la connaissance se transmet par des textes et, lorsqu'on ne lit pas la langue dans laquelle ils sont écrits, on les fait traduire.

Emmanuel Pataq Siman (2015, p. 152) a souligné ce que ces flux de traductions avaient apporté aux langues elles-mêmes. Les traducteurs de l'École d'Édesse avaient dû créer en syriaque des termes grecs sans correspondance dans leur langue et, de la même façon,

> la langue arabe [...] s'est enrichie, entre autres, de tout un ensemble de termes nouveaux et indispensables pour signifier et dire des réalités, des idées, ignorées des Arabes avant ces traductions : qu'il s'agisse de philosophie, de sciences, de médecine ou de religion.

Ces traductions sont d'abord le fait du prince : al-Manṣūr (754-775), Hārūn al-Rašīd (786-809) ou al-Ma'mūn (813-833) font traduire Aristote, Euclide ou Ptolémée ainsi que des astronomes et des médecins indiens. Le lien entre ces traductions et la recherche est, dès l'origine, étroit. Ainsi al-Ma'mūn, dont le père, Hārūn al-Rašīd, avait fait venir à sa cour un médecin indien, commande aux astronomes des calculs concernant la longueur d'un méridien ou l'inclinaison de l'écliptique et, dans le même temps, finance des traductions, demandant par exemple pour cela à l'empereur byzantin Léon V de lui prêter des manuscrits grecs. Des savants et des traducteurs de tout le monde abbasside viennent à Bagdad à la première « maison de la sagesse », qui est à mi-chemin entre une bibliothèque et un centre de recherche et où, écrit Victor Katz (1998, p. 239, traduction en français Louis-Jean Calvet) :

> [...] étaient invités des savants de tout le califat pour traduire des travaux grecs et indiens et pour mener des recherches originales.

Après cette époque de mécénat, les traductions répondent à la demande des chercheurs eux-mêmes, le traducteur idéal devant présenter une double compétence, linguistique d'une part (il connaît l'arabe, le grec, le syriaque), scientifique d'autre part (il est spécialiste de telle ou telle science, de médecine ou de mathématiques). Roshdi Rashed (2003) a, pour sa part, montré qu'il y avait une relation étroite entre traduction et innovation, et que les progrès de la recherche entraînaient des changements dans la demande en matière de traduction. C'est ainsi que nombre d'entre elles sont révisées, que l'on reprend et corrige des traductions antérieures : *Les Éléments* d'Euclide ou l'*Almageste* de Ptolémée sont, par exemple, traduits trois fois à Bagdad au IXe siècle, la terminologie étant remaniée, les textes adaptés à la demande des scientifiques arabes eux-mêmes.

Il y a donc *en amont* de la science en arabe ce que nous pourrions appeler une « politique de la traduction » que l'on va retrouver *en son aval*. Ici encore, Djebbar (2001, p. 329) indique que :

> Les traductions d'ouvrages arabes en latin, parfois *via* l'hébreu, ont été très nombreuses. Dans les universités créées en Europe à la fin du XIIe siècle et au XIIIe, les professeurs ont certes beaucoup enseigné Hippocrate et davantage encore Galien, mais aussi les médecins arabes.

En effet, en 1258, Bagdad est détruite par les Mongols, les bibliothèques sont dévastées, la population massacrée et le dernier calife abbasside, al-Musta'ṣim, exécuté. Mais on a déjà commencé depuis un siècle à traduire les textes scientifiques arabes en latin, le plus souvent en passant par l'espagnol (Katz, 1998, p. 290, traduction en français LJC) :

> Ce travail était essentiellement mené à Tolède, en Espagne [...] il y avait une communauté juive florissante dont beaucoup de membres parlaient couramment l'arabe. Les traductions étaient souvent faites en deux temps, d'abord par un juif espagnol de l'arabe vers l'espagnol, puis par un savant chrétien de l'espagnol vers le latin.

Ainsi, l'archevêque Dominique Gundissalvi est connu comme le traducteur du scientifique Avicenne (Ibn Sīnā) ou du philosophe al-Ġazālī, mais il ne connaissait pas l'arabe et travaillait à partir de versions espagnoles établies par le mathématicien Jean de Séville Hispanus (1090-1150) ou le médecin Abraham ibn Dawud Halevi (1110-1180) pour en faire un texte en latin.

La science arabe et en arabe nous apparaît donc historiquement comme un passage extrêmement productif entre la science en grec ou en syriaque et la science en latin, puis en d'autres langues européennes, comme « héritière de presque toutes les traditions scientifiques qui l'ont précédée [...], passage obligé vers les sciences ultérieures » (Djebbar, 2001, p. 17), et au centre de cette histoire se trouve la traduction. Mais l'inversion des flux de traductions, vers l'arabe d'abord puis à partir de l'arabe, a signé la mort de la science en arabe : la science, à partir du XIIIe siècle, c'est-à-dire du moment où on la traduit de l'arabe et non plus vers l'arabe, passe d'une rive à l'autre de la Méditerranée. C'en est fini de la science en arabe. C'est sur ce point qu'il nous faut réfléchir, en nous demandant ce que nous pouvons apprendre de cette époque et en quoi cette connaissance peut nous être utile aujourd'hui. Ce n'est donc pas la science en arabe qui va nous retenir, mais le fait que de nombreuses traductions l'ont dans un premier temps rendue possible et dans un second temps, après le déclin de Bagdad, prolongée mais également asséchée.

Le modèle gravitationnel

Pour avancer dans cette réflexion, nous allons partir de deux analyses, l'une concerne le modèle gravitationnel que j'avais proposé en partant des travaux d'Abraam de Swaan dans *Pour une écologie des langues du monde*, l'autre concerne le système mondial de la traduction aujourd'hui.

Si toutes les langues du monde sont égales « en dignité » et en intérêt, si elles ont toutes aux yeux du linguiste la même valeur, il va de soi qu'elles n'ont pas le même nombre de locuteurs, qu'elles n'ont pas le même statut (langues minoritaires, langues régionales, langues officielles, langues internationales, etc.), qu'elles ne donnent pas les mêmes possibilités communicatives, qu'elles n'ont pas les mêmes fonctions sociales, en bref, qu'elles ne pèsent pas du même poids : les langues ont toutes la même valeur linguistique mais elles n'ont pas la même valeur sociale, elles sont sur ce plan profondément inégales.

Elles sont en outre, comme on sait, très nombreuses : on compte, selon les évaluations, entre six et sept mille langues différentes actuellement parlées à la surface du globe. Pour tenter de mettre de l'ordre dans ce grand désordre babélien, de l'organiser, j'avais, à la suite des travaux d'Abram de Swaan, proposé un modèle qui, en partant du principe que les langues sont reliées entre elles par des bilingues et que le système des bilinguismes, leur étagement, lui-même produit par des rapports de force et par l'histoire, nous permet de présenter leurs relations en termes gravitationnels (Calvet, 1999). Ainsi, à Vigo, en Espagne, un bilingue galicien/espagnol a toutes les chances d'être de première langue galicienne, tandis qu'à Alger un bilingue arabe/français a toutes les chances d'être de première langue arabe, ou qu'à Quito, en Équateur, un bilingue quichua/espagnol a toutes les chances d'être de première langue quichua. C'est-à-dire qu'il est extrêmement rare de rencontrer des locuteurs natifs d'une langue dominante parlant également une langue dominée. Ces faits statistiques montrent que les systèmes de bilinguisme sont orientés, et ces systèmes permettent de mettre de l'ordre dans le désordre babélien des six ou sept mille langues du monde, de présenter leurs relations de la façon suivante.

Autour d'une langue hyper-centrale (l'anglais), dont les locuteurs natifs ont une tendance forte au monolinguisme, gravitent une dizaine de langues super-centrales (le français, l'espagnol, l'arabe, le chinois, le hindi, le malais, etc.) dont les locuteurs, lorsqu'ils acquièrent une autre langue, ont tendance à acquérir soit l'anglais (c'est ce que j'appelais un bilinguisme « vertical ») soit une langue de même niveau (ce que j'appelais un bilinguisme « horizontal »). Autour de ces langues super-centrales gravitent à leur tour cent à deux cents langues centrales qui sont elles-mêmes les pivots de la gravitation de six à sept mille langues périphériques. À chacun des niveaux de ce système se manifestent donc deux tendances, l'une vers un bilinguisme « horizontal » (acquisition d'une langue de même niveau que la sienne) et l'autre vers un bilinguisme « vertical » (acquisition d'une langue de niveau supérieur), ces deux tendances constituant le ciment du modèle : c'est par ces bilinguismes que les langues sont reliées entre elles dans cet ensemble de gravitation autour du pivot que constitue aujourd'hui l'anglais. Les choses sont en fait plus compliquées, car une même langue peut appartenir à deux sous-systèmes, peut graviter ici autour d'une langue et là autour d'une autre, en particulier dans les situations frontalières ou encore dans les intersections entre grands ensembles linguistiques. C'est, par exemple, le cas du berbère qui, au Maghreb, se trouve en gravitation à la fois autour du français et de l'arabe, et participe donc à la fois à l'arabophonie et à la francophonie. Mais je m'en tiendrai ici à cette présentation simplifiée de la situation.

On voit que ce modèle gravitationnel se propose de rendre compte du versant linguistique de la mondialisation, ou des effets de la mondialisation sur les rapports entre les langues, et qu'il confirme ce que nous écrivions plus haut, l'inégalité de fait entre les langues.

Les flux inégaux de traduction

S'inspirant également des travaux de de Swaan, Johan Heilbron (1999) a proposé une approche sociologique de la traduction, en s'appuyant sur des chiffres fournis par l'Unesco qui montrent qu'à l'époque où il écrivait :

– 40 % des ouvrages traduits dans le monde l'étaient à partir de l'anglais ;

– les ouvrages traduits à partir du français, de l'allemand et du russe représentaient chacun de 10 à 12 % de l'ensemble, ce qui signifie que les 3/4 des traductions mondiales viennent de quatre langues ;

– les traductions de l'italien, de l'espagnol, du danois, du suédois, du polonais et du tchèque représentaient chacune entre 1 et 3 % des livres traduits ;

– venaient ensuite, loin derrière, les traductions du chinois, du japonais, de l'arabe et du portugais ;

– à l'inverse, moins de 5 % des ouvrages publiés aux États-Unis et en Grande-Bretagne étaient des traductions, entre 10 et 12 % des ouvrages en français et en allemand, entre 12 et 20 % des ouvrages en italien et en espagnol, 25 % des ouvrages en suédois ou en néerlandais, etc.

On voit donc qu'il y aurait une certaine analogie, mais inversée, entre ces chiffres et le modèle gravitationnel : plus une langue est centrale, super-centrale ou, bien sûr, hyper-centrale et plus on traduirait à partir d'elle mais moins on traduirait vers elle. Ainsi nous venons de voir que 40 % des ouvrages traduits dans le monde le sont à partir de l'anglais, tandis que les traductions vers l'anglais ne représentent que 5 % du marché américain et britannique. Cependant, cette inégalité constitutive du système mondial de la traduction n'est pas entièrement vérifiée puisque l'on traduit peu du chinois, de l'arabe, du portugais, du japonais, de l'hindi ou du malais : « les langues les plus parlées (ne sont) pas nécessairement celles dont on traduit le plus » (Calvet, Oseki-Dépré, 2002), mais celles dont on traduit le plus (anglais, français, allemand) sont à la fois parmi les plus parlées et parmi celles qui jouissent d'un statut dominant.

L'*Index translationum* de l'Unesco (consulté en novembre 2014), base de données cumulative établie depuis 1979, nous permet de jeter une autre lumière sur les arguments d'Heilbron. On y trouve un « top 50 » des langues sources (celles dont on traduit) et des langues cibles (celles vers lesquelles on traduit). En enlevant de la première liste le latin, le grec ancien et les ouvrages « multilingues », nous pouvons établir ce tableau comparatif pour les 20 premières places :

	Langues sources	Langues cibles	
1	anglais	allemand	(+ 2)
2	français	français	(=)
3	allemand	espagnol	(+ 3)
4	russe	anglais	(- 3)
5	italien	japonais	(+ 3)
6	espagnol	néerlandais	(+ 4)
7	suédois	russe	(- 3)
8	japonais	portugais	(+ 8)
9	danois	polonais	(+ 3)
10	néerlandais	suédois	(- 3)
11	tchèque	tchèque	(=)
12	polonais	danois	(- 3)
13	norvégien	chinois	(+ 1)
14	chinois	italien	(- 9)
15	arabe	hongrois	(+ 2)
16	portugais	finnois	(+ 3)
17	hongrois	norvégien	(- 4)
18	hébreu	grec moderne	(+ 6)
19	finnois	coréen	(+ 7)
20	catalan	bulgare	(+ 9)

Nous y voyons tout d'abord que seuls le français et le tchèque sont à la même place dans les deux listes : le français par exemple est la deuxième langue source et la deuxième langue cible. Les langues mieux placées en langue cible qu'en langue source sont, en ordre décroissant, le bulgare, le portugais, le coréen, le grec, l'espagnol, le japonais, le polonais et l'allemand. Et les langues moins bien placées sont l'italien, le norvégien, l'anglais, le russe, le suédois et surtout deux langues qui disparaissent des vingt premières de la colonne de droite, le catalan (qui passe à la 27e place) et l'arabe (qui passe à la 29e). Il y a donc bien une langue essentiellement source de traductions, l'anglais, quelques langues pour lesquelles les chiffres s'équilibrent (français, tchèque, russe...) et surtout des langues essentiellement cibles de traductions. On traduit par exemple sept fois plus vers le bulgare ou le coréen qu'à partir de ces langues, cinq fois plus vers le chinois ou le polonais qu'à partir d'elles.

Il s'avère donc que la traduction relève d'un échange inégal. Une traduction d'une langue périphérique vers une langue centrale ou super-centrale constitue certes une reconnaissance de l'œuvre traduite, mais on traduit beaucoup plus d'une langue dominante vers une langue dominée que dans le sens inverse, ce qui renforce la position dominante de la langue source. De cette relation inverse entre la centralité d'une langue et le taux de traduction vers cette langue découlent deux conséquences :

– la première est le fait que les cultures centrales sont les plus diffusées, ce qui est une évidence ;

– la deuxième, moins évidente ou moins clairement perçue, est que ces cultures centrales sont moins informées sur la production des cultures périphériques que l'inverse (Calvet, Oseki-Dépré, 2002, p. 37).

Ainsi, dans le domaine des publications scientifiques, nous savons que les références à des sources en langues étrangères constituent 25 % des citations dans les publications américaines, entre 40 et 71 % dans les publications européennes ou japonaises, entre 70 et 90 % dans les publications des pays en voie de développement (Schott, 1991, cité par Heilbron, 1999). Ce qui permet d'avancer un jeu de mots bilingue jouant sur *quotation* (en anglais « citation ») et *cotation* : plus une langue est cotée dans le système gravitationnel, sur le marché aux langues ou dans la bourse des langues en quelque sorte, plus on cite des textes dans cette langue.

Cette situation, ou plutôt cette tendance, selon laquelle *plus une langue est centrale dans le système gravitationnel et moins l'on traduit vers elle*, va avoir des retombées sur la diversité de l'information scientifique. Imaginons un instant que le système actuel évolue vers sa propre caricature, qu'on ne traduise plus du tout en anglais et qu'on traduise uniquement à partir de l'anglais. Dans un premier temps (je veux dire avant que tout le monde se mette éventuellement à écrire dans la langue hyper-centrale, l'anglais), les productions scientifiques centrales ou périphériques continueraient d'exister, mais sans communication entre elles, n'étant informées que sur la recherche en anglais ou traduite de l'anglais, tandis que la science en anglais perdrait de plus en plus de sources d'information et tendrait à s'appauvrir, appauvrissant du même coup les sciences « périphériques ». C'est-à-dire que la centralité exacerbée constituerait non seulement un risque pour la diversité mais aussi un risque pour la qualité même de la science et, de façon plus large, un danger de disparition de l'ensemencement mutuel des cultures du monde.

Traduction et accumulation de capital linguistique

Des travaux récents sur la traduction littéraire ont mis l'accent sur les liens entre cet échange inégal et les situations de « post-colonialisme ».

Pascale Casanova, par exemple, part de l'idée que la traduction est « ordinairement définie comme le déplacement d'un texte d'une langue à l'autre », dans le cadre de ce qu'elle appelle un « échange linguistique égal », et montre que cette égalité ou cet échange linguistique égal présuppose l'existence d'univers clos, autosuffisants, ayant chacun sa langue nationale séparée, égale aux autres. Or, écrit-elle, les choses sont en fait différentes (2002, p. 2) :

> Les inégalités et les hiérarchies, tant littéraires que linguistiques, qui ordonnent le champ littéraire mondial font apparaître une autre économie des échanges linguistiques : loin d'être l'échange horizontal ou le transfert pacifié souvent décrit, la traduction ne peut être comprise, au contraire, que comme un « échange inégal » se produisant dans un univers fortement hiérarchisé.

Johan Heilbron et Gisèle Sapiro (2002) pour leur part, dans un court article programmatique consacré à la traduction littéraire comme objet sociologique, se démarquent de l'approche herméneutique et de l'approche économique de la traduction pour se réclamer des *Translation Studies* et de l'étude des « transferts culturels ». La traduction ne doit pas, selon eux, être étudiée du point de vue de son rapport à l'original, au texte source, du point de vue de sa fidélité ou de son adaptation, mais du point de vue de son apport à la culture cible. Elle doit être analysée dans « un espace de relations internationales, constitué à partir de l'existence des États-nations et des groupes linguistiques liés entre eux par des rapports de concurrence et de rivalité » (Heilbron, Sapiro, 2002, p. 4), ce qui les rapproche à la fois des positions déjà exprimées par Heilbron (1999) et de celles de Casanova (2002).

Si nous laissons de côté la référence aux États-nations, qui sont une caractéristique de notre temps et ne constituent pas une notion universelle, nous voyons que leur approche de la traduction du point de vue de la culture et de la langue cibles s'applique parfaitement à ce que nous avons vu du rôle des traductions dans l'histoire de la science arabe. C'est, répétons-le, à partir du moment où l'on a commencé à traduire des textes scientifiques vers l'arabe que la science arabe a pu prendre son essor, et lorsqu'elle a entamé son déclin on a traduit les textes arabes vers d'autres langues, en particulier vers le latin, c'est-à-dire vers d'autres cultures qui prenaient le relais de la recherche.

On pourrait voir là une forme de paradoxe. Il peut, en effet, sembler logique de considérer aujourd'hui que le nombre important de traductions à partir de l'anglais est une preuve de la domination des sociétés parlant cette langue. Pourtant, l'exemple de la science en arabe nous dit le contraire, et cet apparent paradoxe, le paradoxe de la langue source dominante, doit être intégré dans notre analyse. Il nous montre qu'une situation de monopole ou de quasi-monopole (ici celui de la langue source des traductions) n'est pas nécessairement preuve de puissance éternelle et peut, au contraire, annoncer un déclin. Nous pourrions donc formuler ce paradoxe de la façon suivante :

> Plus une langue est située vers le haut du système gravitationnel (langue hyper-centrale et langues super-centrales) plus on traduit à partir d'elle et moins l'on traduit vers elle. Ces flux déséquilibrés font que les cultures et les sciences qui s'expriment par cette langue sont les plus diffusées mais en même temps les plus sous-informées. Ce qui peut impliquer à terme un déclin de ces cultures et de ces sciences.

L'exemple de la science en arabe nous mène donc à deux types de conclusion.

1. Le premier constitue une leçon du passé. C'est grâce à la traduction vers l'arabe de textes syriaques ou grecs que la science arabe a pu être ce qu'elle a été. Sans ces traductions et les connaissances qu'elles véhiculaient, la science arabe aurait dû repartir de zéro. Et c'est ensuite par des traductions à partir de l'arabe que cette science s'est ensuite diffusée, qu'elle a pu se prolonger, et que l'histoire de la science s'est poursuivie. Mais cette poursuite s'est largement faite sans les Arabes, et c'est ce cycle de traductions d'abord vers l'arabe puis à partir de l'arabe qui m'a permis de formuler le paradoxe de la langue source dominante.

2. Le deuxième constitue une leçon pour l'avenir. Seule une politique de la traduction, dans l'ensemble plus vaste des politiques linguistiques, peut garantir le progrès de la science, c'est-à-dire à la fois la circulation de l'information, la mise en commun des acquis, la comparaison et la critique des différentes positions, toutes choses sans lesquelles aucune avancée significative ne peut avoir lieu. Et c'est en étant à l'écoute des productions venues d'ailleurs qu'une société peut développer de façon significative son apport à la science.

En d'autres termes, la caricature du système actuel mènerait dans un premier temps, en son centre, à un autisme scientifique ou culturel, à une désinformation et une uniformité qui, dans un second temps, pourraient générer un appauvrissement du centre au profit d'un des pôles de la périphérie. Nous aurions alors, pour reprendre, en partie, le titre d'un ouvrage d'Emmanuel Todd, une « fin de l'empire », la seule question étant de savoir si celle-ci pourrait être retardée par la parade alternative actuellement pratiquée au centre : l'importation de cerveaux.

Du point de vue que j'ai adopté, l'histoire de la science en arabe nous montre donc le rôle central de la traduction, cette médiation sans laquelle toute recherche, toute culture se referme sur elle-même et végète. Si cet enseignement nous a permis d'évoquer un possible déclin des cultures qui ne traduisent pas ou ne traduisent plus, qui ne sont guère la cible mais parfois uniquement la source de traductions, il ouvre également sur une ultime conclusion. Si la science arabe devait à nouveau occuper une place de premier plan, ce ne pourrait être qu'après une vaste politique de traduction vers l'arabe, d'adaptation néologique, de travail de la langue. Après avoir été successivement langue cible puis langue source, l'arabe, redevenant langue cible de traductions, pourrait alors redevenir une langue de la science, même si, bien sûr, les traductions ne suffisent pas et que le développement scientifique implique de nombreux autres facteurs.

La traduction en Méditerranée aujourd'hui

Revenons donc à notre époque, à la Méditerranée au début du XXIe siècle. L'*Index translationum* de l'Unesco, nous l'avons vu, permet de quantifier les échanges linguistiques que constituent les flux de traductions. Voici tout d'abord une image générale de la situation : la part des langues méditerranéennes dans les traductions vers les langues de la Méditerranée. La première ligne nous dit par exemple que les huit langues suivantes (catalan, espagnol, français, grec, hébreu, italien, maltais, turc) constituent 21,27 % de toutes les traductions vers l'arabe, et nous voyons ensuite que ce pourcentage est de 44,59 pour le catalan, de 24,66 pour l'espagnol, etc.

Arabe	21,27 %
Catalan	44,59 %
Espagnol	24,66 %
Français	10,42 %
Grec	26,45 %
Hébreu	9,61 %
Italien	23,99 %
Maltais	34,52 %
Turc	28,28 %

On voit que la part des langues de la Méditerranée dans les traductions vers les neuf langues officielles varie d'environ 10 % (traductions vers le français) à environ 45 % (traductions vers le catalan). Ces chiffres demandent bien sûr à être commentés. Ainsi le taux élevé pour le catalan s'explique par les nombreuses traductions de l'espagnol. On traduit beaucoup de l'italien vers le maltais, du français vers le grec, mais il demeure qu'en moyenne la majorité des traductions vers ces langues viennent d'ailleurs et principalement de l'anglais.

Considérons à nouveau le cas de l'arabe. La carte ci-dessous nous montre qu'après la Turquie (26,39 % des traductions des langues riveraines de la Méditerranée y viennent de l'arabe) c'est la France (7,16 %) qui traduit le plus de l'arabe et la Grèce (0,59 %) qui traduit le moins.

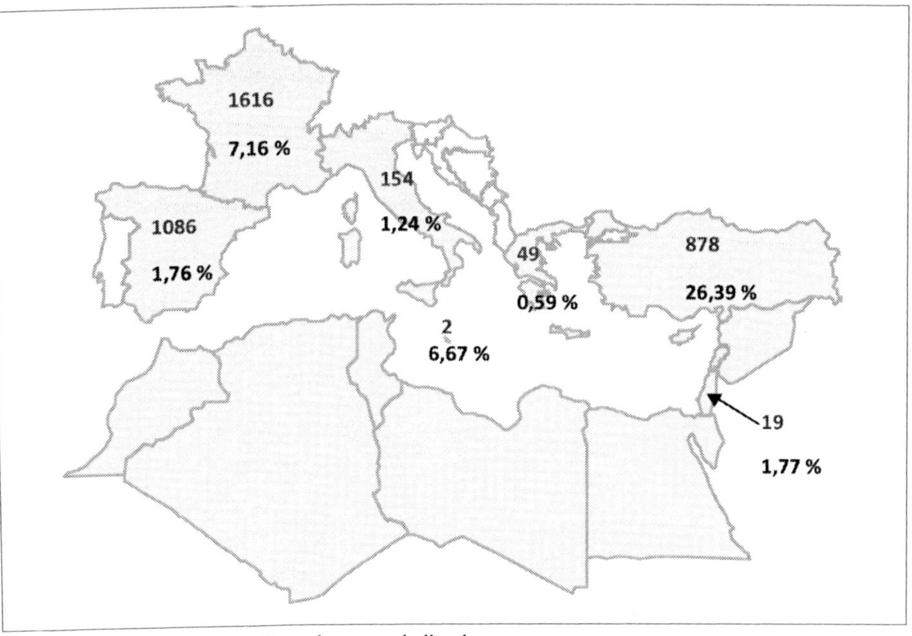

Nombre de traductions de l'arabe et pourcentage par rapport
aux autres langues de la Méditerranée

Et Israël, dont l'arabe est pourtant l'une des deux langues officielles, ne vient, par le nombre de traductions, qu'en sixième position des pays consommateurs de la littérature et de la pensée arabes après la France, l'Espagne, la Turquie, l'Italie et la Grèce.

De façon plus générale, on trouvera ci-dessous les tableaux complets, croisant les pays et les langues, les valeurs étant exprimées en nombre de traductions dans le premier tableau et en pourcentage dans le second. Le premier tableau se lit donc comme suit : en Grèce 49 traductions à partir de l'arabe ont été déclarées, 17 à partir du catalan et ainsi de suite, pour un total de 8 261 traductions déclarées à partir des neuf langues riveraines de la Méditerranée.

	Arabe	Catalan	Espagnol	Français	Grec	Hébreu	Italien	Maltais	Turc	Total
Algérie	165	1	30	403	0	0	4	0	1	604
Chypre	0	0	0	3	45	0	8	0	5	61
Égypte	0	0	111	389	7	4	56	0	23	590
Espagne	1 086	5 644	5 730	35 708	246	694	12 683	0	78	61 869
France	1 616	353	6 337	1 908	400	1 164	10 567	4	215	22 564

	Arabe	Catalan	Espagnol	Français	Grec	Hébreu	Italien	Maltais	Turc	Total
Grèce	49	17	1 016	5 314	252	37	1 467	0	109	8 261
Israël	19	5	178	664	10	45	145	0	7	1 073
Italie	154	35	1 870	9 978	65	252	58	1	34	12 447
Liban	9	0	2	34	0	0	1	0	0	46
Libye	1	0	0	13	0	0	3	0	0	17
Malte	2	0	3	7	0	3	14	1	0	30
Maroc	7	0	34	228	0	0	3	0	1	273
Palestine	1	0	0	0	0	3	0	0	0	4
Syrie	3	0	84	524	3	4	32	0	43	693
Tunisie	79	0	13	209	1	0	15	0	0	317
Turquie	878	0	262	1 898	58	6	204	0	21	3 327

Le deuxième tableau ci-dessous contient la même **information exprimée en pourcentage** et se lit donc : en Grèce 0,59 % des traductions à partir des neuf langues riveraines de la Méditerranée viennent de l'arabe, 0,21 % du catalan et ainsi de suite. Le total de chaque ligne donnant 100 %.

	Arabe	Catalan	Espagnol	Français	Grec	Hébreu	Italien	Maltais	Turc
Algérie	27,32	0,17	4,97	66,72	0,00	0,00	0,66	0	0,17
Chypre	0	0	0	4,92	73,77	0,00	13,11	0	8,20
Egypte	0	0	18,81	65,93	1,19	0,68	9,49	0	3,90
Espagne	1,76	9,12	9,26	57,72	0,40	1,12	20,50	0	0,13
France	7,16	1,56	28,08	8,46	1,77	5,16	46,83	0,02	0,95
Grèce	0,59	0,21	2,30	64,33	3,05	0,45	17,76	0	1,32
Israël	1,77	0,47	16,59	61,88	0,93	4,19	13,51	0	0,65
Italie	1,24	0,28	15,02	80,16	0,52	2,02	0,47	0,01	0,27
Liban	19,57	0	4,35	73,91	0	0	2,17	0	0
Libye	5,88	0	0	76,47	0	0	17,65	0	0
Malte	6,67	0	10,00	23,33	0	10,00	46,67	3,33	0
Maroc	2,56	0	12,45	83,52	0	0	1,10	0	0,37
Palestine	25,00	0	0	0	0	75,00	0,00	0	0
Syrie	0,43	0	12,12	75,61	0,43	0,58	4,62	0	6,20
Tunisie	24,92	0	4,10	65,93	0,32	0	4,73	0	0
Turquie	26,39	0	7,87	57,05	1,74	0,18	6,13	0	0,63

Le tableau suivant nous permet d'entrer plus avant dans le détail des langues sources (lecture verticale) et des langues cibles (lecture horizontale).

Cibles / Sources	Français	Espagnol	Catalan	Grec	Hébreu	Italien	Maltais	Turc	Arabe
Français		63	40	66	65	76	24	57	78
Espagnol	33		45	12	17	18	10	7	12
Catalan	2	10		0,2	0,6	0,6			0,5
Grec	2	0,4	0,5		0,9	1		2	0,5
Hébreu	5	1	0,6	0,4		1,8	10	0,2	0,6
Italien	46	22	12	18	13		48	6	4,6
Maltais	0,02								
Turc	0,98	0,13	0,1	1,42	0,5	0,26			3
Arabe	8	2	1	0,6	1,8	1	6	26	

Une lecture verticale nous montre par exemple que les traductions vers le français à partir des langues de la Méditerranée viennent pour 33 % de l'espagnol, pour 46 % de l'italien, pour 8 % de l'arabe, etc. Et une lecture horizontale nous montre que le français représente 63 % des traductions des langues de la Méditerranée vers l'espagnol, 40 % vers le catalan, 66 % vers le grec, etc. On traduit surtout du français et de l'arabe en turc, très peu de l'arabe en hébreu, essentiellement de l'espagnol et du français en catalan, etc. Nous voyons que le français représente 78 % des traductions vers l'arabe, mais que l'arabe représente 8 % des traductions vers le français, que l'espagnol représente 45 % des traductions vers le catalan, mais que le catalan représente 10 % des traductions vers l'espagnol, etc. Ou encore que le turc traduit beaucoup de l'arabe, mais que l'inverse n'est pas vrai, ou qu'Israël, ne vient qu'en quatrième position des pays consommateurs de la littérature et de la pensée arabes, avec un pourcentage très faible.

Sur le marché linguistique méditerranéen, l'échange manifesté par les flux de traductions est donc profondément déséquilibré. On traduit trois fois plus vers le maltais que du maltais, quatre fois plus vers l'espagnol que de l'espagnol, sept fois plus vers le turc que du turc, dix fois plus vers le grec que du grec. À l'inverse, on traduit trois fois plus du français que vers le français, deux fois plus de l'arabe que vers l'arabe, deux fois plus de l'hébreu que vers l'hébreu.

Et ce système d'échange inégal révèle l'existence de zones méditerranéennes nettement contrastées. Les langues d'Europe occidentale sont très traduites vers l'Europe du Sud-Est, l'Europe occidentale traduit de manière similaire l'arabe et les langues du Sud-Est (grec, turc, hébreu), les pays arabes traduisent peu les langues d'Europe occidentale et il existe très peu de traductions entre pays arabes et Europe du Sud-Est, cela se vérifiant dans les deux sens.

Bien sûr, ces données ne concernent que les principales langues de la Méditerranée. Le corse par exemple n'est pas pris en compte : l'*Index translationum* ne donne que 48 traductions à partir du corse et 50 vers le corse, 5 traductions à partir du sarde et aucune vers le sarde, ce qui est statistiquement négligeable. À l'inverse, l'anglais, dont la présence institutionnelle est négligeable, limitée à Malte et à Gibraltar, n'est pas pris en compte alors qu'il s'agit de la principale langue source de traduction en Méditerranée. Deux exemples pris un peu au hasard, ceux des traductions vers le turc et vers l'hébreu (Délégation générale à la langue française et aux langues de France, 2013), nous montrent de façon aveuglante l'importance prise par l'anglais dans ces deux pays indiscutablement méditerranéens, la Turquie et Israël. Entre 1987 et 2010 on a traduit en turc 17 526 ouvrages, soit une moyenne de 730 par an. Plus de la moitié de ces traductions viennent de l'anglais, l'arabe et le français représentant les deux autres principales langues sources, entre 8 et 10 %. De la même façon, l'anglais est la langue source de 78 % des traductions en hébreu, suivi par le français (7,21 %), l'allemand (5,83 %), puis l'espagnol et l'italien, chacun autour de 2 %.

Il demeure que, du point de vue qui nous concerne, celui de la niche écolinguistique méditerranéenne, ces échanges inégaux mis en évidence par l'analyse des flux de traductions posent différents problèmes, par exemple celui du développement de certains pays riverains. Mais l'enjeu de la traduction est plus vaste. Les flux de traductions ne sont pas seulement un fait linguistique ou culturel, ils constituent aussi, et peut-être surtout, un fait profondément géopolitique. Les drogmans et les truchements ont été jadis le produit de rapports politiques entre l'Empire ottoman et l'Europe, et il en va de même aujourd'hui. Les langues, comme leurs traductions, servent à communiquer, à parler de l'autre et avec l'autre, à échanger des points de vue, des analyses. Si nous élargissons nos données à toutes les langues du monde, nous constatons qu'entre 1979 et 2010 on a traduit chaque année vers l'espagnol ou le français par exemple des milliers d'ouvrages, alors qu'on en traduisait 224 vers le turc en 1979 et qu'on en a traduit 12 en 2009 après un pic de 840 en 2000, et qu'on en traduisait 93 vers l'arabe en 1979, qu'on en a traduit 73 en 2010 après un pic de 679 en 2003. Pour prendre un exemple limité mais parlant, la Grèce, qui compte dix millions d'habitants, a en 2007 traduit 2 282 ouvrages, la Syrie avec ses 22 millions d'habitants en traduisait la même année 204, et l'Égypte, qui compte 86 millions d'habitants, en traduisait 243.

Que l'on se protège d'idées extérieures en ne traduisant pas, qu'on n'ait pas les moyens de traduire ou qu'on n'en ressente pas le besoin, on s'inscrit de toute façon dans des rapports géopolitiques et, dans certains cas, dans une cécité, volontaire ou pas, face à ce qui se dit, se produit ailleurs, dans une sorte d'autisme.

Références bibliographiques

Calvet, Louis-Jean, *Pour une écologie des langues du monde*, Plon, Paris, 1999.

—, *La Méditerranée. Mer de nos langues*, CNRS Éditions, Paris, 2016.

Calvet, Louis-Jean & Oseki-Dépré, Inês, « Mondialisation et traduction, le rapport inverse entre centralisé et diversité » in *La traduction : outil d'uniformisation ou de différenciation culturelle, Bilinguisme, traduction et francophonie,* IXe sommet de la Francophonie, université Saint-Esprit de Kaslik, Liban, 2002.

Casanova, Pascale, « Consécration et accumulation de capital littéraire, la traduction comme échange inégal », *Actes de la recherche en sciences sociales* 144, septembre 2002, p. 7-20.

Djebbar, Ahmed, *Une histoire de la science en arabe, Entretiens avec Jean Rosmorduc*, Seuil, Paris, 2001.

Délégation générale à la langue française et aux langues de France, *Langue française et traduction en Méditerranée*, Paris, 2013.

Doss, Madiha, « Le parcours du drogman dans le temps et l'espace », *Matériaux arabes et sudarabiques*, nouvelle série 12, 2006-2010, p. 63-88.

Heilbron, Johan, « Towards a Sociology of Translation, Book Translation as a Cultural World-System », *European Journal of Social Theory* 2, 4, 1999, p. 429-444.

Heilbron, Johan & Sapiro, Gisèle, « La traduction littéraire, un objet sociologique », *Actes de la recherche en sciences sociales* 144, septembre 2002, p. 3-5.

Katz, Victor, *A History of Mathematics*, Addison-Wesley, Boston, 1998.

Rashed, Roshdi, « Traduction et appropriation de la science au IXe siècle à Bagdad », conférence au CFCC, Le Caire, 22 avril 2003.

Schott, Thomas, « The World Scientific Community: Globality and Globalization », *Minerva* 29, 1991, p. 440-462.

Siman, Emmanuel-Pataq, « Les emprunts lexicographiques au syriaque dans la langue arabe » in *Grandes heures des manuscrits irakiens. Une collection dominicaine inconnue de manuscrits orientaux (XIIe-XXe siècles)*, Éditions du Net, Paris, 2015.

Swaan, Abraam de, *Words of the World: The Global Language System*, Cambridge, Cambridge University Press, 2001.

— « The Emergent World Language System: An Introduction », *International Political Science Review*, vol. 14, n° 3, 1993, p. 219-226.

Todd, Emmanuel, *Après l'empire. Essai sur la décomposition du système américain*, Paris, Gallimard, NRF, 2002 ; rééd. Folio actuel, n° 107, 2004.

UNESCO, Index translationum, en ligne [www.unesco.org/xtrans], consultation novembre 2014.

Humphrey Davies
The American University in Cairo

Aḥmad Fāris al-Šidyāq's Use of Colloquial in *al-Sāq ʿalā al-sāq*

A High Classicist Writes in Dialect

One of Madiha Doss's most conspicuous and persistent academic interests has been the historical development of the Arabic dialect of Egypt. Her Master's thesis was entitled *The b-Preverbal Particle in a 17th Century Egyptian Arabic Text*, while her post-doctoral thesis investigated the role of orality in the generation of Arabic written texts (1991). Several subsequent publications have focused on the development of writing in Egyptian colloquial (1996, 1999, 2001), a concern expressed most recently in the anthology of Egyptian written colloquial that she and I have selected and presented (2013). This short paper concerns itself with one of the more unexpected items in that anthology, a (fictive) letter written in dialect by nineteenth-century Lebanese author and defender of the classical language, [Aḥmad] Fāris al-Šidyāq[1] (1805 or 1806 to 1884), taken from his best-known work *al-Sāq ʿalā al-sāq fi-mā huwa al-Fāriyāq* (*al-Sāq*), first published in 1855, of which I have recently prepared and published an edition and translation (2013-2014). The paper also discusses the only other passage in *al-Sāq* in which al-Šidyāq deploys dialect. I shall discuss firstly the identity and specific features of the dialect in question and secondly the author's possible motives for using dialect in a work otherwise distinguished by its highly classical idiom.

To summarize only those aspects of the author's life and career likely to be relevant to our topic, *i.e.*, his activities in the field of language, al-Šidyāq

1. Despite indications that he may have converted earlier (see *al-Sāq*, vol. 4, 502), al-Šidyāq did not publicly declare his acceptance of Islam and the adoption of the name Aḥmad until 1857 or 1858, *i.e.*, after the publication of *al-Sāq*, on whose title page he is called "Fāris al-Šidyāq".

received a grounding in basic grammar in his village, was employed by an emir as a copyist, and worked for Protestant missionaries as a translator, editor, and teacher in Malta and Egypt, where he also worked for a time as a translator at the newly founded *al-Waqāʾiʿ al-miṣriyya* (a government gazette, the first daily newspaper published in Arabic) and where he studied the linguistic sciences with local scholars; in Malta he also taught Arabic to Maltese at the university and elsewhere, an activity he referred to, reflecting his disdain for the local dialect, as "physicking the foul-of-breath". After a period spent between England, where he continued at first to work for the missionaries and later attempted and failed to obtain a post teaching Arabic, and France, where he met some of the leading Arabists of his day but failed again to obtain a post, he moved to Tunis, where he edited a newspaper and supervised the Directorate of Education. His final move was to Istanbul, where he founded *al-Ǧawāʾib*, the first mass-circulation newspaper in Arabic. Al-Šidyāq died in Istanbul having written more than a dozen works, most of them on Arabic grammar; the best known of these are *al-Ǧāsūs ʿalā al-Qāmūs (The Spy on the Qāmūs)*, a detailed critique of the most widely used dictionary of the day, namely *al-Qāmūs al-muḥīṭ* by al-Fīrūzābādī (died 1415), and *Sirr al-layāl fī al-qalb wa-l-ibdāl* (*Night's Secrets Concerning Substitution and Swapping*), a work on palindromes, letter substitution, and ductus-modification, and the relation of these to meaning.

It was during his last sojourn in London that he finalized *al-Sāq*, which appeared in Paris in 1855. The work, which traces the peregrinations, geographic and intellectual, of the author's alter ego, the Fāriyāq, has among its stated aims "to give prominence to the oddities of the [Arabic] language, including its rare words" (0.2.1). While it is true that, as Pierre Cachia has written, "the author is capable of expressing himself with a simplicity and directness that a writer a century later would be pleased to claim for himself" (1989, p. 68), it is equally true that his goal of showcasing arcane words is realized on almost every page, often in the forms of lists – some containing many hundreds of words – of synonyms (*murādifāt*) and lexically associated words (*muǧānisāt*), all taken from *al-Qāmūs al-muḥīṭ*. This celebration of the rare is part and parcel of a larger commitment to *al-ʿarabiyya* "[classical] Arabic", *balāġa* "good style", and most frequently, *faṣāḥa* or *kalām faṣīḥ* or *al-faṣīḥ* "chaste language, grammatically correct language", the standard to which all written production is held (see, *e.g.*, 2.12.7). Such "chaste language" is constantly contrasted with *rakāka*, *ʿibārāt rakīka*, *alfāẓ rakīka*, etc. "lame language, lame expressions/phrases", by which the author seems to mean what some scholars today call Middle Arabic.[2] Indeed, the entire work may be seen, at one level, as an attempt to rescue the "chaste language" from the onslaughts of those who would corrupt it, the author's animus against such people being made clear when he declares, speaking of the teacher from whom he (or, more accurately, his alter ego) received his early education, "My heart with rancor against you burns, while my breast with reproaches toward you churns [...] because under your auspicious reign my dear friend the Fāriyāq was unable to learn anything in his village other than the psalms, which is a book that they have stuffed with vulgar usages, mistakes, and lame language [...] because its translator didn't know chaste Arabic" (1.1.18).

Al-Sāq ends with an Appendix in which al-Šidyāq takes the French Arabists of his day to task for their arrogance in claiming to be the equals of their Arab counterparts and sets out to demonstrate their inferiority to the former by detailing the mistakes in certain works of theirs. Al-Šidyāq also castigates foreign scholars for devoting attention to modern Arabic dialects, singling out one who "transmogrified the proverbs of Luqmān the Wise into the feeble language of Algeria", another who "labored to have printed silly sayings taken from the rabble in Egypt and the Levant", a third who wrote "a book in a corrupt, mixed style, on the speech of the people of Aleppo", and more (5.3.6). To encourage writing in such vernaculars would lead to "the corruption of this noble language of ours, one of whose distinguishing characteristics is that its rules have remained unchanged and its style fixed in the face of the extinction of all other ancient languages and whose writers of today are in no way inferior to their predecessors who passed away one thousand two hundred years ago" (5.3.7).

In the view of this negative attitude toward "unchaste" language in general and the dialects in particular, it is surprising to find al-Šidyāq himself using colloquial, albeit to a very limited degree, in *al-Sāq*.

The first passage in which colloquial is used occurs in the context of the author's mockery of "an acquaintance of mine from the Syrian lands" who, in a book written in English, states, ludicrously in al-Šidyāq's view, that a wedding in Damascus concluded with a song that, on closer examination, turns out to

2. See especially the analysis of the incorrect forms proposed for use in the translation of the Bible and the Psalms by Metropolitan Atanāsiyūs al-Tutūnǧī (3.18.1).

be a funeral lament.[3] Al-Šidyāq states that English readers "put his account down to exoticism and none of them held him to account by asking, 'How can the people of Damascus, who are described as being of sound taste and upright nature, conclude their nuptials with laments that make one weep?'" (*al-Sāq*, 2013, vol. 3, 3.3.4). He then twists the knife in the wound by imagining that "Had he [the author of the offending work] [...] given this version of his in Arabic and had it reached the ears of Arabic speakers, they would have convened two assemblies, one for the common people and another for the elite" (*ibid.*) with the intention of criticizing and condemning such foolishness.

The text of the discussion that al-Šidyāq imagines taking place at the assembly of the common people (*al-Sāq*, 2013, vol. 3, 3.3.5) is as follows (Passage 1):

ففى العامّى يقول احدهم ما شآ الله ياخى مرثيه فى ختام العرس اسمعوا ياناس وتعجبوا من حذق هذا الراوى * فيقول الاخر اى والله مرثيه بدل الغنا عمركم ياناس سمعتوا كلام زى دا * فيقول غيره لا حول ولا قوة الا بالله ما لقيش المغفل دى الا الرثآ يجعله فى ختام العرس * فيقول آخر حسبنا الله ونعم الوكيل يمكنش غفله اعظم من دى اهل العرس يختموا فرحهم بمرثيه وما يتطيروش * فيقول غيره الله على دى الـراوى هو مغفّل ولّا مجنون حتى يكذب على الناس الكذب دى ويملا كتابه بالهجس والكلام الفارغ * فيقول آخر ياسلام دى والله اغرب ما سمعت ان الناس يستعملوا النواح عوض الغنآ والبكآ عوض الضحك والصفع على القفا بدل المصافحة باليد * فيقول غيره ولكن الناس دول اللّى قروا كتابه حمير ولّا مجانين ما كانش فيهم واحد يقول له (اذا كان نصرانيا) ياخواجا (او اذا كان مسلما او مستسلما) ياافندى اهل بلادك يتطيروا ويتشاموا كثير فما يصحّش ان الرثآ عندهم يستعمل فى الاعراس * فيقول الاخر سبحان الله هو حمار ضحك على حمير ياخى خلونا منه * فيقول غيره لا اله الا الله نحب نعرف السيرة ايه ان كان كلامه دا جدّ ولّا مزح * فيقول آخر مزح ازاى الـلى هو طابعه فى كتاب ينباع فى الدكاكين ومـصـوّر عليه صورته بسيف وحمايل وازرار * فيقول غيره بقا نقول ازّاى يبقى الانكليز يبلعوا كل شى يستفرغه فى حلقهم الغريب اللى عنده سيف بازرار وحمايل * فيقول آخر اظن الافرنج كلهم يصدقوا الخرافات * فيقول آخر ياخى دا باب واسع اول الكلام واخره غفله من الـراوى وحماقه من السامعيـن * الى غير ذلك من الانتقـاد والتعنّت *

3. Al-Šidyāq's acquaintance was Habeeb Risk Allah (Ḥabīb Rizq Allāh), whose *The Thistle and the Cedar of Lebanon* was first published in London in 1843.

The second passage in *al-Sāq* in which the author uses colloquial consists of a letter addressed to a list of persons (who may be taken as representative of various Arab social categories and foreign nations rather than real people). It forms a section that follows the Conclusion and whose only other component is a "List of the Synonymous and Lexically Associated Words in This Book"; after this last comes an Appendix dealing with matters of no direct relevance to the main text. Thus the letter exists in a kind of editorial limbo between the end of one part of the book and the beginning of another. The letter bears no title but is headed with the *basmala*.

بسم الله الرحمن الرحيم

ياسيدى الشيخ محمد ياسيدنا المطران بطرس ياابونا حنا ياابونا منقريوس ياصير ابراهام يامستر نكتن ياهر شميط ياسنيور جوزبّى هادينى انا عملت الكتاب دى يعنى الّفته لا طبعته ولا جلّدته وحطّيته بين اياديكم انا اعرف طيّب ان سيدى الشيخ محمد يضحك منه اذا كان يقراه لانه يعرف من روحه انه يقدر يعمل احسن منه ولانه يعتقد انه شى فارغ وان كنت مليته بالحروف لكن سيدنا وابونا وصيرنا ما يقدروش بل ما يقدروش يفهموه وعلى شان دى اطلب منهم انهم قبل ما يولّعوا النار حتى يحرقوه يسالوا عن الطيّب فيه وعن غير الطيّب فان كان الطيّب اثقل يخلّوه لى والا يحرقوه بجلده واذا كانوا يجدوا فيه بعض هفوات فما يكونش من العدل انهم يحرقوه لان كل واحد منا فيه هفوات كثيرة والله تعالى لا يحرقنا بنار جهنم بسببها

ياابونا حنّا انا احلف لك انى ما ابغضكش ولكن ابغض تكبّرك وجهلك لانى لما اسلّم عليك تلقمنى ايدك حتى ابوسها فكيف ابوسها وانت جاهل وعمرك كله ما عملت كتاب ولا موّال روحى ياسيدى الشيخ محمد انا اعرف ان كتب الفقه والنحو اجلّ من كتابى دى لان الواحد لما يقرا كتاب من دول يقطّب وجهه ويعبّس حتى يقدر يفهم معناه ومعلومك ان الهيبة والجلالة ما تكونش الا فى التعبيس ولكن كتب الفقه ما تقولش ان الضحك حرام او مكروه وانت ما شا الله كيّس لبيب قريت من كتب الادب اكثر مما اكل سيدنا المطران بطرس من الفراخ المقمّرة وفى كل كتاب ادب ترى باب مخصوص للمجون فلو كان المجون ضدّ الادب ما كانوا دخّلوه فيها اهون ما يكون علىّ ان اقول فى آخر كتابى دى زىّ ما قال غيرى ومن الله استغفر عما طغى به القلم وزلّت به القدم فنحن دى الوقت والحمد لله صلح فاما مسيو ومستر وهر وسنيور فما همّاش ملزومين ان يطبعوا كتابى لان كلامى ما هوش على البقر والحمير والاسود والنمور بل هو على الناس بنى ادم ولكن هذا هو والله اعلم سبب غيظكم منى تم الكتاب

Al-Šidyāq does not identify the specific dialect he is attempting to reproduce in either passage, though those with which he must have been familiar at this point in his life (before 1855) were Lebanese (his native tongue), Egyptian (in view of his years in Alexandria and Cairo), and Tunisian (in view of his visits to Tunis in 1841 and 1847). Given the "Syrian" (in modern terms, Lebanese) ambience surrounding the first passage, one might expect that the dialect used therein would be Lebanese. In the second passage, the balance of probability is tipped, as far as non-linguistic indicators are concerned, towards Egyptian in view of the reference with which it opens to "Sheikh Muḥammad", a name probably intended to evoke the passage in which al-Šidyāq lists the works on grammar that he studied in Egypt with the equally generically-named Sheikhs Muṣṭafā, Aḥmad, and Maḥmūd (*al-Sāq*, vol. 2, 2.18.1-4). In fact, however, it would appear, based on the forms used, that the intended dialect in both cases is Egyptian: both make plentiful use of the typically Egyptian split negative morpheme *mā- … -š* and in both the most often used demonstrative adjective/pronoun series is the exclusively Egyptian *dā/dī/dōl*.[4] No unambiguously Levantine or Tunisian forms occur. The occasional non-dialectal forms that occur (*e.g.*, *hāḏā al-rāwī* (line 2)) may be attributed to force of habit and/or the author's not having yet "warmed up" at the start of this passage (contrast, a few lines later, *dī r-rāwī* (line 5)).

The Most Conspicuous Features of al-Šidyāq's Presentation of Egyptian Arabic Are:

1. The Demonstrative
   - 1.1. *dā, dī, dōl* used as pronouns: *kalām zayy dā* "speech such as this" (line 2), *'alā šān dī* "because of this" (line 22), *kitāb min dōl* "one of those books" (line 29) and two further examples.
   - 1.2. *dī* used as a pre-posed adjective: *Allāh 'alā dī r-rāwī* "God bless this transmitter!" (line 5) and *dī l-waqt* "now" (line 34).
   - 1.3. *dā, dī* and *dōl* used as post-posed adjectives, whether the noun is made definite by the use of the article – *il-muġaffal dī* "that simpleton" (line 3), *il-kiḏb dī* "this lie" (line 19), *il-kitāb dī*

4. *dā, dī*: final vowels that are pronounced short in the dialect are written long here in keeping with the orthography of the texts.

"this book" (line 19), *in-nās dōl* "those people" (line 8) – or by a pronominal suffix – *kalāmu dā* "that speech of his" (line 12) and *kitābī dī* "this book of mine" (lines 28 and 33).

2. The absence of aspect/tense markers *b(i)-* and *raḥ/ḥa-/ha-* preceding imperfect verbs.

3. The morphemes *mā-...-š* and *–š*.
   3.1. The split negative morpheme *mā-...-š* with verbs: *mā-lqī-š*[5] "he didn't find" (line 3), *mā-yiṭṭayyarū-š* "they do not draw an evil omen" (line 4) and seven more examples.
   3.2. The split negative morpheme with pronouns: *fa-mā-hummā-š* "thus they are not" (line 34) and *mā-huwwā-š* "he is not" (line 35).
   3.3. The rhetorical negative[6] particle *–š*: *yimkin-š ġafla aʿẓam min dī* "could anything be sillier than this?".

4. Geminate verbs whose past forms end in *–ē* plus person marker: *wi-ḥaṭṭētu* "and I put it" (line 20).

5. Weak verbs whose past forms end in *–ē* plus person marker: *malētuh* "I filled it" (line 21).

6. Lexicon
   6.1. Items that are of high frequency in the Cairene Arabic of today occur: *izzāy* "how?" (lines 12 and 13), *zayy* "like" (line 2), *mā-yṣaḥḥ-iš* "it won't do, it's not right" (line 10), and *kalām fāriġ* "nonsense" (line 6).
   6.2. A few items appear to be obsolete, or at least are not recorded in Hinds & Badawi (compiled between 1972 and 1975) in the sense in which they are used here: *mazḥ* "joking, unseriousness" (line 12, twice), *hā-dīnī* "here I am" (line 19; modern Cairene *adīni*), *ṭayyib* "well" (line 20), *mawwāl rūḥī* "hymn" (lines 27-28), *kayyis* "clever" (line 31).

5. Transcriptions assume modern Cairene rules of elision. Thus *mā-lqī-š* assumes an underlying form *liqi* "to find" (see, *e.g.*, Hinds, Badawi, 1986, p. 797).
6. For further examples see Hinds, Badawi, 1986, p. 448.

Discussion

With the exception of the possibly obsolete lexical items under 6.2, features 3 through 6 above do not provide evidence of difference from today's Cairene Arabic; in other words, the Egyptian Arabic of the mid-nineteenth century, as rendered by al-Šidyāq, appears not to have differed in most aspects from that of today.[7] In two areas, however, there do appear to have been differences. These relate to certain uses (1.2 and 1.3) of the demonstrative, and the absence of the verbal prefixes *bi-* and *ḥa/ha*.

The Demonstrative

Pre-Posed dī *(1.2.)*

Pre-posed demonstrative *dī* occurs in modern Egyptian Arabic. However, the examples listed under 1.2. *dī r-rāwī, dī l-waqt* still merit examination. Preposed *dī* (with and without a following definite article) has been described by Doss as occurring in modern Egyptian Arabic in a "limited et of constructions [...] namely in noun phrases following the vocative *ya* (*ya di l-ḫēba* "What a nuisance!", *yiḫrib bētak ya di r-rāgil!* 'May God ruin your house, man!'; strongly worded commands (most often negative ones): *ḫallaṣūna min dī š-šuġlāna*... [or] *min dī šuġlāna*) ('Rid us of this job!'); and curses and invocations (*yilʿan abū dī ʿīša* ('Damn this life!'))" (Doss, 1979, p. 350; Fischer, 1959, p. 63).[8] According also to Doss, this word order is, however, "a restricted and non-productive one", even though "the slot reserved for

7. A further qualification should perhaps be added: while the use of the split negative morpheme in these texts conforms to its use as described in existing grammars of modern colloquial Egyptian (see. *e.g.*, Mitchell, 1960, p. 36), there is evidence that usage has been changing over the past three or so decades, with a decrease of the use of *mā...š* with verbs in favour of *miš/muš*. Thus today one may hear declarative statements such as *miš bi-yīgu kull-i yōm* "They don't come every day", an utterance that could previously only have been said with interrogative intonation and understood as either a simple or a rhetorical question: "Don't they come every day?"

8. Fischer notes the same phenomenon with regard to Egyptian Arabic but does not link it to the same set of contexts (the vocative, commands, curses/invocations), saying only that it is "occasionally" used: "Selten steht das attributive Demonstrativum im Ägyptischen vor dem Nomen" (Fischer, 1959, p. 63).

the noun can receive a wide range of words" (Doss, 1979, pp. 350-351). Examples given by Doss are *ya di l-ḥikāya* "What a story!", *ya di l-qaraf* "What a disgusting thing!". Doss also posits that "the limited occurrences of *Dem.-Nom.* in the present state constitute residuals from a previous stage during which the variation of word order was a freer one" and that "the order *Dem.-Nom.* had at an earlier stage a wider range of use" that included its appearance in "normal noun phrases ... used by the speaker in order to express his mood toward the object referred to" (p. 351). As Doss also notes, evidence from the seventeenth century indicates a productive, apparently emphatic, use of the pre-posed demonstrative, including in unambiguously positive contexts: *di l-qawl il-malīḥ* "These nice words" (p. 351).

In al-Šidyāq's texts, the formulation *Allāh 'alā dī r-rāwī* "God bless this transmitter!" may be seen as belonging to Doss's final category (curses and invocations), either as an "invocation" (*i.e.*, blessing) or because the ironic intention behind the utterance serves to place it in the negative category. Nevertheless common sense indicates that the "wide range of words" acceptable in the post-*yā* slot is unlikely to have accommodated a low-frequency word such as *rāwī* "transmitter", especially as the number of examples provided by Doss, and confirmed by informants, is in fact rather small. This allows the possibility that *'alā dī r-rāwī* points to the same "productive, apparently emphatic" use of the pre-posed demonstrative that Doss documents for the seventeen century.

The persistence of the pre-posed demonstrative into the present in lexicalized form is of course borne witness to by items such as *di l-waqti* "now". Therefore the occurrence in the text at hand (in the form *di l-waqt*) need not detain us.

Post-Posed dī *(1.2)*

While 1.1 above (pronominal usage of the demonstrative) conforms to modern practice,[9] aspects of 1.2 (post-posed adjectival usage) do not. The use of *dī* as a postposed adjective in the examples *il-muġaffal dī, il-kiḏb dī, il-kitāb dī,* and *kitābī dī* contravenes modern usage in that it appears to

9. An ambiguous example is *'alā šān dī* "because of this" (line 22): some informants felt more comfortable with *'alā šān dā*, which implies that pronominal *dī* here may parallel the adjectival usages described below.

attach a feminine demonstrative adjective to a masculine noun; at the same time, it must be noted that the solitary example of syntactically identical *kalāmu dā* is in conformity with modern usage.

The occurrence of a form *di/dih* after a masculine singular noun was noted by a number of nineteenth-century and early twentieth-century students of Egyptian Arabic, who in most but not all cases categorized the forms as identical with the feminine demonstrative. Fischer, however, treats *dih* in this position as a pausal variant of *da*, and regards *di*, as reported by these scholars, as "misheard"[10]. In the case of al-Šidyāq, therefore it must be asked firstly whether his examples of *dī* following a masculine noun may plausibly be regarded as pausal and secondly whether it is reasonable to suppose that al-Šidyāq could have misheard *dih* as *dī*.

Of the five occurrences of *dī* following a masculine noun[11] only one: *il-kitāb dī* (line 19) can, in my view, be regarded with any plausibility as pausal (in that the parenthetical sentence that follows, the demonstrative might reasonably be separated from the preceding words by the taking of a breath). All other examples appear to be integrated into a longer cadence. At the same time it seems unlikely (if impossible to prove) that al-Šidyāq, with his sensitivity to language, would have misheard *dih* as *dī*. It also seems unlikely, however, that Fischer's analysis, based as it is on a much larger corpus than that under discussion here and confirming the analysis of at least two of the scholars to whom he refers,[12] is wrong. We are therefore faced by a quandary in seeking to explain why al-Šidyāq consistently uses *dī* after masculine nouns in non-pausal contexts. Could it be that post-posed *dih* in Egyptian Arabic made such a strong impression on al-Šidyāq that he generalized it to all cases (with the exception of a solitary post-posed *dā*), doing so perhaps for comic purposes, rather as native English speakers may mock Italian speakers of English with sentences such as "don-na speak-a to-a me-a like dat"? And that, having done so he preferred to write it as *dī* rather than *dih* because the spelling ده fails to represent the value of the vowel?

10. "*Verwechselt*" (idem); Landberg and Willmore, however, arrived at the same conclusion as Fischer.

11. The examples given by Fischer are all of the form definite article + noun + demonstrative (*al-kitāb dī*) and do not include any of the form noun + pronoun suffix + demonstrative (*kitābī dī*). Examples of the latter do occur in al-Šidyāq and are treated here as equivalent to the former.

12. Landberg and Willmore; see Fischer (1959, p. 64, n. 1).

The Absence of Aspect/Tense Markers *bi-* and *ḥa-/ha-* Preceding Imperfect Verbs

No instances of a verb preceded by *b(i)-* or *ḥa-/ha-* occur in either of the colloquial Egyptian passages occurring in *al-Sāq*. In modern Egyptian the *bi*-prefix appears to be mandatory only in certain contexts, namely those in which the verbal aspect is one of actuality rather than possibility and the action is either continuative (*e.g.*, *Maḥmūd bi-yiqra g-gawāb* "Maḥmūd is reading the letter") or habitual (*e.g.*, *bi-tuḫrug badri fi-Ramaḍān* "She leaves early in Ramaḍān"), though with the rider that its use in the latter case may be obviated by the presence of an adverbial itself indicative of repetition (*kullⁱ sana (bi-)nḥigg* "Every year we make pilgrimage"); in certain other contexts it is permissible but not mandatory.[13] The issue is complicated by the fact that use depends on the speaker's subjective evaluation of whether the context is either continuative or involves actuality. The *ḥa/ha* prefix is a marker of the "certain future"; like *bi-*, its use depends to a degree on subjective interpretation of the context. One possible explanation for the absence of these markers in the two passages in question is that no contexts occur therein in which with *bi-* or *raḥ/ḥa/ha* are mandatory, or at least of high probability. To test this possibility, three informants[14] were asked to determine whether any such mandatory or highly probable contexts existed.[15]

Informant responses regarding the *bi*-imperfect are tabulated as follows:

Word	Line	Informant 1	Informant 2	Informant 3	Score
يختموا	4	X			1/3
يستعملوا	7	X			1/3
يتطيروا	9	X	X		2/3

13. For a detailed discussion of these and other uses of the *bi*-prefix in the twentieth century, see Davies (1981, pp. 206-222).
14. Two males (ages approximately 25 and 45) and one female (approximately 70), all university graduates.
15. Two examples, both using "I know"—*anā a'raf ṭayyib inn sīdī š-šēḫ Muḥammad yiḍḥak minnuh* "I know well that *Sīdī* Shaykh Muḥammad will be laughing at it" (line 20) and *anā a'raf inn kutub il-fiqh* "I know that books of jurisprudence" (line 28)—were excluded from consideration because it was the consensus of the informants that a present participle (*anā 'ārif... inn*) rather than an imperfect would be mandatory in such contexts today.

Word	Line	Informant 1	Informant 2	Informant 3	Score
ينباع	12	X	X	X	3/3
يلعبوا	13	X	X		2/3
يصدقوا	15		X	X	2/3
يضحك	20	X			1/3
احلف	26			X	1/3
اسلم	26		X		1/3
تلقمني	27		X		1/3

In other words, consensus exists on only one verb (*yinbāʿ* line 12) of the ten selected by informants as requiring a *bi*-prefix, while a two-thirds majority voted for two others (*yilʿabū* line 13 and *yiṣaddaqū* line 15). Such a result, based on such a small sample, can, of course, only be suggestive, and the wide variance of responses renders it yet more fragile.

In the case of the future marker *ḥa-/ha-*, the situation is even less robust. Informant responses are tabulated as follows:

Word	Line	Informant 1	Informant 2	Informant 3	Score
yiḍḥak	20	X	X		2/3
yaʿtaqid	21		X		1/3

Thus no verb in the two passages struck *all* informants are requiring the *ḥa-/ha-* marker of "certain future", while one informant felt so unsure of the status of *yiḍḥak* that he included it in *both* tables.

Overall, while the absence of any colloquial verbal prefixes in the two passages is likely to strike the reader as odd, informant responses do not allow us to claim with any strong conviction that al-Šidyāq's version of Egyptian colloquial differs unambiguously from modern usage.

The Author's Reason for Using Colloquial in These Passages

It has been noted above that in *al-Sāq* al-Šidyāq places high value on "chaste" (classical) language and low value on other varieties (Middle Arabic, the dialects). His use of dialect in two passages therefore calls for explanation. The use of dialect in the first passage, which deals with "an assembly

[...] of the common people", may be reasonably attributed to a desire for verisimilitude, aided by the long-standing if limited tradition of using colloquial for comic writings (Doss, Davies, 2013, p. 26). The choice of colloquial for the second passage, which is addressed to members of the elite and is less obviously comic in nature (even if it contains some raillery) is less obvious. Michael Cooperson has suggested that colloquial was chosen because the majority of those addressed in the letter are foreigners and thus incapable of understanding classical Arabic, and indeed the author alludes to the fact that "Sir [Abraham]" will not have read his book (*al-Sāq*) for that reason. The author, however, likewise includes in the category of those incapable of understanding classical Arabic the Christian Arab men of religion ("Abūnā, Sayyidnā the Metropolitan") to whom the letter is also addressed. The use of colloquial in this closing passage of *al-Sāq*'s main text may therefore perhaps best be understood as a demeaning dismissal both of the foreigners at whose hands he had suffered, as he believed, for their failure to fully recognize or reward his literary and linguistic talents and of the Christian establishment of whose literary and linguistic ignorance and mediocrity he has made so much in the body of the work.

Bibliographical References

al-Šidyāq, Aḥmad Fāris, *al-Sāq 'alā al-sāq fī-mā huwa al-Fāriyāq*, Benjamin Duprat, Paris, 1855; Humphrey Davies (ed. and trans.), *Leg over Leg or the Turtle in the Tree*, 4 vol., Library of Arabic Literature, New York University Press, New York, 2013-2014.

Cachia, Pierre, "The Development of a Modern Prose Style in Arabic Literature", *BSOAS* 52, 1, 1989, pp. 65-76.

Davies, Humphrey, *17th Century Egyptian Arabic: A Profile of the Colloquial Material in Yūsuf al-Shirbīnī's Hazz al-Quḥūf fī Sharḥ Qaṣīd Abī Shādūf*, PhD diss., University of California, Berkeley, CA, 1981.

Doss, Madiha, "The Position of the Demonstrative *DA, DI* in Egyptian Arabic: A Diachronic Inquiry", *AnIsl* 15, 1979, pp. 349-357.

—, *L'arabe en Égypte. Étude évolutive d'une langue de relation*, PhD thesis (doctorat d'État), université de la Sorbonne-Nouvelle Paris III, 1991, 2 vol.

—, "Réflexions sur les débuts de l'écriture dialectale en Égypte", *Égypte/Monde arabe* 27-28, 1996, pp. 119-145.

—, "*Šaksibīr bi-l-ʿāmmiyya al-miṣriyya… man yaqraʾuhu?*", *al-Kutub / Wiǧhāt naẓar* 9, October 1999, pp. 68-71.

—, "Entre écrit vernaculaire et graphie latine : une identité partagée", in Charnet, Chantal (ed.), *Communications interculturelles et processus référentiels*, Praxiling « Le fil du discours », université Paul-Valéry – Montpellier III, 2001, pp. 117-135.

Doss, Madiha & Davies, Humphrey, *al-ʿĀmmiyya al-miṣriyya al-maktūba: muḫtārāt min 1401 ilā 2009*, al-Hay'a al-Miṣriyya al-ʿĀmma li-l-Kitāb, Cairo, 2013.

Fischer, Wolfdietrich, *Die Demonstrativen Bildungen der Neuarabischen Dialekte: ein Beitrag zur historischen Grammatik des Arabischen*, Mouton & Co, The Hague, 1959.

Habeeb Risk Allah (Ḥabīb Rizq Allāh), *The Thistle and the Cedar of Lebanon*, James Madden, London, 1843.

Hinds, Martin & Badawi, El-Said. *A Dictionary of Egyptian Arabic, Arabic-English*, Librairie du Liban, Beirut, 1986.

Mitchell, Terence Frederick, *An Introduction to Egyptian Colloquial Arabic*, Oxford University Press, London, 1960.

Pierre Larcher
Aix-Marseille Université, CNRS, Iremam, Aix-en-Provence

La langue du Coran : quelle influence sur la grammaire arabe ?

Ce texte est la version écrite de la conférence faite le 16 janvier 2014 à l'IISMM-EHESS (Paris) dans le cadre de la formation « Islam : histoire des textes fondateurs ». Je suis heureux de l'offrir aux Mélanges pour Madiha Doss, une des linguistes qui, à l'intérieur même du monde arabe et souvent en arabe même (ce qui augmente doublement son mérite à mes yeux), œuvre à une sociolinguistique et une histoire réalistes de l'arabe.

Introduction

On m'a demandé de traiter de la question qui fait le titre du présent article et de le faire devant un public ne comptant ni linguiste ni arabisant. Si j'ai accepté de relever le défi, c'est parce que c'est l'occasion, pour un linguiste arabisant, de mettre un peu d'esprit critique dans un domaine où règnent surtout les assertions péremptoires. Pour beaucoup de gens, en effet, la réponse à la question semblera évidente : la grammaire arabe, en entendant par là la grammaire de l'arabe et en arabe, autrement dit la grammaire arabe traditionnelle (ou en franglais la tradition grammaticale arabe), est celle de l'arabe que nous appelons classique et qu'on appelle en arabe *al-luġa al-fuṣḥā*. On entendra par là, en utilisant la terminologie de Ferguson (1959), la variété haute de l'arabe (par opposition à la variété basse appelée « dialectale ») et plus particulièrement l'état ancien de cette variété (par opposition à « moderne »). Et, pour ces mêmes gens, l'arabe coranique est le représentant typique de l'arabe classique. Je vais essayer de montrer que c'est là une illusion ou, plus exactement, une construction.

Le Coran d'abord, la grammaire arabe ensuite

Une première remarque. Le Coran comme texte, ce qu'on appelle en arabe *muṣḥaf* (« codex »), existe antérieurement à la grammaire arabe. Quelque opinion que l'on professe sur la chronologie de la constitution du corpus coranique, le Coran n'en commence pas moins à être documenté, sous forme épigraphique (les inscriptions du Dôme du Rocher, dit mosquée de 'Umar, à Jérusalem) ou manuscrite (fragments de papyrus), à partir de la seconde moitié du VIIe siècle de notre ère (et plus près de 700 que de 650). Si les premières sont parfaitement datées, les secondes sont paléographiquement datables de la même période. La grammaire arabe, en revanche, n'est pas documentée avant la fin du IIe siècle de l'Hégire (VIIIe siècle de notre ère), avec le *Kitāb* de Sībawayhi (m. 179/795 ?).

Le *Kitāb* de Sībawayhi

Certes, le *Kitāb* de Sībawayhi n'est pas seulement le premier traité de grammaire arabe que nous ayons, encore est-ce un traité complet, qui préfigure même l'exposé grammatical ultérieur en deux parties, la première appelée du même nom que le tout, *naḥw*, et qui est la syntaxe, la seconde appelée *ṣarf* et qui traite à la fois de morphologie et de phonologie (les chapitres correspondants du *Kitāb* sont à la fin). L'exposé grammatical arabe est ainsi inverse du nôtre, qui traite d'abord de phonologie et de morphologie, avant de traiter de syntaxe. Le caractère d'ouvrage achevé du *Kitāb* suggère qu'il n'est pas seulement le point de départ de la tradition grammaticale arabe (on dit parfois que celle-ci n'est rien d'autre qu'un commentaire du *Kitāb*), c'est tout autant le point d'arrivée ou l'aboutissement de tout un travail grammatical antérieur. Mais celui-ci n'étant connu que par des récits traditionnels ultérieurs, un linguiste se référera évidemment au *Kitāb*.

Les sources du *Kitāb*

Or, si l'on ouvre le *Kitāb*, première surprise. Parmi les sources (ou données/*data*) du *Kitāb*, au nombre de six, selon Carter (2004, p. 39), le Coran (p. 44) n'occupe que la 3e place, avec 421 citations, ce qui le met loin derrière la poésie (p. 43), qui occupe la 2e place, avec 1 056 vers (1 047 en excluant les répétitions), de 231 poètes (très souvent non nommés) de 26 tribus, le hadith (p. 46), qui occupe la 4e place, étant très peu représenté (ce qui fait dire à Carter que c'est tout simplement parce que les grands recueils de hadith n'existaient pas encore à l'époque de Sībawayhi). La 5e place est occupée par des proverbes et des expressions idiomatiques (p. 47) et la 6e par des exemples de grammairiens (p. 48), type *'Abdu llāhi 'aḫūka* « Abdallah est ton frère » ou *hāḏā 'aḫūka* « c'est ton frère » : on ne peut donc pas dire que le *Kitāb* de Sībawayhi soit essentiellement une grammaire de l'arabe coranique. On ne peut même pas dire, la poésie n'occupant que la 2e place, qu'il soit une grammaire de l'arabe « classique », au sens d'état ancien de la variété haute, illustrée par des textes littéraires. Notons tout de suite que dans la grammaire ultérieure, au fil du temps, Coran et hadith finiront par l'emporter sur la poésie…

Le *kalām al-'Arab*

Si on ne peut pas le dire, c'est parce que la 1re place, chez Sībawayhi, est occupée par ce qu'il appelle le *kalām al-'Arab*, c'est-à-dire le « parler des Arabes », *a priori* le vrai parler de vrais Arabes. Notons que ce « parler des Arabes » partage avec la poésie, telle que lue et déclamée, et le Coran, tel que « lu » et « récité[1] », un trait, le fameux *'i'rāb*. Ce mot désigne la flexion désinentielle, qui touche d'une part le nom (c'est alors une déclinaison triptote et/ou diptote c'est-à-dire à trois et/ou deux cas) et d'autre part le verbe inaccompli (c'est alors une flexion modale). Mais, étymologiquement, c'est « arabiser », c'est-à-dire « parler à la manière des Arabes ». En ce sens, les données de Sībawayhi ne relèvent pas de variétés différentes, tout au plus de registres différents. Et on peut dire que le *Kitāb* de Sībawayhi est une grammaire de ce qu'on appelle en linguistique historique l'ancien arabe.

1. Dans la poésie, comme dans le Coran, il convient de distinguer entre lecture grammaticale, où ne manque aucune flexion, et déclamation (*'inšād*) et récitation (*tağwīd*) dont les règles ont un effet sur la flexion désinentielle (suppression ou allongement à la pause de la voyelle flexionnelle, etc.).

Ancien arabe et néo-arabe

Cette terminologie a été introduite, pour l'arabe, au milieu du XIXe siècle par l'arabisant allemand Heinrich Leberecht Fleischer (1801-1888), donc sous la forme *Altarabisch* (anglais *Old Arabic*). S'il s'agit bien d'un état de l'arabe par opposition à un autre qu'on appelle symétriquement « néo-arabe » (allemand *Neuarabisch*, anglais *Neo-* ou *New Arabic*), il s'agit en même temps d'un *type*. « Ancien arabe » désigne le type fléchi de l'arabe par opposition à « néo-arabe » qui désigne le type non fléchi, représenté par les dialectes arabes modernes, tout en signifiant le premier comme antérieur au second et donc le second comme postérieur au premier. Le modèle derrière cette terminologie est, en fait, celui du latin et des langues qu'on appelait alors néo-latines (et qu'on appelle aujourd'hui romanes, dont le français) : le latin est une langue à flexions désinentielles, notamment des noms (déclinaisons), tandis que les langues romanes ont perdu ces déclinaisons. Le corrélat de la disparition de la déclinaison est que le néo-latin (ou le néo-arabe) est plus analytique (*de l'homme*), alors que le latin (ou l'ancien arabe) est plus synthétique (*hominis*) et que l'ordre des mots y est moins libre dans celui-ci que dans celui-là (*matrem amat filia* vs *la fille aime sa mère*). Notons que la linguistique historique ne faisait que reformuler le concept arabe de *fasād al-luġa* ou « corruption de la langue », processus ayant conduit à ce qu'on appelle les dialectes. Pour faire bonne mesure, la linguistique historique posait pour l'arabe, comme elle le fait pour d'autres langues, entre « ancien arabe » et « néo-arabe » un état intermédiaire appelé « moyen arabe » (allemand *Mittelarabisch*, anglais *Middle Arabic*). Dans cet état, se trouvent encore les traits ancien arabe et déjà les ou des traits néo-arabes : par exemple, on ne trouvera plus qu'un des deux cas de la flexion du masculin pluriel, *i.e.* *–īn* pour *–ūn*, et pour le verbe on trouvera l'équivalent de *taf'alī* ou *t/yaf'alū* à l'indicatif, alors qu'en ancien arabe il s'agit du subjonctif et de l'apocopé, l'indicatif ayant un *nūn* : *taf'alīna* et *t/yaf'alūna*. Cf. en français les notions d'ancien français (où il y avait un cas sujet *li bers* et un cas régime *le baron*), de moyen français (XVe-XVIe siècles) et de français moderne (à partir du XVIIe siècle). À la langue décrite par Sībawayhi on peut donner le nom même qu'il lui donne : *al-'arabiyya* « la langue des Arabes », sans autre forme de qualification.

La *ʿarabiyya* du *Kitāb* n'est pas tout l'arabe

Avant d'entrer dans la *ʿarabiyya* du *Kitāb*, soulignons d'emblée qu'elle n'est pas tout l'arabe. Les documents originaux (papyri, inscriptions…) montrent que, non seulement à l'époque de Sībawayhi, mais encore depuis longtemps déjà, sont attestés des traits typiques du néo-arabe et, plus généralement, des écarts par rapport à la norme de l'arabe dit classique. On prendra comme exemple ici les deux plus anciens papyri conservés, tous deux égyptiens et datant l'un comme l'autre de 22/643. L'un n'est qu'un fragment de deux lignes, où l'on trouve un *nṣf dnyrʔ* (> *niṣf danīran* « un demi-dinar ») [2], selon la lecture de Rāġib (2009), qui corrige celle de Diem (1984) qui lit *dynrʔ* (> *dīnāran*), et que Versteegh (2014) interprète comme une hypercorrection. Hypercorrection qui présuppose l'existence d'une norme que celui qui écrit maîtrise imparfaitement. Ce qui engendre un sentiment d'insécurité linguistique, le conduisant à des corrections intempestives (pseudocorrections), en trop (hypercorrections) ou en moins (hypocorrections). Cette flexion incontestablement « fautive » par rapport aux règles de l'arabe dit classique, où l'on aurait *niṣf dīnārin*, n'en figure pas moins aux côtés de deux autres flexions du même type, qui paraissent, elles, « correctement » employées. Diem (1984) et, à sa suite, Rāġib (2009) ont relevé que le premier mot pouvait être soit un complément d'objet direct de sens « un dinar », soit le *tamyīz* (« spécificatif ») d'un nom de nombre entre 11 et 99 (« *n*, en fait de dinar ») ; *ʿddʔ* (> *ʿadadan* « au comptant ») qui a été ajouté (il est en effet suscrit) s'explique comme « complément résultatif » (*mafʿūl muṭlaq*) d'un verbe. Dans ce contexte, on serait tenté de faire l'hypothèse, non d'une hypercorrection, mais plutôt d'une attraction syntagmatique due à la coordination, le second *dnyrʔ* ayant été traité comme le premier, c'est-à-dire soit comme un complément d'objet direct (« un dinar et un demi-dinar »), soit, *niṣf* étant lui-même un nombre, comme le *tamyīz* d'un nom de nombre (« *n*, en fait de dinar, et une moitié, en fait de dinar »). Dans le premier cas (complément d'objet direct), cette attraction a pu se faire

2. Par convention, *ʔ* note ici le *ʾalif* de l'arabe. Un linguiste est comme saint Thomas : il ne croit que ce qu'il voit. Or que voit-il ? Qu'alors que la tradition grammaticale arabe pose une double phonie (*-an* en contexte et *-ā* à la pause), il n'y a en fait qu'une seule graphie : *-ā* ! L'inscription arabe, non datée mais préislamique, en caractères grecs, récemment publiée par Al-Jallad et Al-Manaser (2015) exhibe à la ligne 6 un BAKΛA « fresh herbage », *i.e.* *baqlā* et non *baqlan*…

sous l'influence d'une langue étrangère comme le grec, où existent des noms composés en *hèmi-* : *hèmidrachmon* (« demi-drachme ») est bien attesté et *hèmidenarion* serait facilement formable et interprétable (« un demi-denier », le latin *denarius* ayant été hellénisé en *dènarion*). Le second papyrus est encore plus éloquent. Il s'agit d'un papyrus bilingue grec et arabe. Le scribe de la version arabe est certainement arabe, répondant au nom de Ibn Ḥadīdū, avec un *wāw*, qu'on rencontre dans les inscriptions préislamiques et, avant, dans l'onomastique arabe des inscriptions nabatéennes. Or, par deux fois, il écrit Ibn Abū Qīr (*vs* classique Ibn Abī Qīr). Le point important, relevé par Diem (1984), est que Abū Qīr n'est pas un nom arabe mais l'arabisation d'un nom grec qui est Apa Kyros. Autrement dit, pour arriver à Abū Qīr, il a bien fallu passer par Abā Qīr réinterprété comme l'accusatif de la flexion triptote Abū/Abā/Abī. Il y a donc ici référence implicite au type ancien arabe et utilisation explicite du type néo-arabe, ce qui suggère, non pas une évolution en cours d'un type vers l'autre, mais bien plutôt la coexistence déjà établie des deux types (Larcher, 2010).

La *'arabiyya*

Entrons maintenant plus avant dans cette *'arabiyya*. C'est une langue une, du point de vue du type (uniformément « fléchi ») et terminologique : *'arabiyya* est en effet un adjectif substantivé, par sous-entente de *al-luġa*. Mais, en même temps, c'est une langue plurielle, en ce sens que cette *luġa* est elle-même faite de *luġāt* (pluriel de *luġa*), qui ne sont pas des dialectes ou des variétés de la langue, mais plutôt des variantes tribales ou régionales. L'index des tribus, confessions, etc. (*fihrist al-qabā'il wa-l-ṭawā'if wa-naḥwihā*) de l'édition Hārūn du *Kitāb* (V, p. 197-203) contient 215 entrées. Parmi les tribus ou groupes cités, on note tout de suite deux choses :

1) deux sont cités plus fréquemment que les autres : ce sont les Tamīm, grand groupe tribal du Nedj ou Arabie centrale d'une part, avec 62 mentions ; les « gens du Hedjaz » (*'ahl al-Ḥiǧāz*) d'autre part, avec 54 mentions. Ces deux groupes laissent loin derrière eux, pour le nombre de mentions, tous les autres : en dehors des Asad et des Qays b. 'Aylān (16 mentions chacun), tous les autres ont moins de 10 mentions : Bakr b. Wā'il : 6 ; Ṯaqīf : 6 ; Banū Sulaym : 6 ; Fazāra : 6 ; Huḏayl : 6 ; Ṭayyi' : 5 ; Rabī 'a : 4 ; Yaškur : 4 et la plupart une seule ;

2) Tamīm et « gens du Hedjaz » sont très souvent mentionnés (25 fois, soit près de la moitié des mentions) en opposition les uns avec les autres, les uns faisant ce que les autres ne font pas et vice versa. C'est cette opposition que retiendra la grammaire ultérieure. Par exemple, dans le domaine de la syntaxe, elle opposera le *mā al-ḥiǧāziyya*, gouvernant l'accusatif, comme dans (*Kitāb*, I, p. 57) :

(1) *mā ʿAbdullāhi ʾaḫāka, mā Zaydun munṭaliqan*
« Abdallah n'est pas ton frère, Zaydun ne s'en va pas »

au *mā al-tamīmiyya*, gouvernant le nominatif, comme dans :

(2) *mā ʿAbdullāhi ʾaḫūka, mā Zaydun munṭaliqun*

ou dans le domaine de la morphologie la forme « hedjazienne » du jussif (impératif + apocopé) (*Kitāb*, III, p. 530 et IV, p. 473) :

(3) *urdud / lā tardud*
« rends / ne rends pas »

à la forme « tamīmite » :

(4) *rudda / lā tarudda*
« rends / ne rends pas » [3].

Tamīm vs Ḥiǧāz : une dissymétrie

Pourtant, il y a une dissymétrie qui n'est pas relevée. Sībawayhi peut dire : « J'ai entendu un/des Tamīmite(s) dire… », ce qui suggère qu'il a une expérience directe du parler des Tamīm, ce qui est plausible :

3. Les dialectes arabes modernes vont dans le sens de la variante « tamimite » (*i.e.* extension du radical *rVdd*), qui traitent les verbes redoublés comme des verbes défectueux (*i.e. raddēt / raddīt vs* class. *radadtu*). Certains doublets enregistrés dans le lexique de l'arabe dit classique, comme, par exemple, *ʾamalla* et *ʾamlā* (« dicter »), suggèrent que le phénomène est ancien (? *ʾamlaltu* > *ʾamlaytu*).

Sībawayhi était installé à Basra et on sait que dans la région de Basra étaient installés des groupes de Tamīm, cf., par exemple, *sami'nā ba'ḍ banī Tamīm min banī 'Adī yaqūlūna…* « nous avons entendu certains Banū Tamīm, des Banū 'Adī, dire… » (*Kitāb*, IV, p. 180). En revanche, il ne dit jamais : « j'ai entendu un Hedjazien dire… », ce qui suggère qu'il n'a pas d'expérience directe du parler des gens du Hedjaz, cf., par exemple, *wa-qad balaġanā 'anna qawman min 'ahl al-Ḥiǧāz…* « il nous est revenu qu'un groupe des gens du Hedjaz… » (*Kitāb*, III, p. 555). Mieux, ou pis, le parler des gens du Hedjaz n'est jamais exemplifié, en dehors d'exemples de grammairiens comme (1), que par des exemples coraniques. Ainsi, après avoir donné l'exemple (1), ajoute-t-il (*Kitāb*, I, p. 59), se référant à Coran, XII, 31 :

> […] et il en va de même de l'énoncé coranique *mā hāḏā bašaran* dans la langue des gens du Hedjaz, mais les Banū Tamīm le fléchissent au nominatif, sauf ceux qui savent comment il est dans le codex […] *(wa-miṯl ḏālika qawluhu 'azza wa-ǧalla mā hāḏā bašaran fī luġat 'ahl al-Ḥiǧāz wa-banū Tamīm yarfa'ūnahā 'illā man darā kayfa hiya fī al-muṣḥaf)*

Il me semble qu'on peut tirer déjà quelques conclusions :

1) « la langue des gens du Hedjaz » (*luġat 'ahl al-ḥiǧāz* ou *al-ḥiǧāziyya*) apparaît, à travers l'usage qu'en fait Sībawayhi dans le *Kitāb*, comme n'étant rien d'autre que le nom islamique de la langue du Coran. Cela apparaîtra clairement dans les sources ultérieures, qui indiquent que l'identification de la langue du Coran avec la langue des gens du Hedjaz repose en fait sur le texte même du Coran (c'est donc une vérité scripturaire) et en particulier Coran, XIV, 4 qui proclame :

(5) *mā 'arsalnā min rasūlin 'illā bi-lisāni qawmihi li-yubayyina lahum*
« nous n'avons envoyé d'envoyé que dans la langue de son peuple pour qu'il leur rende les choses claires/distinctes » [4].

4. Voir, par exemple, la *Ǧamharat 'as'ār al-'Arab*, attribuée à un certain Abū Zayd al-Qurašī (fin du IVe/Xe siècle – début du Ve/XIe), p. 11-12 : « Il – le très Haut – a dit : en une langue arabe claire. Nous savons bien que la langue est la langue de Mahomet – Allah étende ses bénédictions et sa préservation sur lui ! –. Il – le très Haut – a dit : nous n'avons envoyé d'envoyé que dans la langue de son peuple, pour qu'il leur rende les choses distinctes. Nous savons bien que les non-Arabes ne sont pas son peuple, mais que son peuple, c'est ce clan d'Arabes » *(wa-qāla ta'ālā bi-lisānin 'arabiyyin mubīnin wa-qad 'alimnā 'anna al-lisān lisān Muḥammad*

Ce verset, qui a la forme d'un énoncé exclusif, sert de prémisse à un raisonnement de type syllogistique qui, via une autre prémisse implicite (Mahomet est l'envoyé d'Allah à son peuple) aboutit à la conclusion : la langue du Coran est la langue même de Mahomet. Celui-ci étant, selon la tradition islamique, né à La Mecque, sise au Hedjaz, et territoire de la tribu des Qurayš, cette langue sera appelée, outre « langue des gens du Hedjaz » ou « langue du Hedjaz », « langue de Qurayš » : Sībawayhi lui-même n'emploie cependant jamais l'expression de « langue de Qurayš » qui sera employée par ses successeurs pour désigner la langue du Coran. Au vrai, Qurayš n'apparaît que 4 fois dans le *Kitāb*, 1 fois en I, p. 60, dans un vers d'al-Farazdaq, 2 fois en III, p. 250 et 252, comme exemple de nom de tribu (*ḥayy*), et 1 fois en III, p. 483, comme exemple de diminutif.

2) Comme cette langue n'est pas documentée indépendamment du Coran, c'est le statut même des « hedjazismes » qui doit être révisé. Les « hedjazismes » ne sont pas des traits de la langue du Hedjaz qui seraient connus par ailleurs, c'est en fait l'interprétation, respectant la vérité scripturaire, des particularités de la langue coranique, telles qu'attestées par le *rasm* / ductus. Autrement dit, pour reprendre l'exemple précédent, ce n'est pas parce que les gens du Hedjaz sont censés fléchir à l'accusatif le *ḫabar* de la négation *mā* que l'on trouve dans le Coran *mā hāḏā bašaran*, c'est inversement parce que dans le ductus il y a un *'alif* à *bšr* qu'on lit à l'accusatif *bašaran*. Il me semble d'ailleurs que cela est avoué à demi-mot dans la remarque de Sībawayhi que « les Tamīm le fléchissent au nominatif, *sauf ceux qui savent comment il est dans le muṣḥaf* » : les Tamīm qui disent *bašaran*, contrairement à leur usage qui, selon Sībawayhi, est de dire *bašarun*, se réfèrent en fait au Coran comme texte écrit (*muṣḥaf*) et, par suite, ne font rien d'autre que dire ce qu'ils *lisent*.

Il en va de même de la forme « hedjazienne » du jussif des verbes redoublés. Ce n'est pas parce que les « gens du Hedjaz » sont censés dire *urdud* et *lā tardud* à l'impératif et à l'apocopé qu'on trouve de telles formes dans le Coran, mais c'est inversement parce que dans le ductus, dans des contextes d'emploi du jussif d'un verbe redoublé, apparaissent deux consonnes identiques, par exemple Coran, XIX, 75 *f-l-y-m-d-d*, entraînant la lecture

ṣallā Llāhu 'alayhi wa-sallam wa-qāla ta'ālā wa-mā 'arsalnā min rasūlin 'illā bi-lisāni qawmihi li-yubayyina lahum wa-qad 'alimnā 'anna al-'Aǧam laysū qawmahu wa-'anna qawmahu hāḏā al-ḥayy min al-'Arab).

fa-l-yamdud. Le côté raisonnement grammatical des « lectures » (*qirā'āt*) apparaît bien dans Coran, III, 120 :

(6) *wa-'in taṣbirū wa-ttaqū lā yaḍirkum* (Warš 'an Nāfi')/*lā yaḍurrukum* (Ḥafṣ 'an 'Āṣim) *kayduhum šay'an*
« et si vous êtes patients et que vous craigniez [Allah], leur ruse ne vous nuira en rien ».

Nous sommes dans un système conditionnel en *'in* dont protase et apodose sont juxtaposées. La forme normale employée dans le Coran est l'apocopé *yaf'al*, négation *lā yaf'al* (et non : *lam yaf'al* : je reviendrai sur ce point). Mais il y a un *hic* : il n'y a qu'un *r* dans le ductus, on ne peut donc pas lire la forme « hedjazienne » du jussif du verbe redoublé *ḍarra*, qui serait *yaḍrur* (ductus *y-ḍ-r-r*). Warš 'an Nāfi' (c'est-à-dire la lecture de Nāfi', m. 169/785, transmise par Warš, m. 197/812, et à la base du Coran du Maghreb) lit l'apocopé d'un verbe *ḍāra-yaḍīru* : la syntaxe est sauve, mais une violence est faite à la morphologie dans la mesure où un tel verbe est une construction *ad hoc*, le verbe redoublé *ḍarra-yaḍurru* apparaissant ailleurs. Ḥafṣ 'an 'Āṣim (c'est-à-dire la lecture de 'Āṣim, m. fin 127 ou début 128/745, transmise par Ḥafṣ, m. 180/796, et à la base du Coran du Caire) lit *lā yaḍurrukum* : la morphologie est sauve, mais une violence est faite à la syntaxe, il faut expliquer pourquoi l'inaccompli indicatif apparaît dans l'apodose d'un système conditionnel en *'in* à la place de l'apocopé attendu…

Dissymétrie, parce que si la « langue des gens du Hedjaz » apparaît comme une construction, ses traits n'étant jamais que ceux résultant de l'interprétation du *rasm*, celle des Tamīm (et de manière plus générale des autres tribus bédouines) apparaît comme une description de traits, qu'on est d'autant plus porté à tenir pour authentiques que certains d'entre eux se rencontrent toujours dans les dialectes arabes modernes. Je ne donnerai ici qu'un exemple, celui de la *kaškaša*. Sībawayhi lui-même n'emploie pas ce terme qu'on trouve chez les grammairiens ultérieurs, mais il décrit le phénomène dans le *Kitāb* (IV, p. 199) dans un chapitre intitulé *bāb al-kāf allatī hiya 'alāmat al-muḍmar* (« le *kāf* qui est marque du pronom »). Après avoir noté que ce /*k*/, au féminin, est vocalisé *i* (*ra'aytuki*) et, au masculin, *a* (*ra'aytuka*) et que cela est analogue à la vocalisation du *t* dans *ḏahabta*/*ḏahabti*, il ajoute :

De nombreuses gens, parmi les Tamīm, et des gens, parmi les Asad, mettent à la place du *kāf* au féminin un *šīn*. Ils ont voulu ainsi que les choses soient claires à la pause, parce qu'il est quiescent à la pause. Ils ont donc voulu faire la différence entre le masculin et le féminin *(fa-'ammā nās kaṯīr min Tamīm wa-nās min 'Asad fa-'innahum yağ'alūna makān al-kāf li-l-mu'annaṯ al-šīn wa-ḏālika 'annahum 'arādū al-bayān fī al-waqf li-'annahā sākina fī al-waqf fa-'arādū 'an yafṣilū bayna al-muḏakkar wa-l-mu'annaṯ).*

Que dit Sībawayhi ? Qu'à la pause, la voyelle brève *–a* ou *–i* de *k* disparaît et, par suite, qu'on ne peut plus distinguer entre masculin et féminin, *'alayka* et *'alayki* se confondent en *'alayk*. De nombreux Arabes font alors la distinction autrement en substituant à la pause un *š* au *k* (donc *'alayk* > *'alayš*) pour le féminin, contrastant ainsi avec le masculin (*'alayk*). Beaucoup de dialectes, où il n'y a pas de voyelles brèves en finale de mot, à la pause ou non, continuent de distinguer entre masculin et féminin ainsi *i.e. 'alēk* (m.) *vs 'alētš* (f.), avec une affriquée, tandis que d'autres maintiennent la voyelle *–i* (par exemple Damas *'alēk vs 'alēki*, cf. Kassab, 1970, p. 57). C'est d'ailleurs seulement parce que la *kaškaša* est liée à la pause qu'on comprend que Sībawayhi puisse donner des exemples tels que *'innaši ḏāhibatun* « Oui, tu es en partance » (en fait *'inna-š ḏāhibah*) ou *mā laši ḏāhibatan* (en fait *mā laš ḏāhibah*) « Qu'as-tu, en partance ? ». Il s'agit de phrases segmentées, au sens de Bally (1965), où une pause est marquée entre thème et propos, c'est-à-dire le sujet et le prédicat dans la première phrase, mais le noyau prédicatif et une expansion complément d'état dans la seconde : pour celle-ci, on pourrait d'ailleurs se demander si ce n'est pas une phrase négative, type (Damas) *mā lī marīḍ* « je ne suis pas malade » (cf. Kassab, 1970, p. 60 et 138)[5].

5. Sībawayhi décrit dans le même chapitre une autre *kaškaša* : le fait d'ajouter à *–ki* un *–š* ou un *–s* (en ce cas, la grammaire ultérieure parlera de *kaskasa*), pour maintenir la voyelle *–i* du féminin à la pause. Cette *kaškaša/kaskasa*, à la différence de la précédente, n'a pas de correspondant dans les dialectes arabes modernes : pour une interprétation récente et originale, voir Owens, 2013.

Al-luġa al-fuṣḥā

Sībawayhi ne parle jamais de la « langue des gens du Hedjaz » comme de *al-luġa al-fuṣḥā*, alors qu'à partir du IVe/Xe siècle, non seulement la langue du Coran sera identifiée avec la *luġat Qurayš*, mais encore la *luġat Qurayš* identifiée avec *al-luġa al-fuṣḥā*. C'est parce que l'expression *al-luġa al-fuṣḥā* désigne aujourd'hui l'arabe que nous appelons classique que la langue du Coran est considérée comme le parangon même de l'arabe classique. C'est typiquement l'effet de la rétroprojection de l'acception moderne de l'expression sur le passé de la langue. On oublie d'où vient l'expression : c'est une réécriture de l'expression *'afṣaḥ al-luġāt al-'arabiyya* (« la plus châtiée des manières de parler arabes »), qui, à partir du IVe/Xe siècle qualifie bien la *luġat Qurayš* (et donc, en fait, la langue du Coran), mais pour mettre un terme définitif à un débat antérieur sur la *luġa fuṣḥā* : est-ce la langue du Coran ou celle de la poésie bédouine ? À cette question, il a été répondu par un scénario exposé par Ibn Fāris (m. 395/1004) dans le *Ṣāḥibī* (52-53), reprenant en fait al-Farrā' (m. 207/822) et montrant comment la « langue de Qurayš » était *devenue* la *luġa fuṣḥā* : parce que les Qurayš sont les gardiens d'un sanctuaire, lieu d'un pèlerinage panarabe, ce qui leur a permis de prendre le meilleur de chaque parler arabe (Larcher, 2005) ! On ne saurait mieux dire que la *luġa fuṣḥā*, bien qu'identifiée à une *luġa*, est le produit d'une sélection dans un ensemble de *luġāt*..., bref le produit d'une koïnéisation (ce qui suggère aussi que la langue du Coran a été le produit d'une classicisation, comme on le verra).

Al-luġa al-qudmā al-'ūlā

En revanche, Sībawayhi parle une fois de la « langue des gens du Hedjaz » comme de « la langue la plus ancienne et première ». Il le fait en III, p. 278, à propos des noms de forme *fa'āli*, qui, quand ils sont employés comme des noms propres féminins, sont déclinés par les Banū Tamīm, sauf quand ils se terminent par *rā'* (*e.g. Faǧāri*), auquel cas les Tamīm font ce que font les gens du Hedjaz, c'est-à-dire le traitent comme indéclinable : l'inflexibilité de *fa'āli* étant considérée comme la « base » *('aṣl)*, Sībawayhi en conclut que « la langue du Hedjaz est la langue la plus ancienne et première » (*wa-l-ḥiǧāziyya hiya al-luġa al-qudmā al-'ūlā*). Et il dit une seconde fois en IV, p. 473, à propos de la forme « hedjazienne » du jussif : « Ils [les gens du Hedjaz] ont dit *urdud* et *lā tardud* et c'est la langue arabe ancienne et excellente » (*qālū urdud wa-lā tardud wa-hiya al-luġa al-ʿarabiyya al-qadīma al-ǧayyida*). Là encore, c'est la conformité de la forme à ce qui est *logiquement* la base qui entraîne la double qualification d'« ancienne » (la base logique étant réinterprétée comme base historique) et « excellente » (comment une forme conforme à la « base » ne serait-elle pas bonne ?). On a d'ailleurs la confirmation de cela en IV, p. 482, où Sībawayhi écrit :

> de cela relève leur expression de *wadd* : la base est *watid*, qui est l'excellente langue du Hedjaz, mais les Banū Tamīm ont amuï le *tā'*, comme ils ont dit pour *faḫiḏ faḫḏ*, puis assimilé [le *ta'* au *dāl*] *(wa-min ḏālika qawluhum wadd wa-'innamā 'aṣluhu watid wa-hiya al-hiǧāziyya al-ǧayyida wa-lākinna banī Tamīm 'askanū al-tā' kamā qālū fī faḫiḏ faḫd fa-'adġamū).*

Ici encore, la forme *watid* est la « base » (et donc la langue qui l'emploie « excellente ») et la forme *wadd* dérivée, par synocope de la voyelle médiane (*watid* > **watd*) et assimilation de *t* à *d* (**watd* > *wadd*).

Un arabe non classique

C'est donc sa conformité ou non à la « règle » (*qiyās*) qui fait qu'un trait est classique ou non. Ainsi *mā* gouvernant l'accusatif est considéré comme non classique par rapport à ce même *mā* gouvernant le nominatif (*Kitāb*, I, p. 57) :

> [...] quant aux Banū Tamīm, ils lui font suivre le cours de *'ammā* ou de *hal*, c'est-à-dire ne lui font exercer de rection en rien, ce qui est la règle, parce qu'il n'est pas un verbe et n'est pas comme *laysa (wa-'ammā banū Tamīm fa-yuǧrūnahā muǧrā 'ammā wa-hal 'ay lā yuʿmilūnahā fī šay' wa-huwa al-qiyās li-'annahu laysa bi-fiʿl wa-laysa mā ka-laysa).*

Pour Sībawayhi, c'est donc clairement le *mā* « tamimite » qui est classique et le *mā* « hedjazien » (*i.e.* coranique) qui est non classique.

Néanmoins, ce n'est pas toujours la norme, mais l'usage qui fait qu'un trait est classique ou non. Ainsi, bien que la forme « hedjazienne » du jussif soit parfaitement « régulière », c'est cependant la forme « tamimite » que retient l'usage, la grammaire fixant la voyelle (*rudda, lā tarudda*), alors que Sībawayhi (*Kitāb*, III, p. 532-533) note explicitement que certains Arabes la font varier en fonction de celle qui précède, *ruddu* (« rends »), *'aḍḍa* (« mords ») et *firri* (« fuis »). On voit alors ce qu'est une langue classique : une langue qui préfère une forme à une autre et en fixe la voyelle qui est en fait variable…

Un arabe préclassique : l'exemple des systèmes conditionnels en *'in*

L'arabe classique est l'arabe normé par les grammairiens et tel qu'il s'enseigne dans les classes. On enseigne ainsi dans les classes que les systèmes conditionnels potentiels ont pour marque *'in* et que celui-ci gouverne soit l'apocopé *yaf'al*, soit l'accompli *fa'ala*, la négation étant la même, à savoir *lam yaf'al*. L'examen du corpus coranique contredit cette « règle ». En arabe coranique, on trouve 68 complexes *'in p, q*, où *p* et *q* sont des phrases positives : 59 ont la forme *'in yaf'al, yaf'al*, contre 9 seulement qui ont la forme *'in fa'ala, fa'ala*. Exemples :

(8) *wa-'in* ***ya'tūkum*** *'usārā* ***tufādūhum*** (2, 85)
« s'ils se constituent prisonniers, vous les rançonnez ».

(9) ***'in 'aḥsantum 'aḥsantum*** *li-'anfusikum* (17, 7)
« si vous faites le bien, vous faites le bien à vous-mêmes ».

Si on ajoute les complexes *'in p, q* où *p* ou *q* sont des phrases négatives on trouve 4 *'illā* (< *'in lā*) *yaf'al, yaf'al*, par exemple :

(10) *wa-***'illā taf'alūhu** *takun fitnatun fī al-'arḍi wa-fasādun kabīrun* (8, 73)
« et si vous ne le faites pas, il y aura une rébellion sur terre et une grande corruption ».

et 14 *'in yaf'al lā yaf'al*, par exemple :

(11) *wa-'in yaraw kulla 'āyatin* ***lā yu'minū*** *bihā* (6, 25)
« et s'ils voient quelque signe, ils n'y croient pas ».

Dans les systèmes *'in p, q, lā yafʿal* apparaît ainsi, *sans exception*, comme la négation de *yafʿal*, tant dans la protase que dans l'apodose : on ne trouve en effet jamais *lam yafʿal* comme contrepartie négative de *yafʿal*. En revanche, alors qu'on a quelques *'in faʿala, faʿala*, on ne trouve *aucun* exemple ni de *'in lam yafʿal, faʿala*, ni de *'in faʿala, lam yafʿal* (Larcher, 2009).

Un arabe classicisé : *taḫfīf al-hamza / taḥqīq al-hamza*

Pour Sībawayhi (*Kitāb*, III, p. 541 *sqq.*, *bāb al-hamz*), les gens du Hedjaz font partie des « gens de l'allégement » *('ahl al-taḫfīf)*, par opposition aux autres Arabes qui font partie des « gens de la réalisation » *('ahl al-taḥqīq)*, c'est-à-dire des gens qui ne réalisent pas la *hamza*, mais l'allègent (ou la suppriment ou la mutent). Là encore, si Sībawayhi prête ce trait aux gens du Hedjaz, c'est parce que le ductus coranique, de la manière la plus explicite qui soit, montre qu'il n'y a pas de *hamza*, en position médiale et finale et parfois initiale (tout comme dans les dialectes arabes d'aujourd'hui). L'exemple d'allégement donné par Sībawayhi est celui de la *hamza bayna bayn*, c'est-à-dire intermédiaire entre une vraie *hamza* dans *sa'ala* (« il a interrogé ») et une pure voyelle longue *sāla*, donc quelque chose comme *saala*. On doit néanmoins se demander si cette *hamza bayna bayn* est une réalité empirique ou une construction de grammairien destinée à montrer que le traitement « hedjazien », c'est-à-dire coranique, d'un tel verbe correspond à celui d'un verbe hamzé et non d'un verbe creux, variante dont Sībawayhi note lui-même qu'elle existe (*Kitāb*, III, p. 555) : « il nous est revenu que *silta tasālu* était une variante » *(balaġanā 'anna silta tasālu luġa)*. Le *rasm* coranique écrit l'accompli avec un *'alif* (*s?l*), alors que les *'alif* ne sont généralement pas notés à l'intérieur des mots, sauf s'ils ont une fonction discriminante, ce qui est le cas ici, où l'inscription du *'alif* fait la différence avec l'impératif *sl* (*sal* « interroge ! »), tout comme dans le célèbre exemple du verbe creux *q?l* (*qāla* « il a dit ») vs *ql* (*qul* « dis ! »). Mais l'inaccompli est noté *ysl* (avec « suppression » de la *hamza*)[6]. L'exemple de « mutation » donné par Sībawayhi est *ḫaṭiyya* (« péché ») pour *ḫaṭī'a*. Dans le cas du ductus *ysl* comme dans celui de *ḫṭyh*, le *rasm* atteste l'absence de la *hamza* et cette absence est admise par tous les philologues médiévaux.

6. Voir, en arabe classique même, le verbe *ra'ā-yarā* « voir ».

Néanmoins, dans la tradition de lecture/récitation qui a prévalu, on n'en « réalise » pas moins la *hamza* : on ne lit ni ne récite *yasal* et *ḫaṭiyya*, mais *yas'al* et *ḫaṭī'a*… Dans les corans imprimés, la *hamza* est ajoutée sans support entre le *s* et le *l* dans *ysl*, le *y* et le *h* dans *ḫṭyh* ; dans l'écriture moderne, elle est ajoutée sur un support (un *'alif* dans le cas de *ysl*, un *yā'* sans point dans celui de *ḫṭyh*). Autrement dit, la « réalisation » de la *hamza* étant le trait classique, on « classicise » la langue coranique !

Conclusion

À la question : la langue coranique : quelle influence sur la grammaire de l'arabe ?, on serait tenté de répondre : ce n'est pas la langue coranique qui influence la grammaire de l'arabe, c'est plutôt la grammaire de l'arabe, objet construit à partir de données plus larges que le seul Coran, qui a influencé l'évolution de la langue coranique dans le sens d'une classicisation, alors que le *rasm* atteste des traits ou préclassiques ou non classiques. L'identification, souvent faite, de l'arabe coranique et de l'arabe classique n'est donc rien d'autre qu'un raccourci…

Références bibliographiques

Sources

Ibn Fāris, *al-Ṣāḥibī fī fiqh al-luġa wa-sunan al-ʿArab fī kalāmihā*, Beyrouth, 1383/1964.

al-Qurašī, *Ǧamharat 'ašʿār al-ʿArab fī al-ǧāhiliyya wa-l-'islām*, A. al-Baǧāwī (éd.), Le Caire, [s.d.].

Sībawayhi, *al-Kitāb*, A. Hārūn (éd.), Beyrouth, [s.d.].

Études

Al-Jallad, Aḥmad & Al-Manaser, Ali, « New Epigraphica from Jordan I: A Pre-Islamic Arabic Inscription in Greek Letters and a Greek Inscription from North-Eastern Jordan », *Arabian Epigraphic Notes* 1, 2015, p. 51-70.

Bally, Charles, *Linguistique générale et linguistique française*, 4e édition revue et corrigée, A. Francke, Berne, 1965.

Carter, Michael G., *Sībawayhi*, Makers of Islamic Civilization, Oxford Centre for Islamic Studies, Londres, New York, 2004.

Diem, Werner, « Philologisches zu den arabischen Aphrodito-Papyri », *Der Islam* 61, 1984, p. 251-275.

Ferguson, Charles A., « Diglossia », *Word* 15, 2, 1959, p. 325-340.

Kassab, Jean, *Manuel du parler arabe moderne au Moyen-Orient*, Centre universitaire des langues orientales vivantes, 6e série, t. 8, Imprimerie nationale, Paris, 1970.

Larcher, Pierre, « D'Ibn Fāris à al-Farrā' ou un retour aux sources sur la *luġa al-fuṣḥā* », *Asiatische Studien/Études asiatiques* 59, 3, 2005, p. 797-814.

—, « Les systèmes conditionnels en *'in* de l'arabe classique », *BEO* 58 [2008, année de tomaison] 2009, p. 205-232.

—, « In Search of a Standard: Dialect Variation and New Arabic Features in the Oldest Arabic Written Documents » *in* Macdonald, M.C.A. (éd.), *The Development of Arabic as a Written Language*, Supplement to the Proceedings of the Seminar for Arabian Studies 40, Archaeopress, Oxford, 2010, p. 103-112.

Owens, Jonathan, « Chapter 504 and Modern Arabic Dialectology: What Are *Kaškaša* and *Kaskasa*, Really? » *in* Holes, Clive & Jong, Rudolf (éd.), *Ingham of Arabia: A Collection of Articles Presented as a Tribute to the Career of Bruce Ingham*, Leyde, 2013, p. 173-202.

Rāgib, Yūsuf, « Un papyrus arabe de l'an 22 de l'hégire », Alleaume, Ghislaine, Denoix, Sylvie & Tuchscherer, Michel (éd.), *Histoires, archéologies, littératures du monde musulman, Mélanges en l'honneur d'André Raymond*, Ifao, Le Caire, 2009, p. 363-372.

Versteegh, Kees, *The Arabic Language*, Edinburgh University Press, Édimbourg, 1997 (1re éd.) ; 2014 (2e éd.).

Humphrey Davies
The American University in Cairo

An Anthology of Written Egyptian Colloquial Arabic

Some years ago, Madiha Doss and I decided that the persistent if sporadic phenomenon of writing in Egyptian colloquial Arabic had gone undocumented – and hence to a large extent unstudied – for too long. Thus began a search for and selection of texts that resulted in *al-ʿĀmmiyya al-miṣriyya al-maktūba: muḫtārāt min 1401 ilā 2009* [*Written Egyptian Arabic: Selections from 1401 to 2009*] (General Egyptian Book Organization, Cairo, 2013), an anthology with biographical and bibliographical notes on each text and an introduction. It is hoped that this notice, consisting of a translation of part of the Introduction, will attract the interest of scholars outside Egypt who may not be aware of the work.

Motives and Dimensions

Anyone carrying out research on the history and literature of the Arabic language in Egypt will be surprised at the absence of any overview or anthology of works written in Egyptian colloquial Arabic, despite the fact that such writing can be traced back more than six hundred years. In our opinion this omission is in urgent need of rectification if we are, on the one hand, to change our perspective on language and literature in Egypt and, on the other, to have available to us the background and context needed for an understanding of the phenomenon of the perennial production of writings in colloquial. Indeed, the phenomenon is not limited to literature but is also to be found in the fields of journalism, private correspondence between friends (letters, invitations, and emails), public life (where television advertisements and billboards in colloquial are conspicuous), and, to an enormous degree, the Internet.

This book seeks to provide an overview of written Egyptian colloquial production in its entirety, covering prose, poetry, drama, and texts taken from modern media and the Internet. The presence of prose among even the oldest of texts is, in our opinion, unexpected; we are accustomed to colloquial verse and have likewise become accustomed to watching and listening to plays written in colloquial but colloquial prose is less commonly met with.

Chronologically speaking, we have divided the texts into two parts. Part One contains texts from the Mamluk period to the end of direct Ottoman rule (*i.e.*, from the fifteenth to the last decades of the eighteenth centuries AD). Part Two contains texts from 1855 to 2009. Given the small number of texts in Part One, we have made no attempt to subdivide them, including there all texts from all the authors of the period that conform to our selection criteria without categorization according to literary type. Part Two, however, yields a much larger harvest and we have therefore divided it into four sub-sections – prose, poetry, drama, and traditional non-literary and electronic media. We have done this to allow recognition of the varying trajectories of each of the four types, albeit we have attempted to give a full account only in the area of prose.

This division into two main sections ("pre-modern" and "modern" for short) raises two obvious questions. The first of these is, why was there no writing in colloquial during the period from the end of the first period and the beginning of the second, or in other words between the early nineteenth century and its end, one piece, by a non-Egyptian writer, excepted (assuming, of course, that we have not overlooked any texts, or that this gap in the record is not attributable to the neglect to which colloquial writings have been subject)? In our belief, an effort is required on the part of historians and researchers to answer this question. The second question is: what might account for the gradual increase that we notice in the number of such writings in the twentieth century, starting from its final decade? The answer here may lie in a number of factors, on which we shall attempt to shed light.

Selection Criteria

Texts were selected on the basis of the following criteria:

1. The texts must be written in "pure" colloquial. We have therefore excluded, despite the frequency of their occurrence at certain periods, texts employing "Middle Arabic", by which we mean a language variety

in which literary (*fuṣḥā*) and colloquial elements are mixed and which contain both literary and colloquial constructions as well as constructions proper to neither (*e.g.*, the use of negative *lam* with the perfect tense). Likewise, we have excluded texts that fall into the category known as "the third language", such as Tawfiq al-Ḥakīm's play *Al-Warṭa* or Ṣabrī 'Uthmān's novel *Bayt Sirrī*; in such texts the writer makes a deliberate attempt to combine literary and colloquial with the goal of bringing the two varieties closer to one another and by so doing putting an end to diglossia and establishing a unified language.

2. We have also excluded texts in which the use of the colloquial is restricted to dialog, as is the case in many novels, those of Yūsuf Idrīs and many other modern writers being cases in point.
3. We have also chosen excerpts from works whose writers made the conscious decision to *write* in colloquial and have set aside those consisting of transcribed oral materials. It follows that we have not included among these selections *mawāwīl*, for example, or other types of popular literature that have been recorded in writing with the aim of preservation or study. We have also excluded materials published in the press that were originally of an oral nature, such as interviews or material deriving from field studies, such as those published in the journal *Amkina*.
4. The texts are all published.

In short, we have chosen prose, verse, drama, and media texts whose writers made a conscious, and often explicitly declared, decision to employ the colloquial throughout a given work.

It remains for us to state that our aim in presenting this anthology is in no way intended as a declaration of support for or condemnation of the phenomenon of writing in colloquial. We do not espouse the substitution of colloquial for literary Arabic nor do we call for prohibition of its use in any of the various forms of literature or the media. Our intention here is simply to bear objective witness to a linguistic and literary phenomenon that has played a role in the history of the Arabic language in Egypt.

In addition to the preceding comments, we attempt in the Introduction to draw a brief sketch of the main developments in the writing of Egyptian colloquial Arabic as they appear to us from the selections contained in the anthology. Increases and decreases in production of such literature at different periods are noted and reasons for such variation mooted. Likewise the changing nature of content (humor, entertainment, the development of didactic, introspective, and ideational modes) and the dynamics specific to each genre are discussed. Finally, the question is posed as to whether, in the light of the increasing output noted from the nineties of the last century, and especially of the wide adoption of colloquial for communication in advertising and via the Internet and other electronic fora, colloquial writing has achieved the critical mass and momentum that justify its being regarded as an essential element in a "culture of the colloquial".

Jérôme Lentin
Institut national des langues et civilisations orientales (Inalco)

À propos d'une anthologie de textes en dialecte égyptien

Introduction

En 2013, Madiha Doss publiait, avec Humphrey Davies, une riche anthologie de textes (74 au total) écrits en arabe dialectal égyptien, datant de l'époque mamelouke jusqu'à nos jours. Cet ouvrage, le premier du genre sauf erreur, venait combler une lacune[1]. Curieusement en effet, ou significativement faudrait-il plutôt dire, bien que l'écriture dialectale ait sans doute droit de cité en Égypte plus qu'ailleurs dans le monde arabe, qu'elle y soit pratiquée largement (et ce très probablement depuis les périodes les plus anciennes) et que les auteurs ou les intellectuels qui y sont favorables ne manquent pas (même s'ils sont minoritaires), la production écrite qui l'utilise, pourtant quantitativement importante, n'avait jamais, du fait qu'elle ne jouit pas d'une réelle légitimité culturelle, été reconnue de cette façon en tant que telle. La publication de cet ouvrage est donc aussi un acte courageux. Notons qu'il ne s'agit pas pour autant d'un acte militant : « Il nous faut préciser, en présentant cette anthologie, que notre but n'est absolument pas de soutenir l'écriture en dialectal ni de nous y opposer. Si nous ne sommes pas des partisans du remplacement de

1. Parmi les études sur la littérature dialectale égyptienne et/ou l'usage écrit de la langue dialectale en Égypte, la meilleure est sans conteste Woidich, 2010, synthèse historique très précisément documentée ; voir aussi Rosenbaum, 2011. La rapide synthèse de Davies, 2006, concerne l'ensemble du monde arabe. Pour la période mamelouke, voir Ǧammāl, 1966 (et quelques chapitres de Sallām, 1971) ; pour le début du XXe siècle, Kern, 1906 (sur la littérature satirique) et De Angelis, 2007 ; pour la période plus récente, Malina, 1987 (à partir de l'exemple de Saʿd al-Dīn Wahba), et pour le problème particulier de la mise à l'écrit du dialecte, Farnawany, 1981. Le théâtre et la poésie, ainsi que divers auteurs, ont fait également l'objet de diverses études, et parfois de monographies.

la *fuṣḥā* par le dialectal, nous ne sommes pas non plus de ceux qui appellent à interdire son usage dans divers types d'écrits, littéraires ou médiatiques », écrivent les auteurs (p. 25). On peut voir dans cette mise au point non seulement l'expression de la volonté naturelle de « témoigner objectivement d'un phénomène linguistique et littéraire qui a son rôle dans l'histoire de la langue arabe en Égypte » (p. 25), mais aussi celle du désir de ne pas envenimer le débat, certes fort ancien, mais toujours vif, sur cette question hautement sensible. Le livre s'adresse en effet en priorité au lectorat égyptien, et non d'abord aux spécialistes. Publié en arabe, dans une maison d'édition reconnue, il ne se présente pas comme une étude de type universitaire (dont il possède pourtant les qualités d'érudition et d'exhaustivité) et vise ainsi un public plus large [2].

L'intérêt enthousiaste que j'ai pris à le lire, ainsi que des préoccupations personnelles parallèles pour le domaine syro-libano-palestinien, m'ont amené à présenter les quelques remarques et réflexions qui suivent, en hommage aux recherches novatrices que mène Madiha Doss depuis plus de vingt ans sur l'écriture dialectale en Égypte et son histoire, sur l'oralité et sur les variétés mixtes de langue, avec le don rare d'associer connaissance intime et impliquée du terrain à une exemplaire distance scientifique. Je suis heureux de lui offrir ces quelques pages en témoignage d'une amitié presque quarantenaire, forgée dans le cercle des disciples de notre maître commun David Cohen. Elle me pardonnera d'avoir adjoint, à ces modestes réflexions sur quelques-unes seulement des multiples questions que soulève cette belle anthologie, des compléments d'information et de nombreuses références bibliographiques [3], destinées, pour l'essentiel, à signaler d'une part des travaux en rapport direct avec les extraits de textes de l'anthologie ou avec leurs auteurs, et d'autre part de nombreuses sources désormais disponibles en ligne et, pour certaines (qu'elles soient plus anciennes ou plus récentes que celles que les maîtres d'œuvre donnent en référence), plus accessibles. Loin de vouloir pointer des « manques » qu'on ne saurait évidemment reprocher à l'ouvrage, vu sa nature et le public auquel il s'adresse, j'ai pensé qu'une sorte de *review article* pourrait être utile pour prolonger la lecture et, peut-être, pour une future deuxième édition. C'est dans cette perspective surtout que

2. Il ne semble pourtant pas, malheureusement, avoir trouvé un grand écho critique. Voir cependant le compte rendu d'al-Ṭūḫī, 2013.

3. Dont certaines ne figurent que dans les références bibliographiques à la fin de la présente contribution.

sont également posées des questions pour l'instant sans réponse, qui feront, espérons-le, l'objet de recherches à venir, et qui n'auraient pu même être clairement identifiées sans l'existence de ce travail pionnier.

Al-ʿĀmmiyya al-miṣriyya al-maktūba

Pertinence d'un titre

Le titre, *al-ʿĀmmiyya al-miṣriyya al-maktūba*, est judicieusement choisi. Il permet d'inclure dans l'inventaire tous les textes écrits en langue dialectale[4]. Il n'y avait en effet aucune raison de se limiter à la littérature[5], et il aurait en outre été dommage de ne pas prendre en compte en particulier les utilisations les plus contemporaines, en plein développement, comme les multiples textes et échanges qui foisonnent sur Internet, d'autant que ceux-ci illustrent un fait incontestable mais trop rarement souligné, que met bien en lumière et en perspective cette anthologie : la langue dialectale est employée à l'écrit depuis fort longtemps, ce qui implique que s'est forgé au cours des âges, à côté de la langue standard d'une part, mais aussi du « Moyen Arabe » d'autre part, un instrument d'expression écrite à part entière, comme tel doté d'une norme (souple), et de conventions de notation (souples elles aussi). Cet instrument, parfois en sommeil, reste à disposition des scripteurs, même s'ils n'en sont pas toujours nécessairement pleinement conscients (ce qui est parfois interprété comme des innovations est, de ce fait, à comprendre, au contraire, comme des résurgences), au point qu'il s'adapte naturellement et sans peine à de nouvelles circonstances, comme l'existence d'Internet précisément.

4. C'est ainsi que je choisis de traduire ici, de façon certes discutable, *al-ʿāmmiyya*.

5. Il est intéressant de relever au passage que la distinction entre écrit littéraire et écrit non littéraire (pour autant qu'elle puisse être clairement opérée) recoupe dans une certaine mesure celle qui est faite en arabe entre *šaʿbī* et *ʿāmmī*; sur ces notions et sur le positionnement des auteurs par rapport à elles, voir Avallone, 2015.

Les auteurs s'expliquent clairement dans leur présentation (p. 24-25) des critères qu'ils ont retenus pour leur choix de textes. Ceux-ci doivent :

– être écrits en dialecte « pur », c'est-à-dire ni en Moyen Arabe, ni dans la *luġa ṯāliṯa*[6] de la pièce de théâtre de Tawfīq al-Ḥakīm, *al-Warṭa,* ou du roman de ʿUṯmān Ṣabrī, *Bēt sirrī,* par exemple, ni dans des combinaisons novatrices de registres linguistiques mises en œuvre par des créateurs comme Yūsuf Raḫā (*Kitāb al-ṭuġrā. Ġarā'ib al-tārīḫ fī madīnat al-Mirrīḫ*, Dār al-Šurūq, Le Caire, 2011) ou Nā'il al-Ṭūḫī (*Nisā' al-karantīnā*, 2e éd., Dār Mīrīt, Le Caire, 2013) ;

– ne pas faire qu'un usage partiel de la langue dialectale (comme c'est très souvent le cas pour les dialogues des romans) ;

– utiliser la langue dialectale de façon intentionnelle (il ne peut donc s'agir, par exemple, d'une simple retranscription d'une matière orale dialectale), ce qui exclut, mais de façon cohérente, une riche et intéressante matière comme la célèbre série d'interviews d'Égyptiens « ordinaires » parue dans la revue *al-Ṭalīʿa* en 1976 (12e année) ou les matériaux de terrain réunis par la revue *Amkina* (dans ses dix numéros de 1999 à 2010, avant son interruption puis sa reparution en 2014), ou encore les nombreuses publications rapportant le *verbatim* de procès politiques (Kīrah, 1954 ; *Muḥākamat Fu'ād Sarāǧ ad-Dīn Bāšā*, 1983) ou criminels. On peut se demander, par contre, si les nombreuses publications de *mawwāl*-s, aussi bien en Égypte que par les spécialistes (Cachia, 1977 ; 1989 ; Fanjul, 1976, etc. ; sans oublier les précieux travaux d'Enno Littmann) n'auraient pu être prises en compte. S'il est vrai qu'ils sont en général mis par écrit « pour les préserver de l'oubli ou pour les étudier » (p. 25, ligne 12), il n'en reste pas moins que par leur publication même, au moins localement (cf. critère suivant), ils deviennent *de facto* des pièces en dialectal égyptien écrit, comme telles disponibles à la lecture. Au demeurant, le rapport entre oral et écrit pour ce type de pièces, depuis les époques anciennes, est complexe, et leur prise en compte permettrait

6. Cette notion de *luġa ṯāliṯa* n'est pas toujours employée avec beaucoup de rigueur, ni toujours clairement distinguée de celle de *luġa wusṭā*. Si, dans le cas (à peu près unique) de la pièce de théâtre de Tawfīq al-Ḥakīm, elle est clairement caractérisée, ce n'est pas dans ce sens qu'on l'emploie généralement. Pour des éclaircissements bienvenus, voir Avallone, 2011, p. 40 *sqq*. Sur la « langue médiane » (*al-luġa al-wusṭā*), voir Doss, 1997, p. 150, n. 20 ; Mejdell, 2012. Cette dernière notion est elle aussi confuse ; en particulier, elle est assez souvent employée pour qualifier la langue standard moderne de la presse en lui attribuant des caractéristiques qu'elle n'a pas en réalité.

de nuancer ce qui est dit (p. 31 bas-32 haut) sur l'« apparition » de la poésie proprement dialectale, que les auteurs datent de la toute fin du XIXe siècle;

– avoir fait l'objet d'une publication. Ce dernier critère est lui aussi parfaitement justifié, mais il met en parallèle, sans plus de distinction, textes publiés en arabe, dans des revues par exemple, et destinés à un public relativement large, et textes publiés dans des revues ou des ouvrages « savants », en Égypte ou, le plus souvent, ailleurs. Cela pose évidemment, plus généralement, le problème de la diffusion des écrits en langue dialectale (qu'ils soient présents ou non dans l'anthologie), extrêmement variable, fort difficile, et parfois même impossible à évaluer, mais pourtant de la plus grande importance pour tenter d'en mesurer l'importance et l'impact.

miṣriyya

Un des points qui seront à éclaircir davantage est de savoir si la *ʿāmmiyya miṣriyya maktūba* est vraiment le plus souvent basée sur le dialecte du Caire (cf. la présentation des auteurs, p. 34, lignes 15-16) et, si tel est bien le cas, s'il s'agit d'un phénomène ancien ou, sinon, de quand on peut le dater. Il est vrai que, dans le corpus rassemblé, rares sont les exceptions : ainsi *al-Faḫḫ* d'Alfrīd Farağ (texte 55) écrit « dans le dialecte du Ṣaʿīd » (comme il est dit p. 271) ; cf. aussi Doss, 1997, p. 155 pour des restes de dialecte de la Šarqiyya ou des alexandrinismes chez ʿAbd Allāh Nadīm. On a proposé récemment de voir l'origine de cette « cairinisation » dans l'usage intensif du dialecte du Caire, à partir de la fin du XIXe siècle, dans les « milliers de nouvelles chansons égyptiennes, les pièces de théâtre et les périodiques satiriques » (Fahmy, 2011, p. 4 = Fahmy, 2007, p. 24)[7].

maktūba

Poursuivons sur le titre. Que faut-il entendre exactement par « écrit » (*maktūba*) ? Dans la présentation, sont énumérés (p. 23) outre la littérature, la presse, les correspondances privées, les enseignes et encarts publicitaires, Internet. Pour celui-ci, on peut regretter que n'aient pas été inclus davantage d'extraits de blogs (un seul court exemple, p. 366-367) ou de « chats ».

7. Mais il est exagéré d'en déduire que cela aurait conduit au « déclin graduel des autres dialectes provinciaux » (Fahmy, 2011, p. 4 = Fahmy, 2007, p. 24).

Pour la correspondance, il est vraisemblable que celle, passionnante, de Zaynab Fu'ād, découverte par Madiha Doss (2001) et dont il est donné un extrait (texte n° 13), constitue une exception relative. Écrite en graphie latine, et entièrement en dialecte, on peut se demander si elle est représentative, sauf peut-être pour un milieu social déterminé, des correspondances privées dont on peut penser qu'elles sont plus souvent écrites en graphie arabe et, au moins dans les milieux les plus lettrés, dans une langue plus mélangée (pour un exemple plus récent, voir Ḥaqqī, 1997).

Par ailleurs, on peut aussi regretter l'absence de scénarios de films ou de feuilletons télévisés : tout aussi écrits que les pièces de théâtre (qui bénéficient d'une section entière du livre), même si les dialogues en sont, comme pour ces dernières, destinés à être oralisés, ils constituent en effet une part importante de la production culturelle en langue dialectale, et reflètent plus directement la langue la plus contemporaine.

La presse satirique, qui fut un lieu privilégié de la renaissance de l'écriture dialectale à partir de la fin du XIXe siècle, est relativement bien représentée dans le recueil. Il faut insister sur son importance, quantitative d'abord : Fahmy, 2007, p. 150 donne, pour la période de 1880 à 1949, 173 nouveaux périodiques en dialecte (sur un total de 1581, soit 11 %) et surtout (*Appendix A*, p. 307-313) une liste de 128 périodiques satiriques pour les seules années 1877-1922. Par contre, on peut regretter l'absence de la presse enfantine[8], de la bande dessinée, qui connaît actuellement un nouvel essor, cf. le mensuel *Toktok* ou *'Eḥna*[9], ou, depuis tout récemment, les premiers romans graphiques (*riwāyāt muṣawwara*).

On peut signaler enfin un genre tout à fait particulier de textes en langue dialectale, publiés ceux-là par des missionnaires chrétiens : la Bible ou les Évangiles traduits en « langue égyptienne »[10]. Ils ont leur importance, ne serait-ce que par les réactions qu'ils n'ont cessé depuis lors de susciter

8. Dont l'existence est ancienne ; citons par exemple *al-Fukāha* qui parut à partir de 1926, pour huit années, avant d'être fondue dans *al-Iṯnayn*, dirigé par Ḥusayn Šafīq al-Miṣrī, pour la maison d'édition Dār al-hilāl.

9. Voir http://www.toktokmag.com/ et http://e7namagazine.blogspot.fr/ respectivement.

10. Cf. Sharkey, 2004, en particulier p. 141 et Sharkey, 2013, chap. 10, p. 218 *sqq*. Pour deux exemples de ces traductions, voir *Inǧīl Yūḥannā…* (1923) et *il-Inǧīl bi-l-luġa l-miṣriyya* (1928) dans les références bibliographiques.

(cf. Sa'īd, 1966), William Willcocks, l'un des traducteurs impliqués, symbolisant, à tort ou à raison, toutes les « tentatives étrangères » de « faire disparaître la *fuṣḥā* au profit du dialecte ».

'āmmiyya

Pour finir sur le titre, « dialectal » est évidemment difficile à circonscrire rigoureusement. Les auteurs ont choisi, à juste titre, d'écarter les textes écrits en Moyen Arabe, même dans ses variétés les plus dialectalisantes (cf. plus haut). À y regarder de très près, on s'aperçoit cependant que les textes les plus dialectaux peuvent contenir, ça et là, des éléments, en nombre d'ailleurs réduit, qui peuvent être analysés comme des classicismes, mais dont on peut également penser à bon droit que, comme tels, ils font effectivement partie de la langue dialectale, si l'on peut dire ou, dans d'autres cas, qu'ils sont caractéristiques de l'usage proprement littéraire de la langue dialectale. Cela est vrai en particulier – mais pas exclusivement – des textes les plus anciens, surtout des plus littéraires (Ibn Sūdūn, texte 4). On a là l'illustration de la difficulté de faire le départ entre langue dialectale et registre le plus dialectalisant du Moyen Arabe, ce dont on ne saurait s'étonner si l'on considère qu'on a affaire à un continuum. Donnons quelques exemples pour plus de clarté : texte 1 (1401) : une occurrence de *hāḏā* (à côté de deux de *da* et une de *ḏa* et de *dōl*; une occurrence de *qad*; texte 2 (1402) : occurrences de *ḏālika*, *allaḏī*, *ra'ā*; texte 3 (al-Isḥāqī, XVIIe siècle) une occurrence de *māḏā*; texte 9 (al-Šidyāq) *hāḏā*, *tarā*; texte 24 (*Riḥla fī n-Nīl* de 'Uṯmān Ṣabrī) : voir par exemple les dernières lignes de la p. 131 ; texte 25 (Aḥmad Fu'ād Niǧm) : *bada'*[11] ; texte 28 : *li-ḏālika*; texte 35 (Muṣṭafā Ṣafwān) : *a(l/i)ddā-li-*, *lā šakk*, *ammā… fa-*, *at-tarǧama 'ilā*, *hal*; texte 38 : deux occurrences de *lam*[12].

11. Variante de *bada*, affectée par Badawi, Hinds, 1986, p. 59, du signe ↑ ("*restricted to 'āmmiyyat al-muthaqqafīn*").

12. Pour *lam* en arabe égyptien, voir Rosenbaum, 2002. Le cas du court passage dans le texte n° 40 (Ḥusayn 'Abd Al-'Alīm *Bāzil*), p. 188, l. 13-15, est différent car il s'agit, à l'intérieur d'un texte dialectal, de la citation d'une lettre écrite dans une langue standardisante.

Un instrument adapté mais peu théorisé et longtemps utilisé avec appréhension ou réserve pour la prose

Comme on l'a dit, la langue dialectale est d'autant plus apte à être employée à l'écrit qu'elle jouit d'une longue tradition dans cet usage. La variété stylistique des différents textes rassemblés dans l'anthologie en témoigne avec éclat, comme la diversité des genres abordés : prose journalistique, textes relevant de l'essai[13] ou de la critique littéraire[14], prose littéraire, prose narrative, poésie, théâtre, etc. Si ces deux derniers genres, la poésie en particulier, jouissent d'une reconnaissance réelle, nonobstant les débats idéologiques que l'on connaît, il est frappant de constater qu'il en va tout autrement de la prose littéraire. Une des raisons de cet état de fait est sans doute que, malgré quelques exceptions, la légitimité de son emploi, ses caractéristiques, son statut n'ont que peu fait l'objet d'élaborations théoriques (on citera seulement ici Luwīs ʿAwaḍ, dans la préface de *Muzakkirāt ṭālib biʿsa* – voir quelques petits extraits dans la présentation de l'anthologie, p. 28 – et, du même, déjà, la préface à son *dīwān* de 1947, « Ploutoland », *Blūtūlānd*)[15].

Ceux-là même qui écrivent de la prose en dialecte et en revendiquent – courageusement, vu le contexte idéologique globalement défavorable – l'emploi, le font souvent, en même temps, avec une certaine timidité, souvent sur la défensive et, aussi, avec une certaine confusion. Un exemple significatif est celui de ʿUṯmān Ṣabrī dans la préface à son roman *Riḥla fī n-Nīl* (texte nº 24, p. 129)[16] :

> C'est pourquoi j'ai écrit ce roman en langue arabe moderne, c'est-à-dire dans la langue égyptienne qu'emploie notre couche instruite – et je ne dis pas la langue *baladī* de leurs discussions de tous les jours au café. Je n'ai voulu la rendre proche ni de la langue arabe [standard], en utilisant la langue que les personnes cultivées appellent maintenant « langue médiane » ou « troisième langue » (ou du nom composé *fuṣʿammiyya*), ni de la langue dialectale *baladī*

13. Voir le texte nº 35 de l'anthologie (Muṣṭafā Ṣafwān, *al-Kitāba wa-l-sulṭa*, extrait de la préface à sa traduction d'*Othello*).
14. Voir le texte nº 28 de l'anthologie (critique d'un recueil de Ibn Al-ʿArūs par Masʿūd Šūmān et Maǧdī al-Ǧābirī).
15. Sur l'évolution ultérieure de L. ʿAwaḍ, voir par exemple Fāḍil, 2015.
16. On peut en lire le texte intégral dans ʿAbd al-Malik, 2016.

car, dans les deux cas, je serais allé contre l'honnêteté à laquelle est tenu l'écrivain. Aussi me suis-je efforcé de l'écrire dans la langue que j'entends dans la vie, de la bouche des gens instruits, sans y apporter de retouches[17].

où *luġa wusṭā*, *luġa ṯāliṯa* et *fuṣ'ammiyya* sont considérées comme équivalentes[18].

Significatives aussi sont les interrogations et les perplexités qui ont saisi, tout récemment encore, l'auteur de *Kitāb ma-lūš ism* lorsqu'il s'est agi d'assumer l'écriture, surprenante pour lui au départ, en dialectal (al-'Isēlī, 2009).

Significatif encore de cette insécurité est le fait que nombreux sont les auteurs représentés dans l'anthologie dont la production en langue dialectale est plus ou moins marginale dans leur œuvre : textes nº 20, Sa'd Makkāwī (m. 1985) : une nouvelle, écrite dans les années 1930 ou 1940, mais publiée seulement en 2004[19] ; nº 23 (p. 123 *sqq.*) : Muḥammad 'Afīfī, une nouvelle du recueil *al-Anwār* ; nº 26, Yūsuf al-Qa'īd (*Laban al-'uṣfūr*) ; nº 30, Ṣafā' 'Abd al-Mun'im : *Min ḥalāwat ir-rūḥ* (une seule œuvre) ; nº 34, 'Ayda Sayf al-Dawla : *Hiyya w huwwa… zayy ba'ḍ* (seule œuvre en dialectal) ; nº 40, Ḥusayn 'Abd al-'Alīm : *Bāzil*, seul roman en dialectal (auquel s'ajoutent quelques nouvelles).

Il convient toutefois d'observer que l'écriture en prose, florissante par exemple dans la presse depuis la fin du XIXe jusqu'aux années trente du XXe siècle, est actuellement en plein renouveau, en particulier pour le roman (voir plus loin § 3.2.).

17. للاسباب دي كتبت القصة دي باللغة العربية الحديثة يعني لغتنا المصرية اللي بتستعملها الطبقة المثقفه – وما باقولش لغة القهاوي البلدي في مناقشاتهم اليومية ما حبتش لا أقربها من اللغة العربية فاستعمل اللغة اللي بيسميها الأدباء اليوم (اللغة الوسطى أو الثالثة) أو بالاسم المنحوت الفصعميه، ولا أقربها من اللغة العامية البلدي، لاني في الحالتين أكون خالفت أمانة الكاتب، لذلك اجتهدت اني اكتبها باللغة اللي باسمعها في الحياة من ألسنه المثقفين من غير رتوش.

18. Sur la *fuṣḥāmiyya*, voir Rosenbaum, 2000, où il est fait état, p. 71 n. 9, d'un article ancien de 'Alī 'Abd al-Wāḥid Wāfī qui parle de *fuṣ'ammiyya*. Booth, 1992, p. 480, ligne 2, cite *fuṣ'āmmiyya* employé (pour le Yémen ?) par al-Baraddūnī, 1978, p. 353, mais la référence doit être erronée car le mot ne se trouve pas à cette page.

19. « Son seul écrit en dialectal semble-t-il », écrivent les auteurs ; mais il a aussi publié (au moins) une pièce de théâtre en dialectal, *al-Mayyit al-ḥayy* (Makkāwī, 1973).

Les textes

La période prémoderne (de l'époque mamelouke à l'époque ottomane, 1401-1795)

La première partie de l'anthologie (p. 39-64) comprend 8 textes d'époques mamelouke et ottomane (datés de 1401 à 1795). On ne peut que se demander, avec les auteurs (p. 24), pourquoi, sur une période si longue, si peu de textes (répondant à leurs critères de sélection) semblent disponibles, et qu'adhérer au premier élément de réponse qu'ils proposent, à savoir le peu de cas qui était fait des textes écrits en langue dialectale, et appeler comme eux de nos vœux à des recherches approfondies sur cette question.

S'il est vrai que, dans les *muwaššaḥāt* et les *azǧāl* arabes (ou judéo-arabes) d'époque mamelouke, pour ne prendre que cet exemple, la langue utilisée relève plus du Moyen Arabe que du dialecte, comme chez un al-Ḥammāmī (m. 1312), un Ibrāhīm al-Miʿmār (m. 1348) et des dizaines d'autres, il est probable qu'une investigation attentive des sources permettrait d'ajouter à cette maigre moisson de nouvelles pièces. Ainsi, dans *al-Adab fī al-ʿaṣr al-mamlūkī* (Sallām, 1970, vol. 1 [648-783 h.], p. 309-311), est-il expliqué à propos de Hārūn b. Mūsā b. Muḥammad al-Rašīd al-maʿrūf bi-bn al-Mawṣilī al-Ramantī (m. 1329/1330 à Hermonthis en Haute-Égypte)[20], qu'il utilise le dialecte de la province d'Edfou dans le Ṣaʿīd (ce qui serait plutôt exceptionnel). Pour cette même époque, voir encore Ǧammāl, 1966 et, pour l'époque ottomane, Kīlānī, 1965[21]. Qu'on pense aussi aux vers dialectaux d'Ibn ʿArūs (fin du XVIIIe siècle)[22].

20. Sur lui, voir al-Ṣafadī, *al-Wāfī bi-l-wafayāt* (http://islamport.com/w/tkh/Web/290/3370.htm) et Adfawī, 1966, biographie nº 544, p. 686-689 (= nº 543 p. 393-395 dans l'édition de ʿAbd al-Raḥmān Qarīṭ, Maṭbaʿat al-Ǧamāliyya, 1331 h.).

21. Chap. II, 5, p. 191-208 (al-Madrasa al-Šaʿbiyya, où il faut corriger p. 196 *al-Rawḍ al-waḍḍāḥ fī tahānī* – et non *nihāyat* – *al-afrāḥ*) ; V, 3, p. 270-275 (al-Naṯr al-Šaʿbī).

22. Ḥiǧāb, 1975 (voir aussi https://www.4shared.com/web/preview/pdf/v5DVa76-). L'égyptianité de cet auteur a été contestée par al-Abnūdī. Cf. aussi, dans la présente anthologie, le compte rendu par Masʿūd Šūmān et Maǧdī al-Ǧābirī d'un choix de ses poèmes (texte 28, p. 147-149) et Bayyūmī Qandīl (auteur du texte 32), *Kull ši kān. Dīwān šiʿr kutiba ʿalayhi annahu min taʾlīf Ibn ʿArūs šāʿir miṣrī ʿāša fī al-ʿaṣr al-ʿuṯmānī wa-kataba šiʿran ʿalā hayʾat murabbaʿāt bi-l-luġa al-ʿarabiyya al-ḥadīṯa.*

Pour la fin de la période couverte par la première partie de l'anthologie, on peut citer les textes du folklore copte qu'on trouve dans Sittātī, 2014, en particulier la *Sīrat Mārī Ǧirǧis wa-bint al-sulṭān* (p. 208-237)[23]. Ils ne sont apparemment pas datés, mais il est probable qu'ils remontent au moins au XVIIIe siècle. De même, des recensions de la version versifiée de *L'histoire de Anas al-Wujūd* ont été récemment publiées, d'après six manuscrits recueillis entre 1800 et 1820, et dont le plus ancien daté remonte à 1779 (*The Story of Anas al-Wujūd*, 2016, p. 13 *sqq.*). Il n'est donc pas certain que, comme semblent le penser les auteurs, il y ait eu une réduction de la production écrite en langue dialectale au XVIIIe siècle jusqu'à la fin du XIXe siècle.

Pour le texte 1 (*zaǧal* de 1401 sur l'éléphant offert par Tamerlan au souverain mamelouk de l'époque), ajouter la date et le lieu de parution de la 1re éd. des *Badāʾiʿ al-zuhūr fī waqāʾiʿ al-duhūr* de Ibn Iyās qui le rapporte : al-Maṭbaʿa al-Amīriyya al-Kubrā bi-Būlāq, al-Qāhira, 1311/1894.

Texte 4 (al-Širbīnī, peu après 1686) : le volume comportant l'édition du *Kitāb hazz al-quḥūf bi-šarḥ qaṣīd Abī Šādūf*, publié en 2005 chez Peeters (Louvain, Dudley, MA) par Humphrey T. Davies, a été réédité en 2016 (New York University Press, New York).

La période moderne et contemporaine (1855-2009) : la prose Quelques compléments

Le choix proposé dans l'anthologie (textes 9 à 42, p. 65-196) est – malgré les limites de place imposées aux auteurs[24] – très complet, et couvre de façon quasi exhaustive, et représentative, la production écrite en langue dialectale pour cette longue période. C'est donc timidement qu'on mentionnera rapidement quelques rares productions qui auraient pu être incluses.

Un genre longtemps populaire, en Égypte comme ailleurs dans le monde arabe, est ce qu'on pourrait appeler la satire politique. Florissant dans la

23. Ce texte, ainsi que l'ouvrage où il figure, m'ont été signalés par Renaud Soler, que je remercie.

24. Le genre de l'anthologie d'extraits est, par définition, frustrant (plus d'ailleurs pour le théâtre et la poésie que pour la prose), et il y aurait eu évidemment matière à publier deux ou trois volumes. Observons cependant qu'une typographie plus rigoureuse et plus uniforme, évitant par exemple les variations de corps pour certaines pages, ou disposant de façon plus économique la table des matières (qui occupe sans gain de clarté pas moins de 16 pages, p. 7-22) aurait pu permettre quelques ajouts.

presse satirique lors de sa grande période, elle a connu une nouvelle fortune grâce à la radio (et parfois aujourd'hui, mais dans des conditions évidemment beaucoup plus difficiles) à la télévision et sur Internet. Certains des textes écrits pour la radio, et qui ont réjoui des générations d'auditeurs, ont été publiés. C'est le cas par exemple de ceux d'Aḥmad Bahgat (1932-2011) à la radio du Caire, dans le programme célèbre *Kilmitēn u bass* (Bahgat, 1974)[25].

Dans la période récente, deux livres ont connu une grande popularité (et des tirages impressionnants) : *Tāksī* (al-Ḫamīsī, 2006) et *Kitāb ma-lūš 'ism* ('Isēlī, 2009). On comprend que le premier n'ait pas été retenu, car les brefs prologues et conclusions des chapitres sont écrits en langue standard ; le second en revanche répond, sauf erreur, aux critères des auteurs de l'anthologie, et aurait mérité mention.

On a évoqué plus haut (fin du § 2.5.) l'actuel renouveau de l'écriture dialectale pour le roman. Au cours des années récentes, la production – de qualité très inégale – a en effet fleuri, en librairie comme sur Internet (par exemple chez l'éditeur *'Aṣīr al-Kutub li-l-Našr al-Iliktrūnī*). La quasi-totalité de ces romans portent, en sous-titre, la mention *Riwāya bi-l-'āmmiyya al-miṣriyya*. Voir les exemples cités dans les références bibliographiques, mais la liste pourrait être beaucoup plus longue : 'Abd al-Hādī, 2009 (qui justifie en conclusion son choix d'écrire en langue dialectale), al-'Ādilī, 2010, al-Faḫarānī, 2009 (12 nouvelles, toutes en dialecte sauf la dernière, publiées d'abord dans la revue *al-Badīl* avant qu'elle n'interrompe sa parution), Ḥalīm, 2014 (sous-titré *Ḥikāyāt wa-būrtrēhāt bi-l-'āmmiyya al-miṣriyya*), 'Imād, 2013 et 2014, 'Izz al-Dīn, 2014, Mu'āṭī, 2009, Yūnus, 2013. Dans un autre genre, voir encore Bakrī, 2014.

Enfin, on peut mentionner que la traduction d'œuvres étrangères en dialecte, pratiquée depuis la *Nahḍa* et de façon quasi ininterrompue pour les pièces de théâtre (qu'on pense à Muḥammad 'Uṯmān Ǧalāl ou Ya'qūb Ṣannū' pour la période ancienne, jusqu'aux traductions nouvelles de pièces de Shakespeare tout récemment, voir plus loin, fin du § 3.4.), semble s'étendre, assez timidement encore, à d'autres types de textes, que ce soit la littérature arabe classique, pour la traduction en dialectal de la *Risālat al-ġufrān* d'al-Ma'arrī, 2016, ou la littérature étrangère (Schmitt, 2008).

25. Ces textes étaient dits par Fu'ād al-Muhandis. On peut voir trente des premières émissions (certaines supprimées pour raisons de droits d'auteur) sur : https://www.youtube.com/watch?v=seH_mWwzx4g&list=PL-qQEASBfKEAeIogI2tqY-1iqpUi5AR7e

Il ne saurait être question de répondre ici aux légitimes questions que posent les auteurs dans la présentation, dont celle-ci : pourquoi observe-t-on une réduction de la production écrite en langue dialectale à partir des années 1930 jusqu'aux années 1980, et une accélération depuis les années 1990 ? Pour des périodes antérieures, et pour stimuler la réflexion, on mentionnera simplement l'hypothèse de De Angelis, 2007 (dans son introduction) qui, pensant pouvoir observer que cette même production semble fleurir et se développer dans les années qui précèdent ou suivent immédiatement les deux révolutions (celle de Urābī et celle conduite par Sa'd Zaġlūl et qui aboutira à l'indépendance de l'Égypte en 1922), se demande s'il faut voir un lien entre les deux ordres de phénomènes.

La période moderne et contemporaine (1855-2009) : la prose Quelques remarques sur les textes choisis

Le texte 9 (extrait de *al-Sāq 'alā l-sāq* d'al- Šidyāq) est un peu particulier, puisque écrit en égyptien par un non-Égyptien, comme le fait observer Raḍwā 'Āšūr, citée en note 1 dans son livre sur ce roman, qu'on peut trouver sur : https://ia802700.us.archive.org/15/items/ketab1140/ketab1140.pdf

La référence du texte 10 (Ya'qūb Ṣannū',1882), extrait de sa célèbre revue *Abū n-naḍḍāra z-zarqā*) est à corriger ainsi : 6e année, no 15, novembre 1882 (?), p. 58-59. Il est reproduit dans le volume 4 (1882-1884) publié à Beyrouth par Dār Ṣādir et se trouve aux p. 112-113 du document PDF téléchargeable (voir les références bibliographiques). Sur Ṣannū', voir 'Abduh, 1953, Dorigo-Ceccato, 1998 ; Ismā'īl, 2001[26] ; Zack, 2014 ; Mestyan, 2014 ; Langone, 2016a et 2016b.

Le texte 11 ('Abdallāh al-Nadīm dans la revue *al-Ustāḏ*, 1892) se trouve sur : http://ar.lib.efatwa.ir/46931/1/16 et 17 (il se trouve en effet aux p. 16-17, et non 16-21). Les 42 fascicules de cette année-là sont disponibles sur : https://ia800206.us.archive.org/2/items/elostaz/elostaz.pdf. Pour d'autres références à des rééditions, dont l'intégralité de la collection de la revue, voir les références bibliographiques (Nadīm, 'Abdallah al-). Sur 'Abd Allah al-Nadīm, voir Doss, 1997 ; Sa'īd, 1966 ; De Angelis, 2007.

Le texte 12 (1898, de la revue *Ḥimārat munyatī*), très dialectal, avait été partiellement publié par Kern, 1906, p. 71-73.

26. Informatif mais idéologiquement nauséabond.

Pour le texte 13 (extrait de la correspondance en graphie latine de Zeinab Fouad), la référence, donnée par erreur p. 81 au lieu de p. 82, est à corriger ainsi : p. 117-135 (et non 111-135).

Texte 15 : extrait de Bayram al-Tūnsī, *Is-sayyid wi mrātu f-Barīs*. Pour des dates probables de l'édition d'al-Maktaba al-ʿAṣriyya, Saïda, Beyrouth, donnée sans date, et pour les dates des autres éditions, voir les références bibliographiques. Le passage reproduit ici correspond aux p. 94-99 de l'édition d'Alexandrie (1986).

Texte 17 (Ḥusayn Šafīq al-Miṣrī, de *al-Masṭūl al-inǧlīzī*, 1929) : cf. l'édition et la transcription de ʿAbd is-Salaam ʿAli Nûr et Karl-G. Prasse (Masri, 1980).

Texte 18 (Ḥasan Ḥusayn, de la revue *Lisān al-šaʿb*, 1930) : pour le personnage célèbre de Kiškiš Bey dont il est question ici, voir aussi le texte nº 49 (p. 243 *sqq.*) de Badīʿ Ḫayrī et Naǧīb al-Rīḥānī.

Texte 19 (« 'Abū ʿArab » de la revue *Ibn al-balad*, 1933) : ajouter : auteur inconnu.

Texte 20 : Sur Saʿd Makkāwī, voir plus haut, § 2.5.

Texte 21 (Luwīs ʿAwaḍ, *Muzakkirāt ṭālib biʿsa*, 1942) : pour les différentes éditions, voir les références bibliographiques.

Texte 22 (*Qanṭara llaḏī kafar* de Muṣṭafā Mušarrafa) : pour les éditions ultérieures de ce roman, écrit dans les années 1940 et publié à compte d'auteur dans un tirage limité au début des années 1960[27], voir les références bibliographiques. Pour une analyse linguistique, voir Lagrange, 2013.

Texte 24 (ʿUṯmān Ṣabrī – et non Ṣabrī ʿUṯmān –, de la préface à *Riḥla fī n-Nīl*, 1965) : à la référence, ajouter qu'à Alexandrie, l'éditeur, outre l'auteur, est Dār Našr al-Ṯaqāfa (le livre étant effectivement distribué par la Maktabat al-Anglū al-Miṣriyya du Caire). On peut lire les 17 premières pages sur : http://dar.bibalex.org/webpages/mainpage.jsf?PID=DAF-Job:114350

Concernant *Bētsirrī* (cf. plus haut, § 2.1.) il est dit (p. 127, n. 2) : s.l.n.d., mais dans la réédition de 2017 (Dār al-Karma li-l-Našr wa-l-Tawzīʿ / Al-Karma Books)[28] on lit que les droits de l'auteur datent de 1982, qui est apparemment en effet la date de publication à al-Maktaba al-Anglū al-Miṣriyya.

27. On peut en voir les huit premières pages sur : http://dar.bibalex.org/webpages/mainpage.jsf?PID=DAF-Job:172030&q=

28. Cette nouvelle édition comprend (p. 7-20) une préface de l'auteur, sur le roman, sa langue et sur sa théorie de ce qu'il appelle *al-luġa al-ʿarabiyya al-ḥadīṯa*.

On peut ajouter enfin que 'Uṯmān Ṣabrī a publié en 1964 un gros livre (400 p.) intitulé *Naḥwa 'abğadiyya ğadīda*, où il proposait deux alphabets « phonétiques » nouveaux pour transcrire l'arabe, dont l'un en caractères latins.

Texte 25 (Aḥmad Fu'ād Niğm, de *Il-Fāgūmī*) : la référence du passage cité de l'édition de 1992 est incomplète ; il correspond, dans la 2ᵉ éd., [s.d.] [2001], qui porte le sous-titre *al-Sīra al-ḏātiyya al-kāmila*, aux p. 131-134. Du même auteur, à signaler aussi, également en langue dialectale, *Il-Fāgūmiyyāt* (Niğm, 1998).

Texte 26 : sur le roman *Laban il-'aṣfūr* de Yūsuf al-Qa'īd, voir Zack, 2001.

Texte 27 (Yusrī al-Ḥassān et Mağdī al-Ğābirī, de la revue *Kitāb al-ğarād*) : indiquer, p. 141, que la biographie du second auteur se trouve p. 144 et renvoyer au texte 28 (p. 147 *sqq.*)[29].

Texte 33 (Muḥammad Nāṣir 'Alī, de *'Ūla awwil*, 2000) : préciser qu'il s'agit d'un court (82 p.) recueil de nouvelles et du volume 40 de la série *Kitāb al-awwal.*

Texte 35 (Muṣṭafā Ṣafwān) : en relation avec le deuxième texte (p. 173-174), extrait de sa préface à la traduction d'*Othello*, voir Bovino, 2013/2014.

La période moderne et contemporaine (1855-2009) : le théâtre

La section consacrée au théâtre (textes 43 à 61, p. 197-314) donne à lire des extraits de pièces de la plupart des auteurs importants, à un titre ou à un autre, de la période : Ya'qūb Ṣannū', Muḥammad 'Uṯmān Ğalāl, 'Abdallah al-Nadīm, 'Ibrāhīm Ramzī, Muḥammad Taymūr, Anṭūn Yazbak, Badī' Ḫayrī et Nağīb al-Rīḥānī[30], Tawfīq al-Ḥakīm, Maḥmūd Taymūr, Luṭfī al-Ḫūlī, Nu'mān 'Āšūr, Yūsuf 'Idrīs, 'Alfrīd Farağ, Sa'd al-Dīn Wahba, 'Alī Sālim, Nağīb Surūr, Maḥmūd Dyāb, Muṣṭafā Ṣafwān et Sayyid Rağab.

On pourrait leur en adjoindre d'autres, tout aussi importants : 'Ismā'īl 'Āṣim (1840-1919), 'Azīz 'Īd (1884-1942)[31], 'Abbās 'Allām (1892-1950,

29. La typographie des textes reproduits p. 141-144 et 144-145 donne l'impression qu'il s'agit de poésie en prose, alors qu'il s'agit de prose. Comparer le texte reproduit ici p. 144-145 avec le même, disponible sur : http://www.battana.org/news-details.aspx?Q=RjZhWWVlgpQ=&C=2

30. Sur ce dernier, voir Abū Sayf, 1972.

31. D'origine libanaise, comme beaucoup de pionniers du théâtre en Égypte (d'autres venaient de Syrie). Ceux qui s'installèrent durablement écrivirent en arabe égyptien, et doivent tout naturellement être pris en compte.

qui écrivit d'abord ses pièces en langue standard, mais passa bientôt au dialecte, cf. déjà en 1919 *'Alā mūd* [« À la mode »]), Yūsuf Wahbī (1898-1982), Mīḫā'īl Rūmān (1924-1973, auteur entre autres de la très célèbre pièce *al-Duḫān*, voir aussi Rūmān, 1972), Fatḥī Raḍwān (1911-1988), Rašād Rušdī (1912-1983)[32], Muṣṭafā Maḥmūd (1921-2009)[33], Ṣalāḥ Rātib (1931-2000).

Pour les périodes relativement anciennes, il faut absolument signaler ici le remarquable ouvrage de 'Alī al-Rā'ī, *Masraḥ al-ša'b* (1993), ou plus précisément celui de ses trois ouvrages antérieurs que reprend ce recueil, *Al-kūmīdyā al-murtajala fī al-masraḥ al-miṣrī* (d'abord publié en 1968), qui comprend en particulier (p. 97-166) une riche collection d'extraits de pièces de ou attribuées à divers auteurs, comme Ǧūrǧ 'Abyaḍ.[34] Pour ces périodes anciennes, voir aussi les pièces de Aḥmad il-Fār éditées par Woidich et Landau (1993).

Il convient de signaler que certains des auteurs cités par ailleurs dans l'anthologie pour leur œuvre poétique ou en prose ont aussi écrit des pièces de théâtre en dialectal : Sa'd Makkāwī (cf. note 19), Bayram al-Tūnsī (cf. sa pièce *'Aqīla*, publiée tardivement au Caire, al-Hay'a al-Miṣriyya al-'Āmma li-l-Kitāb, 2006), Ṣalāḥ Ǧāhīn (cf. *il-Layla k-kibīra wi ḫams masraḥiyyāt*, Markaz al-Ahrām li-l-Tarǧama wa l-Našr, Le Caire, 1992, cinq pièces écrites entre 1960 et 1964 pour le théâtre de marionnettes, *Masraḥ al-'arāyis*, ainsi que ses opérettes *Šahrazād*, *Layla min 'alf layla*, *'Azīza wi Yūnus*).

On signalera enfin les efforts faits par Karel-G. Prasse et ses collaborateurs pour faire connaître des pièces égyptiennes dans des éditions, transcriptions et traductions soignées (Taymûr 1979 ; Prasse *et al.*, 2000).

Quelques précisions de détail :

Texte 46 : la pièce d'Ibrāhīm Ramzī, *Duḫūl il-ḥammām miš zayy ḫurūgu*, avait été précédemment publiée dans *al-Hilāl*, 79, juillet 1971, p. 92-115 (l'extrait se trouve aux p. 109-112).

Texte 48 (Anṭūn Yazbak, *al-Dabā'iḥ*) : de longs extraits de la pièce se trouvent aussi dans al-Rā'ī, 1993. L'édition utilisée ici est effectivement sans date, mais elle est de 1925.

32. *Masraḥ Rašād Rušdī*, al-Hay'a al-Miṣriyya al-'Āmma li-l-Kitāb, Le Caire, 1978.

33. *Masraḥ Muṣṭafā Maḥmūd*, Dār al-'Awda, Beyrouth, 1972 (1re éd.).

34. Aussi doit-on nuancer un peu le propos des auteurs de l'anthologie (présentation, p. 30, lignes 8/7 du bas) selon lesquels nous n'aurions pas conservé de pièces du théâtre « léger » des années 1920.

Texte 53 (Nu'mān 'Āšūr, *'Ā'ilat id-duġri*). La pièce se trouve aussi dans *Masraḥ Nu'mān 'Āšūr*, al-Hay'a al-Miṣriyya al-'Āmma li-l-Kitāb, 2 t., 1974 et 1976, t. 2, p. 123-124.

Texte 54 (Yūsuf Idrīs, *al-Farāfīr*). Outre l'édition non datée utilisée, on peut signaler celle de Dār Miṣr li-l-Ṭibā'a, Maktabat Miṣr, 1984.

Texte 55 : à propos d'Alfrīd Farağ, crédité d'« au moins deux pièces en dialectal » : on peut en signaler au moins deux autres : *In-Nās illi taḥt, in-nās illi fō'*, Dār al-Nadīm, 1958 ; *Ġarāmiyyāt 'Aṭwa' Abū Maṭwa*, Dār Su'ād al-Ṣabāḥ li-l-Našr wa-l-Tawzī', al-Ṣafāt (Koweït), 1993. Sur la langue d'Alfrīd Farağ, voir Rāġib, 1986.

On a fait allusion plus haut à l'importance des traductions de pièces étrangères en arabe égyptien. Un exemple pourra l'illustrer, celui de *A Midsummer Night's Dream* de Shakespeare, qui a connu dans les dernières années au moins quatre traductions en arabe égyptien : par Samīr Sarḥān (*Ḥulm lēlit ṣēf*, 1984), Sayyid Rağab (*Ḥulm lēlit ṣēf*, 2003), 'Abd al-Raḥīm Yūsuf (*Ḥulm fi lēlit nuṣṣ iṣ-ṣēf*, Dār Ṣafṣāf li-l-Našr, 2016), Muḥammad 'Inānī (*Ḥulm lēlit ṣēf*, Dār Ṣafṣāf li-l-Našr, 2016).

La période moderne et contemporaine (1855-2009) : la poésie

La poésie (textes 62 à 72, p. 315-360) est un peu le parent pauvre de cette anthologie, avec les deux très brèves sections finales, 3 pages sur la publicité et 5 pages sur Internet. Mais il était sans doute impossible d'allonger démesurément une anthologie qui compte déjà 369 pages. La poésie est, du reste, la partie de la production écrite dialectale qui est à la fois la plus populaire et la plus reconnue (elle mériterait assurément à elle seule une anthologie à part), mais la discrétion de sa présence n'empêche pas l'ouvrage d'atteindre l'un de ses buts principaux : démontrer à la fois l'existence et la richesse de la production écrite en langue dialectale.

Seuls onze poètes sont représentés, sur des centaines qu'on pourrait aisément recenser. Parmi les absents, on peut penser à Kāmil Ḥusnī (1929-2008), Fu'ād Qā'ūd (1936-2006), 'Abd al-Raḥīm Manṣūr (m. 1984), Mursī Ğamīl 'Azīz (1921-1980), 'Abd al-Fattāḥ Muṣṭafā (1924-1984), Mas'ūd Šūmān (né en 1966, auteur de nombreux travaux – dont des bibliographies – sur la poésie dialectale égyptienne), sans parler de la jeune génération.

Appendice : Corrections

p. 12 (Table des matières), texte 27, b : ajouter « de Maǧdī al-Ǧābirī » ; p. 57,-2 : herausgegeben ; p. 69, l. 3 ما شل الله → ما شاء الله ; p. 116 supprimer la note ; 119, l. 9 : *masraḥiyya* → *riwāya* (?) ; p. 141 : supprimer les deux notes ; p. 272, l. 11 : *ḫamsmīt* (?). Enfin, les deux liens vers des sites Internet donnés p. 95 et 287 sont caducs.

Références bibliographiques

ʿAbd al-Hādī, Maǧdī, *il-Mōt fi l-ġarb. Riwāya bi-l-ʿāmmiyya l-miṣriyya*, Dār al-Āfāq li-l-Našr, Le Caire, 2009.

ʿAbd al-Malik, Kamāl, *Min rasāʾil al-Ǧāḥiẓ ilā taġrīdāt al-twītar. Dīwān al-naṯr al-ʿarabī ʿabra al-ʿuṣūr*, Smashwords Inc., 2016 ; http://pdf-ebooks.net/_/_/660263/from-the-epistles-of-jahiz-to-the-present-day-tweets-an-anth

ʿAbd al-Munʿim, Ṣafāʾ, *Min ḥalāwit ir-rūḥ*, Dār Ruʾya li-l-Našr wa-l-Tawzīʿ, Le Caire, 2001 (1re éd.); Dār Sanābil li-l-Našr, Le Caire, 2005 (2e éd.).

ʿAbduh, ʾIbrāhīm, *ʾAbū Naẓẓāra, ʾimām al-saḥāfa al-fukāhiyya al-muṣawwara wa-zaʿīm al-masraḥ fī Miṣr (1839-1912)*, Maktabat al-ʾĀdāb bi-Darb al-Ǧamāmīz, Le Caire, 1953 ; http://www.alarabimag.com/books/12864.pdf

Abū Sayf, Laylā Nasīm, *Naǧīb al-Rīḥānī wa-taṭawwur al-kūmīdyā fī Miṣr*, Dār al-Maʿārif, Le Caire, 1972 ; rééd. Maktabat Madbūlī, 2002.

al-Adfawī, Kamāl al-Dīn Ǧaʿfar (m. 1347), *al-Ṭāliʿ al-saʿīd al-ǧāmiʿ asmāʾ nuǧabāʾ al-Ṣaʿīd*, Saʿd Muḥammad Ḥasan (éd.), Tāhā al-Ḥāǧirī (révision), al-Dār al-Miṣriyya li-l-Taʾlīf wa l-Tarǧama, Le Caire, 1966 ; https://ia800902.us.archive.org/5/items/tali3-sa3id/tali3-sa3id.pdf

al-ʿĀdilī, ʿAmr, *Fīl biyatadarrab ʿa-l-insāniyya. Riwāya bi-l-ʿāmmiyya l-miṣriyya*, Dār Malāmiḥ li-l-Našr, Le Caire, 2010.

Armbrust, Walter, *Mass Culture and Modernism in Egypt*, Cambridge Studies in Social and Cultural Anthropology 102, Cambridge University Press, Cambridge, 1996.

ʿĀšūr, Raḍwā, *al-Ḥadāṯa al-mumkina. Al-Šidyāq wa-l-Sāq ʿalā al-sāq. Al-riwāya al-ʾūlā fī al-ʾadab al-ʿarabī al-ḥadīṯ*, Dār al-Šurūq, Le Caire, 2009 (1re éd.), 2012 (2e éd.) ; https://ia802700.us.archive.org/15/items/ketab1140/ketab1140.pdf

Avallone, Lucia, *Lingua araba: varietà e registri nella letteratura egiziana contemporanea*, Dottorato di ricerca in « Studi sul Vicino Oriente e Maghreb. Specificità culturali e relazioni interculturali », Università degli studi di Napoli « L'Orientale », Naples, 2011.

—, « Scrittori egiziani e vernacolo: scelte e obiettivi verso la costruzione di una letteratura nazionale (1858-1965) », *Kervan – International Journal of Afro-Asiatic Studies* 19, 2015, p. 113-134; http://www.ojs.unito.it/index.php/kervan/article/view/1673/1458

ʿAwaḍ, Luwīs, *Muzakkirāt ṭālib biʿsa*, écrit en 1942, a connu les éditions suivantes: al-Kitāb al-ḏahabī, Rūz al-Yūsif, Le Caire, 1965; al-Hay'a al-Miṣriyya al-ʿĀmma li-l-Kitāb, Le Caire, 1991; Kitāb al-Hilāl, Dār al-Hilāl, Le Caire, 2001.

Badawi, El-Said, « Arab Theatre and Language: The Continuing Debate », *The World Encyclopedia of Contemporary Theatre*, vol. 4: *The Arab World*, Rubin, Don (éd.), Routledge, Londres, New York, 1999, p. 19-24; rééd. Taylor & Francis e-Library, 2005; http://takfiknamati.tv/en/wp-content/uploads/2016/08/Don_Rubin_World_Encyclopedia_of_Contemporary_TheBookos.org_.pdf

Badawi, El-Said & Hinds, Martin, *A Dictionary of Egyptian Arabic. Arabic-English*, Librairie du Liban, Beyrouth, 1986.

Bahgat, 'Aḥmad, *Kilmitēn u bass*, Silsila šahriyya taṣduru ʿan maǧallat *al-Ǧadīd* 30, Maṭbūʿāt al-Ǧadīd, Wizārat al-Ṯaqāfa / al-Hay'a al-Miṣriyya al-ʿĀmma li-l-Kitāb, Le Caire, 1974.

Bakrī, Maḥmūd, *Yawmiyyāt ʿayyil kibīr. Mawāqif yawmiyya bi-šakl kūmīdī*, éd. électronique, ʿAṣīr al-Kutub li-l-Našr al-Iliktrūnī, 2014; http://www.book-juice.com/download/10199/

al-Baraddūnī, ʿAbdallāh, *Riḥla fī al-šiʿr al-yamanī qadīmihi wa ḥadīṯihi*, Dār al-ʿAwda, Beyrouth, 1978 (3e éd.); http://www.m-a-arabia.com/vb/showthread.php?t=14713

Baskerville, Jr., John Cornelius, *From Tahdhiib al-Amma to Tahmiish al-Ammiyya: In Search of Social and Literary Roles for Standard and Colloquial Arabic in Late 19th Century Egypt*, PhD diss., The University of Texas, Austin, 2009; https://repositories.lib.utexas.edu/bitstream/handle/2152/ETD-UT-2009-12-648/BASKERVILLE-DISSERTATION.pdf

Booth, Marilyn, « Colloquial Arabic Poetry, Politics, and the Press in Modern Egypt », *IJMES* 24, 3, 1992, p. 419-440; http://www.academicroom.com/article/colloquial-arabic-poetry-politics-and-press-modern-egypt

—, « Poetry in the Vernacular » *in* Badawi, M.M. (éd.), *Modern Arabic Literature, The Cambridge History of Arabic Literature*, Cambridge University Press, Cambridge, 1993 [Paperback 2006], p. 463-482.

Bovino, Nadia, *La Lingua e il fazzoletto della discordia: le traduzioni di Otello tra Arabo standard e dialetto egiziano*, Tesi di Laurea, Università Ca'Foscari, Venise, 2013-2014; http://dspace.unive.it/bitstream/handle/10579/6174/841718-1178425.pdf?sequence=2

Cachia, Pierre, « The Egyptian Mawwal: Its Ancestry, its Development and its present Forms », *Journal of Arabic Literature* 8, 1977, p. 77-103.

Cachia, Pierre, *Popular Narrative Ballads of Modern Egypt*, Clarendon Press, Oxford, 1989.

Czerska-Saumande, Dominika Anna, *L'engagement social des poètes égyptiens au tournant des XXe et XXIe siècles. La poésie en langue arabe littéral et en dialecte égyptien. Le cas de Fārūq Ǧuwayda, Fārūq Šūša, Aḥmad Fu'ād Naǧm, Ṣalāḥ Ǧāhīn*, thèse de doctorat, Inalco, Paris, 2014.

Davies, Humphrey, « Dialect Literature », *Encyclopedia of Arabic Language and Linguistics*, Versteegh, Kees *et al.* (éd.), vol. I, Brill, Leyde, 2006, p. 597-604.

De Angelis, Francesco, *La letteratura egiziana in dialetto nel primo novecento*, Jouvence, Rome, 2007 (Table des matières et introduction disponibles sur : http://www.arablit.it/lett_eg_dial.html)

Dorigo-Ceccato, R[osella], « Some Remarks on the Cartoons Contained in the Egyptian Satirical Newspaper *Abū Naẓẓāra Zarqā'* by Ya'qūb Sanū', 1839-1912 » *in* Vermeulen, Ugo & Van Reeth, Jan M.F. (éd.), *Law, Christanity and Modernism in Islamic Society*, Proceedings of the Eighteenth Congress of the Union européenne des arabisants et islamisants, held at the Katholieke Universiteit Leuven (September 3-9 1996), OLA 86, Peeters, Louvain, 1998, p. 235-258.

Dorigo, Rosella, « Riflessioni sull'uso dell'arabo parlato nella letteratura teatrale egiziana del primo novecento », *Annali di Ca' Foscari* 45, 2, 2006, p. 173-191.

Doss, Madiha, « Dialecte égyptien et questions de langue au XIXe siècle. Le cas de 'Abd Allāh Nadīm », *Matériaux arabes et sudarabiques*, nouvelle série 8, 1997, p. 143-170.

—, « Entre écrit vernaculaire et graphie latine : une identité partagée » *in* Charnet, Chantal (éd.), *Communications interculturelles et processus référentiels*, Publications de l'université Paul-Valéry – Montpellier III, Montpellier, 2001, p. 117-135.

Doss, Madiha & Davies, Humphrey (Madīḥa Dūs wa-Hamfrī Dayfiz), *al-'Āmmiyya al-miṣriyya al-maktūba. Muḫtārāt min 1401 'ilā 2009*, al-Hay'a al-Miṣriyya al-'Āmma li-l-Kitāb, Le Caire, 2013.

El-Farnawany, Refaat, *Ägyptisch-Arabisch als geschriebene Sprache: Probleme der Verschriftung einer Umgangssprache*, Diss. Nürnberg, Höfer & Limmert, Erlangen, 1981.

Fāḍil, Ǧihād, « Luwīs 'Awaḍ… wa-'āṣifat *Blūtūlānd* (*Ẓalla yudāfi'u 'an mašrū'iyyat 'adab al-'āmmiyya* 2, 2) », *al-Rāya* (hebdomadaire qatari) 11991, 7 mars 2015, p. 13 ; http://www.raya.com/File/Get/9e822379-3856-4757-b919-1dbe2f437e4c

al-Faḫarānī, 'Aḥmad, *Fī kull qalb ḥikāya*, Dār al-'Ayn, Le Caire, 2009.

Fahmy, Ziad Adel, *Popularizing Egyptian Nationalism: Colloquial Culture and Media Capitalism, 1870-1919*, PhD diss., University of Arizona, Tucson, 2007 ; http://arizona.openrepository.com/arizona/bitstream/10150/195746/1/azu_etd_2237_sip1_m.pdf

—, *Ordinary Egyptians: Creating the Modern Nation Through Popular Culture*, Stanford University Press, Palo Alto, CA, 2011.

Fanjul, Serafin, *El Mawwāl Egipcio: expresión literaria popular*, Instituto hispano-árabe de cultura, Madrid, 1976.

al-Ǧammāl, 'Aḥmad Muḥammad Ṣādiq, *al-Adab al-'āmmī fī Miṣr fī al-'aṣr al-mamlūkī*, al-Maktaba al-'Arabiyya, al-Dār al-Qawmiyya li-l-Ṭibā'a wa-l-Našr, Le Caire, 1966 ; publication de la thèse de l'auteur à l'université du Caire, faculté des lettres, 1962 ; rééd. al-Hay'a al-Miṣriyya al-'Āmma li-l-Kitāb, Ṭab'at Maktabat al-Usra, Le Caire, 2014.

Ghobrial, John-Paul A., *Mere Kalam Fadi? Language and Meaning in Modern Egyptian History*, M.Phil. Thesis in Modern Middle Eastern Studies, St Antony's College, University of Oxford Trinity, Oxford, 2004.

Ḥalīm, 'Īnās, *Taḥt al-sarīr (Ḥikāyāt wa-būrtrēhāt bi-l-'āmmiyya al-miṣriyya)*, Dār Kayān li-l-Našr wa al-Tawzī', Giza, 2014.

al-Ḫamīsī, Ḫālid, *Tāksī. Ḥawādīt al-mašāwīr*, Madīnat Naṣr, Dār al-Šurūq, Le Caire, 2006 (1re éd.), 2010 (18e éd.).

Hammouda, Abdul Aziz (avec Ahmed Zaki et 4 autres auteurs), « Egypt » *in* Rubin, Don (éd.), *The World Encyclopedia of Contemporary Theatre*, vol. 4 : *The Arab World*, Routledge, Londres, New York, 1999, p. 70-100 ; rééd. Taylor & Francis e-Library, 2005 ; http://takfiknamati.tv/en/wp-content/uploads/2016/08/Don_Rubin_World_Encyclopedia_of_Contemporary_TheBookos.org_.pdf

Ḥaqqī, Nuhā & 'Abd al-'Azīz, Ibrāhīm, *Rasā'il Yaḥyā Ḥaqqī 'ilā ibnatihi*, al-Hay'a al-Miṣriyya al-'Āmma li-l-Kitāb, Le Caire, 1997.

Ḥasan, Muḥammad Kamāl & al-Ḥusaynī, Muṣṭafā, *'Indamā 'asma'u kalimat 'mudawwana': muddawwanāt miṣriyya*, Dār Dawwin li-l-Našr wa-l-Tawzī', 2008 (?) ; 2011 ; 2014.

Ḥasan, Muḥammad Kamāl & al-Ḥusaynī, Muṣṭafā, *Qahwat al-miṣriyyīn*, Dār al-Šurūq, Le Caire, 2009.

Ḥiǧāb, 'Aḥmad Sulaymān, *Qāla Ibn 'Arūs. Ḥayātuhu wa 'azǧāluhu*, Maṭba'at al-Ṭibā'a wa-l-Našr, [s.d.], Le Caire, 1975.

'Imād, Dunyā, *Laysat 'aḏrā'. Riwāya bi-l-'āmmiyya al-miṣriyya*, éd. électronique, 2013 ; http://www.goodreads.com/book/show/18113117

—, *Hal yašfa'u al-ḥubb?*, 'Aṣīr al-Kutub li-l-Našr al-Iliktrūnī, 2014; http://www.book-juice.com/download/11828/

Inǧīl Yūḥannā bi-l-luġa l-miṣriyya l-'āmma [St John's Gospel – Egyptian Colloquial Arabic], Maṭba'at Al-Yaqaẓa ('alā nafaqat al-ǧam'iyya al-briṭāniyya wa-l-'aǧnabiyya), Le Caire, 1923.

Inǧīl bi-l-luġa l-miṣriyya (Il-ḫabar iṭ-ṭayyib bitā' Yasū' aw il-), al-qism al-ṯāliṯ wa al-qism al-rābi', *Bišārat Lūqā wa bišārat Yūḥannā*, Maṭba'at al-Nīl [inṭaba' fī maṭba'at al-Nīl al-Masīḥiyya], Le Caire, 1928 (2e éd.).

al-'Isēlī, 'Aḥmad, *Kitāb ma-lūš ism*, Dār al-Šurūq, Le Caire, 2009 (4e éd.).

Ismā'īl, Sayyid 'Alī, *Muḥākamat masraḥ Ya'qūb Ṣannū'*, al-Hay'a al-Miṣriyya al-'Āmma li-l-Kitāb, Le Caire, 2001 (1re éd.); Mu'assasat Hindāwī li-l-Ta'līm wa-l-Ṯaqāfa, Le Caire, 2016 (2e éd.); downloads.hindawi.org/books/20416902.pdf

'Izz al-dīn, Ḥamd, *Ḥulm 'amīra. Riwāya bi-l-'āmmiyya l-miṣriyya*, 'Aṣīr al-Kutub li-l-Našr al-Iliktrūnī, 2014; http://www.book-juice.com/download/9880/

Kern, Friedrich, « Neuere ägyptische Humoristen und Satiriker », *Mitteilungen des Seminars für Orientalische Sprachen an der Königlichen Friedrich-Wilhelms-Universität zu Berlin* 9, 2 [Jahrgang. 9, Zweite Abteilung: Westasiatische Studien], 1906, p. 31-73; https://archive.org/stream/bub_gb_6aQ1AQAAMAAJ/bub_gb_6aQ1AQAAMAAJ_djvu.txt

Kīlānī, Muḥammad Sayyid, *al-Adab al-miṣrī fī ẓill al-ḥukm al-'uṯmānī 922-1220 h., 1517-1805 m.*, Dār al-Farǧānī, Le Caire, Tripoli, Londres, 1965; http://www.almaktabah.net/vb/showthread.php?t=65467

Kīrah, Kamāl 'Abd al-Ḥamīd ('i'dād —, ra'īs maktab šu'ūn maḥkamat al-ṯawra), *Muḥākamat al-ṯawra. Al-kitāb al-sādis – al-maḍbaṭa al-rasmiyya li-maḥāḍir ǧalsāt maḥkamat al- ṯawra*, Maktab Šu'ūn Maḥkamat al- Ṯawra, Wizārat al-Iršād al-Qawmī, Maṣlaḥat al-Isti'lāmāt, Le Caire, 1954; https://ia801203.us.archive.org/17/items/MahkametAlthawrah06/MahkametAlthawrah06.pdf

Lagrange, Frédéric, « Jeux diglossiques et métalinguistiques dans le *Qanṭara llaḏī kafar* de Muṣṭafā Mušarrafa, premier roman en arabe dialectal cairote », *Arabica* 60, 6, 2013, p. 743-761; http://mapage.noos.fr/fredlag/FL-Arabica-2013.pdf

Landau, Jacob M., *Études sur le théâtre et le cinéma arabes*, Francine Le Cleac'h (trad.), Études arabes et islamiques, G. P. Maisonneuve et Larose, Paris, 1965.

—, « Popular Arabic Plays, 1909 », *Journal of Arabic Literature* 17, 1986, p. 120-125.

Langone, Angela D., « La question de la langue sur scène. Une comparaison entre Mārūn Naqqāš et Ya'qūb Ṣannū' » *in* Boustani, Sobhi & Germanos, Marie-Aimée (éd.) *La littérature arabe dialectale. Un patrimoine vivant*, Karthala, Paris, 2016a, p. 72-89.

—, *Molière et le théâtre arabe : Réception moliéresque et identités nationales arabes*, de Gruyter Mouton, Berlin, Boston, 2016b.

al-Ma'arrī, 'Abū al-'Alā' [m. 1057], *Risālat al-ġufrān*, tarǧama ['ilā al-lahǧa al-miṣriyya] Nārīmān Al-Šāmlī, al Kutub Ḫān li-l-Našr wa-l-Tawzī', Le Caire, 2016.

Makkāwī, Sa'd, *al-Mayyit al-ḥayy*, al-Hay'a al-Miṣriyya al-'Āmma li-l-Kitāb, Le Caire, 1973.

Malina, Renate, *Zum schriftlichen Gebrauch des Kairinischen Dialekts anhand ausgewählter Texte von Sa'daddīn Wahba*, K. Schwarz, Berlin, 1987.

Masri, Hisên Shafîq il-, Nûr, 'Abd is-Salaam 'Ali & Prasse, Karl.-G., *Adventures and Opinions of Hadji Darwîsh and Umm Ismâ'îl: Dictations Taken by Hisên Shafîq il-Masrî = Hawaadith wa- 'aaraa' al-Haagg Darwiish wa-'Umm 'Ismaa'iil*, 'Abd is-Salaam 'Ali Nûr (éd.), Karl-G. Prasse (roman transcription), Akademisk Forlag, Copenhague, 1980.

Mejdell, Gunvor, « The Elusiveness of *lugha wusṭā* – or Attempting to Catch its "True Nature" » *in* Bassiouney, Reem & Katz, E. Graham (éd.), *Arabic Language and Linguistics*, Georgetown University Round Table on Languages and Linguistics Series, Georgetown University Press, Washington, DC, 2012, p. 157-167.

Mestyan, Adam, « Arabic Theater in Early Khedivial Culture, 1868-72: James Sanua Revisited », *IJMES* 46, 1, 2014, p. 117-137 ; http://dukespace.lib.duke.edu/dspace/bitstream/handle/10161/12572/mestyan_Sanua_IJMES2014.pdf?sequence=1

Mu'āṭī, Yūsuf, *Kalām ubīḥa ǧiddan* [*wa bi-l-'āmmiyya l-miṣriyya*], Min al'adab al-sāḫir 31, al-Dār al-Miṣriyya al-Lubnāniyya, Le Caire, 2009 (3e éd.) ; http://files.books.elebda3.net/elebda3.net-gh-698.pdf

Muḥākamat Fu'ād Sarāg ad-dīn Bāšā, Salāḥ 'Īsā (éd.), Maktabat Madbūlī, Le Caire, vol. 1, 1983.

Mušarrafa, Musṭafā, *Qantara allaḏī kafar*, Kitāb 'Adab wa-Naqd 2, Maǧallat Adab wa-Naqd, Maṭābi' Šarikat Amal li-l-Ṭibā'a, Le Caire, 1991 ; rééd. al-Hay'a al-Miṣriyya al-'Āmma li-l-Kitāb, Maktabat al-Usra, Adab, 2012, livre du mois de la revue *al-Ṯaqāfa al-Ǧadīda* 266, décembre 2012 (*al-'Āmmiyya al-miṣriyya nasq ṯaqāfī lā yuzāḥimu al-fuṣḥā*).

al-Nadīm, 'Abdallah, *al A'dād al-kāmila li-maǧallat al-Ustāḏ*, 'Abd al-'Aẓīm Muḥammad Ramaḍān (éd.), 2 vol., al-Hay'a al-Miṣriyya al-'Āmma li-l-Kitāb, Markaz Waṯā'iq wa-Tārīḫ Miṣr al-Mu'āṣir, Dār al-Muqattam li-l-Našr wa-l-Tawzī', Le Caire, 1984 ; rééd. en fac-similé, Min Turāṯ 'Abdallah al-Nadīm, al-Hay'a al-Miṣriyya al-'Āmma li-l-Kitāb, Le Caire, 1994 ; autres éditions : fac-similé des nos 1 (24 août 1892) à 42 (13 juin 1893), Dār Kutubḫāna li-l-Našr wa-l-Tawzī',

Le Caire, 1985 ; vol. 1 et 2, Dār al-Fikr al-ʿArabī, 1998 ; vol. 1-25, 1315-1323 h, Dār al-Kutub al-ʿIlmiyya).

Niǧm, ʾAḥmad Fuʾād, *Il-Fāgūmī. Al-sīra al-ḏātiyya al-kāmila*, Dār al-Aḥmadī li-l-Našr, Le Caire, [s.d.] [2001], (2e éd.).

—, *Il-Fāgūmiyyāt*, Dar al-Ḥusām, Le Caire, al-Ġūriyya, 1998.

Prasse, Karl-G., Blandford, Katrine, Moestrup, Elizabeth A. & El-Shoubary, Imam (éd.), *5 masraḥiyyāt ʿarabiyya miṣriyya min faṣl wāḥid* [*5 Egyptian-Arabic One Act Plays*], Museum Tusculanum Press, Copenhague, 2000.

Prüfer, Curt, *Ein ägyptisches Schattenspiel [Liʿb el-dēr]: Inaugural-dissertation…*, Friedrich-Alexanders-Universität zu Erlangen, Univ. Buchdrückerei, E.Th. Jacob, 1906 ; https://archive.org/details/eingyptischesscooprgoog

Radwan, Noha M., *Egyptian Colloquial Poetry in the Modern Arabic Canon: New Readings of* Shiʿr al-ʿāmmiyya, Literatures and Cultures of the Islamic World, Palgrave MacMillan Springer, New York, 2012.

Rāġib, Nabīl, *Luġat al-masraḥ ʿinda ʾAlfrīd Faraǧ*, Dirāsāt adabiyya, al-Hayʾa al-Miṣriyya al-ʿĀmma li-l-Kitāb, Le Caire, 1986.

Rāʿī, ʿAlī al-, *Masraḥ al-šaʿb*, Dār Šarqiyyāt li l-Našr wa l-Tawzīʿ, Le Caire, 1993 ; rééd. 2006 [Ce livre reprend trois ouvrages précédemment publiés par l'auteur : *al-Kūmīdyā al-murtaǧala fī al-masraḥ al-miṣrī*, 1968 ; *Funūn al-kūmīdyā min ḫayāl al-ẓill ʾilā Naǧīb al-Rīḥānī*, 1971 ; *Masraḥ al-dam wa-l-dumūʿ. Dirāsa fī al-mīlūdrāmā al-miṣriyya wa-l-ʿālamiyya*, 1973].

Riyāḍ, Ḥusayn Maẓlūm & al-Ṣāḥibī, Muṣṭafā Muḥammad, *Tārīḫ ʾadab al-šaʿb. Našʾatuhu, taṭawwuruhu, ʾaʿlāmuhu*, Muḥammad Ḫalaf, Le Caire, 1936.

Rosenbaum, Gabriel M., « "Fuṣḥāmiyya": Alternating Style in Egyptian Prose », *Zeitschrift für Arabische Linguistik* 38, 2000, p. 68-87.

Rosenbaum, Gabriel M., « The Particles *ma* and *lam* and Emphatic Negation in Egyptian Arabic » *in* Arnold, Werner & Bobzin, Hartmut (éd.), *"Sprich doch mit deinen Knechten aramäisch, wir verstehen es!", 60 Beiträge zur Semitistik – Festschrift für Otto Jastrow zum 60. Geburtstag*, Harrassowitz, Wiesbaden, 2002, p. 583-598.

Rosenbaum, Gabriel M., « The Rise and Expansion of Colloquial Egyptian Arabic as a Literary Language » *in* Sela-Sheffy, Rakefet & Toury, Gideon (éd.), *Culture Contacts and the Making of Cultures: Papers in Homage to Itamar Even-Zohar*, Unit of Culture Research, Tel Aviv University, Tel-Aviv, 2011, p. 323-343 ; http://www.tau.ac.il/tarbut/Publications/IEZ-Homage/Even-Zohar_Homage_Book_Offprints/Rosenbaum_in_Even-Zohar_Homage_Book-2011.pdf

Rūmān, Mīḫā'īl, *Laylat maqtal Gīvārā al-ʿaẓīm*, Masraḥiyyāt ʿarabiyya, al-Hay'a al-Miṣriyya al-ʿĀmma li-l-Kitāb, Le Caire, 1972 ; http://files.books.elebda3.net/elebda3.net-gh-375.pdf

Saʿīd, Naffūsa Zakariyyā, *ʿAbd Allah al-Nadīm : bayna al-fuṣḥā wa al-ʿāmmiyya*, al-Dār al-Qawmiyya li-l-Ṭibāʿa wa-l-Našr, Alexandrie, 1966.

Sallām, Muḥammad Zaġlūl, *al-Adab fī al-ʿaṣr al-mamlūkī*, 2 vol., Dār al-Maʿārif, Alexandrie, 1970 [et non 1980 comme imprimé par erreur sur la couverture], 1971 ; https://archive.org/details/adab.mmloki_

Ṣannūʿ, Yaʿqūb, *'Abū Naḍḍāra Zarqā'*, vol. 4, 1882-1884 ; rééd. Dār Ṣādir, Beyrouth, 1974 ; https://archive.org/details/uufabnazraho4annyuoft

Shakespeare, William, *Ḥulm fī lēlit nuṣṣ il-ṣēf bi-l-ʿāmmiyya l-miṣriyya*, ʿAbd al-Raḥīm Yūsuf (trad.), Dār Ṣafṣāfa li-l-Našr, Le Caire, 2016.

Sharkey, Heather Jane, « Christian Missionaries and Colloquial Arabic Printing » *in* Sadgrove, Philip (éd.), *History of Printing and Publishing in the Languages and Countries of the Middle East, Journal of Semitic Studies*, Supplement 15, Oxford University Press, Oxford, 2004, p. 131-149 ; http://www.islamicmanuscripts.info/reference/articles/JSS-Sup-15-Printing/JSS-Supp-15-11-Sharkey-2004-131-149.pdf

Sharkey, Heather Jane (éd.), *Cultural Conversions: Unexpected Consequences of Christian Missionary Encounters in the Middle East, Africa, and South Asia*, Syracuse University Press, Syracuse, New York, 2013.

Schmitt, Éric-Emmanuel, *Ūskār wa-l-sayyida al-wardiyya* (*Oscar et la dame rose*), Muḥammad Ṣāliḥ (trad.), al-Dār li-l-Našr wa-l-Tawzīʿ, 2007 ; http://www.elbookar.com/2016/02/blog-post_57.html

Sittātī, ʿIṣām, *Muqaddima fī al-fulklūr al-qibṭī*, al-Hay'a al-Miṣriyya al-ʿĀmma li-l-Kitāb, Le Caire, 2014.

[Taymūr, Maḥmūd] *Mahmûd Taymûr: "Il-makhba' raqam talattâšar": An Annotated Phonemic Transcription by Stig T. Rasmussen*, Akademisk Forlag, Copenhague, 1979.

The Story of Anas al-Wujūd: Nineteenth-Century Verse Recensions of an Arabian Nights Tale in Egyptian Colloquial Arabic, introduced and edited by Mark Muehlhaeusler, Faenum Publishing, Oxford, OH, 2016.

al-Ṭūḫī, Nā'il, compte-rendu de Doss & Davies, 2013, *Aḫbār al-adab*, 10 août 2013 ; http://www.dar.akhbarelyom.com/issuse/detailze.asp?mag=a&field=news&id=7004

al-Tūnsī, Bayram, *Is-sayyid wi mrātu f-Barīs*. Les dates de publication sont incertaines. L'ouvrage a été édité au moins deux fois par al-Maktaba al-ʿAṣriyya, Saïda, Beyrouth, vraisemblablement en 1960 et dans les années 1970. Il a été réédité par Maktabat Miṣr, Le Caire, en 1986, 1990 et 1992 semble-t-il, et par al-Markaz al-ʿArabī li-l-Našr wa-l-Tawzīʿ, Alexandrie, en 1982 et (?) 1986. Enfin, comme supplément gratuit (*hadiyya*) du nº 266, décembre 2012, de *al-Ṯaqāfa al-ǧadīda*, al-Hay'a al-ʿĀmma li-Quṣūr al-Ṯaqāfa (*al-ʿĀmmiyya al-miṣriyya nasq ṯaqāfī lā yuzāḥimu al-fuṣḥā*).

Wāfī, ʿAlī ʿAbd al-Wāḥid, *al-Luġa wa-l-muǧtamaʿ*, Maktabat ʿUkāẓ, Ǧudda, 1983 (4ᵉ éd.) ; https://ia801905.us.archive.org/19/items/lib02237/lib02237.pdf

Woidich, Manfred, « Von der wörtlichen Rede zur Sachprosa : Zur Entwicklung der Ägyptisch-Arabischen Dialektliteratur » *in* Munske, Horst Haider (éd.), *Dialektliteratur heute – regional und international. Forschungskolloquium am Interdisziplinaren Zentrum fur Dialekte und Sprachvariation an der Friedrich-Alexander-Universität Erlangen-Nürnberg, 19-20 November 2009*, Friedrich-Alexander-Universität Erlangen, Nuremberg, 2010, p. 63-94 ; http://www.dialektforschung.phil.uni-erlangen.de/dialektliteratur

Woidich, Manfred & Landau, Jacob M. (éd.), *Arabisches Volkstheater in Kairo im Jahre 1909. Aḥmad ilFār und seine Schwänke*, Bibliotheca islamica 38, Franz Steiner Verlag, Stuttgart, Beyrouth, 1993 ; http://menadoc.bibliothek.uni-halle.de/ssg/content/titleinfo/701120

Yūnus, Muḥsin, *Ḥarf il-maṣraf, Qiṣṣa bi-l-luġa l-maṣriyya*, 2013 ; https://katabar.wordpress.com/2013/09/30/حرف-المصرف-قصة-باللغة-المصرية-لـ-محسن/

Yūsuf, Ḥusnī (al-muʿallim Yūsuf Abū Ḥaǧǧāǧ), *Muzakkirāt fituwwa*, préface de Ḫayr al-dīn al-Ziriklī, al-Maktaba al-Mulūkiyya (Maṭbaʿat al-ʿArabiyya ?), Le Caire, 1927 ; éd. en 3 parties : Maṭbaʿat al-Taqaddum, 1931 [1930 ?] [paru d'abord en feuilleton – en 1924 ? – dans *Al-Qāhira*].

Zack, Elisabeth, « The Use of Colloquial Arabic in Prose Literature: *Laban il ʿaṣfūr* by Yūsuf al-Qaʿīd », *Quaderni di Studi Arabi* 19, 2001, p. 193-219.

—, « *Liʿb al-manār*, an Egyptian Shadow Play: Some Comments on Orthography, Morphology and Syntax » *in* Den Heijer, Johannes, La Spisa, Paolo & Tuerlinckx Laurence (éd.), *Autour de la langue arabe. Études présentées à Jacques Grand'Henry à l'occasion de son 70ᵉ anniversaire*, Publications de l'Institut orientaliste de Louvain 61, Université catholique de Louvain, Institut orientaliste de Louvain, Peeters, Louvain, 2012, p. 333-351.

—, « The Use of the Egyptian Dialect in the Satirical Newspaper *Abu naḍḍāra zar'a* » *in* Durand, Olivier, Langone, Angela Daianna & Mion, Giuliano (éd.), *Alf lahǧa wa lahǧa : Proceedings of the 9th Aida Conference*, Neue Beihefte zur Wiener Zeitschrift für die Kunde des Morgenlandes 8, LIT Verlag, Vienne, Berlin, 2014, p. 465-478 ; https://pure.uva.nl/ws/files/1994462/140068_Zack_2014_Proceedings_AIDA_9.pdf

Zeidan, Joseph, « Modern Arab Theater: The Journey Back » *in* Boullata, Issa J. & DeYoung, Terri (éd.), *Tradition and Modernity in Arabic Literature*, vol. in memory of Professor Mounah A. Khouri, The University of Arkansas Press, Fayetteville, 1997, p. 173-192 ; traduit en arabe : Zaydān, Ǧūzīf, « al-Masraḥ al-ʿarabī al-ḥadīṯ. Al-riḥla 'ilā al-bidāyāt », Nazīh Qassīs (trad.), *al-Maǧalla, Journal of the Arabic Language Academy*, Haïfa, 1, 2010, p. 107-124, https://ia800205.us.archive.org/14/items/lis-group138/lis01489.pdf

Héba Machhour
Université du Caire, Faculté des lettres

Quand le Coran parle du temps

Je jure de par le temps
L'homme est sûrement en perdition
Le Coran[1]

Le travail de la pensée à l'œuvre en toute configuration narrative s'achève dans une refiguration de l'expérience temporelle.
Paul Ricœur (1985, 9)

Mémoire et régimes temporels

Au cours du XXe siècle, plusieurs chercheurs ont essayé d'aborder les textes sacrés en tant que textes présentant les spécificités de tout texte littéraire, tout en jouissant d'un trait particulier : le sacré. Louis Marin, dans les années 1970, a entrepris une lecture sémiotique d'extraits des Évangiles. Le texte sacré, à commencer par la Bible et les Évangiles, a ainsi attiré des

1. Puisque nous sommes dans l'impossibilité de reproduire la prosodie propre au texte du Coran, son aspect poétique et surtout toutes les significations des mots, leur polysémie, leurs nuances et la richesse sémantique de chaque signe de ce texte, nous ne pouvons oser en présenter une « traduction ». Nous proposons donc une « présentation » des versets du Coran en langue française, inspirée de celles proposées par les diverses « traductions » mentionnées en bibliographie avec des ajustements faits par nous. Nous essayons de transmettre les indices de personnes, de temps, et de transposer, autant que possible, grammaire, étymologie et nuances du texte. Le résultat n'est pas toujours satisfaisant. Il y aura toujours un « reste » non transmissible et sans doute des maladresses d'expression. Nous assumons tous ces risques et nous affirmons avec Miquel (1992, p. 390) qu'il n'y a « pas de texte plus souverain, plus libre de toute contrainte, de tout modèle que [le Coran] ».

chercheurs, sémioticiens, structuralistes et autres, pour des analyses du poin de vue de l'énonciation, de la narratologie, de la structure, du récit, etc. Si de essais d'approches similaires ont lieu actuellement pour le Coran, ils on en fait leurs racines dans les études philologiques et/ou stylistiques arabes علم البلاغة (*ʿilm al-balāġa*), science du discours et de la parole par excellence Al-Ǧurǧānī[2] ou des exégètes, comme al-Rāzī par exemple, présentent des éléments d'analyse du texte coranique à partir de ses vocables, de ses structures et de ses récits. Mais, en fait, ces éléments épars ne constituent pas le corps d'une méthode de lecture objective, consultant le texte sans s'imprégner de prime abord, de son caractère sacré.

À partir des acquis de nos recherches précédentes (Machhour, 2003 ; 2011) et inspirée d'un long parcours de complicité et de dialogue avec Madiha Doss sur texte et langue(s), nous essaierons de pratiquer une analyse immanente et synchronique du texte coranique pour lire son fonctionnement textuel et ses stratégies de génération de la signification.

« Immanente, la sémiotique que nous avons adoptée est aussi *structurale*. Tout discours oral ou écrit présuppose un système structuré de relations qui confère à ses éléments une forme et rend possible le sens. » (Groupe d'Entrevernes, 1977, p. 215)

Comme le suggérait Marin pour l'analyse des textes sacrés, il s'agit de proposer une méthode tenant compte des particularités du texte *et* des spécificités de son caractère sacré et universel, « une science ou un art de l'interprétation, une herméneutique [qui] devrait englober l'analyse structurale comme un de ses moyens parmi d'autres et la dépasser par une opération d'une toute autre ampleur, puisqu'elle viserait à expliciter à la fois le rapport que le lecteur d'aujourd'hui – toujours en quelque façon juif ou indo-européen – entretient avec les textes fondamentaux de sa propre culture, et aussi la portée d'universalité que ce rapport recèle » (Marin, 1994, p. 124).

Nous avons choisi de traiter du temps dans le texte coranique car nous considérons que l'étude de la temporalité est essentielle lors d'une approche d'un texte fondateur comme le Coran. Le temps, la mémoire et l'écriture sont, en fait, en rapport étroit et, comme l'explique Rastier (2006, p. 13) « [l]'empan temporel, la rémanence du passé et l'anticipation du futur sont

2. Dans son livre *Dalāʾil al-iʿǧāz*, par exemple, dans lequel il parle, entre autres, de discours et de parole, de textualité et de structuration.

évidemment nécessaires à l'intelligence narrative : ainsi le temps est-il sinon le premier des objets absents, du moins leur site ».

Temps et mémoire sont en relation duelle et continue, de rapport de forces, l'une cherchant inlassablement à pallier les dégâts causés par l'autre, l'un défiant constamment l'autre. Les processus de mémorisation et de remémoration consistent en premier lieu à juguler les effets négatifs du temps et à créer une économie permettant sa maîtrise. Par là, le langage et sa réalisation dans un texte prennent, obligatoirement et diversement, en charge le temps : temps « réel », représentation d'une réalité, de passages, de ruptures dans la continuité d'une narration et/ou d'un récit ; et temps de l'énonciation déployé et distribué dans le discours et dans des régimes temporels bien spécifiques à chaque texte. Modalités diverses et parcours multiples institués par la connexion incontournable : mémoire/temps. D'où l'importance de lire dans les textes le croisement de ces deux perspectives : la représentation de l'être-là au monde et la création de « régimes sémiotiques de temporalité » (Bertrand, Fontanille, 2006, p. 2) propres à chaque texte.

Le Coran interpelle l'homme et lui donne, dans le déroulement de son discours, le temps, l'égrène pour lui, le distribue et lui crée des repères dans le flux de la vie et des siècles. Comment ce texte raconte-t-il et représente-t-il le temps ? Comment procèdent parole et écriture coraniques pour établir des réseaux de signification entre/avec *temps* et *mémoire* ?

Dans ce qui suit, nous esquisserons son dispositif temporel à partir des signes et des réseaux en action. Cette esquisse proposera des jalons permettant d'aborder et de comprendre un texte pluriel et de voir comment ce texte maîtrise la relation au temps et à l'absence causée par l'oubli, afin d'envisager la vision islamique en rapport avec ce sujet.

Le concept de temps implique des unités diverses et différentes dans la réalité humaine. Les unités temporelles majeures du « temps réel » sont, bien sûr, les siècles, les générations, le temps historique, l'éternité, etc. Unités mesurables et temps en extension. Ces unités s'étendent du temps de la montre (seconde, minute, heure, jour, nuit) au temps des semaines et des mois (jours de la semaine, mois de l'année). Mais ces unités représentent aussi le temps des saisons, du climat, le temps biologique (étapes de la vie humaine, du stade fœtal aux différents âges), le temps agricole (les semences, les vendanges), etc. Ces unités temporelles sont en relation objective avec l'espace humain et l'évolution de l'homme sur un axe linéaire et phénoménologique procédant d'un avant vers un après et une fin. Mais l'homme entretient aussi des relations subjectives avec le temps, donnant lieu à une autre catégorie d'unités temporelles : hier, aujourd'hui, temps de rendez-vous, du souvenir, autrefois, jamais, bientôt, mais aussi temps de l'écriture, temps de la parole, temps de performance d'une activité donnée, etc. Le temps couvre et commande ainsi l'existence matérielle de l'homme et s'insinue dans tous les interstices, obligeant ce dernier à créer des modalités et des régimes temporels de mesure, d'organisation et de maîtrise. La représentation de ces unités et des schèmes temporels dans le discours a lieu à partir d'un réseau de significations et d'un lexique approprié, les nuances et les valeurs étant multiples, subtiles et souvent assez indéfinies.

La langue arabe exploite diversement le registre de la temporalité en essayant de suivre la mobilité, la variété et parfois l'indéfini de ses références. C'est surtout à partir des termes de temporalité, et non des temps verbaux, que nous aborderons la relation du texte coranique au temps. Jacques Escande (2006, p. 217) affirme à propos de la Bible que, « comme bien d'autres textes fondateurs des religions mais peut-être plus encore que d'autres, le livre sacré instaure le temps, sa propre temporalité, et explore les régimes temporels qu'il propose aux humains de vivre, de la création jusqu'à la fin des temps, en passant par tous les temps intermédiaires de la liturgie et de la vie quotidienne ».

Tout au long des versets du Coran, la distribution des termes temporels instaure deux régimes temporels majeurs : la temporalité de l'existant, l'être au monde avec son temps calendaire, chronique, biologique et chronologique dans une existence cosmique vouée à la finitude (temps du créé), et une temporalité transcendante, qu'Escande (2006, p. 220) nomme « temps mythique », temps absolu, présent et sur-présent d'une création continue et diffuse sans avant et sans après et en rapport avec le procès de l'énonciation et son Sujet (que nous nommerons temps du Créateur).

Comme nous allons le voir, le texte évacue certains termes temporels et en forge de nouveaux. Il exploite, au niveau du discours, des dizaines de termes désignant les différentes catégories temporelles déjà énumérées. Au niveau de l'énonciation, le texte établit un réseau temporel en relation avec l'essentiel et le particulier du procès d'énonciation d'un texte sacré. Il utilise des termes renvoyant à un temps parallèle, non vécu humainement.

Donner le temps

Donner le temps dans le texte coranique se fait en deux temps. Le texte présente, de prime abord, la notion même de temps, la possibilité de repères dans le flux temporel et la création du temps par l'acte même de la création tout court. Ainsi, le verset 5 de la sourate 10 décrit la création du soleil et de la lune dans un trajet de signification bien particulier, différent des autres séquences présentes dans le texte parlant des astres. Le soleil et la lune sont décrits dans ce verset à partir de leur mouvement cyclique permettant aux hommes de définir le temps et de déduire début et fin des années.

هُوَ الَّذِي جَعَلَ الشَّمْسَ ضِيَآءً وَالْقَمَرَ نُوراً وَقَدَّرَهُ مَنَازِلَ لِتَعْلَمُواْ عَدَدَ السِّنِينَ وَالْحِسَابَ مَا خَلَقَ اللّهُ
ذَلِكَ إِلاَّ بِالْحَقِّ يُفَصِّلُ الآيَاتِ لِقَوْمٍ يَعْلَمُونَ

C'est Lui qui a fait être le soleil une brillance et la lune une lumière, Il en a déterminé les phases afin que vous connaissiez le nombre des années et le comput; Dieu n'a créé cela que par la vérité, Il explicite les signes pour ceux qui savent.

Ce phénomène d'astronomie fondamentale énoncé dans le texte appose le sceau d'un pouvoir et d'un savoir donnés à l'homme : calculer, connaître la présence, le passage et les unités du temps. Par le soleil et la lune, par leur présence et par leur absence, par leur cycle immuable, par la lumière et l'obscurité, le texte présente au lecteur un repère premier et inégalable pour connaître le temps dans son passage et son accumulation en années. Cette unité temporelle, l'année, sera essentielle pour encadrer et régler la vie des hommes sur terre et la vie des croyants pour la pratique de leurs rites : l'année lunaire indique le moment du pèlerinage et du jeûne.

Plus loin, dans la sourate 17, le verset 12 expose, en une deuxième séquence du texte sur cet axe création/astres/temps, le « faire être » [جعل] de la nuit et du jour en tant que signes vers le savoir du temps.

وَجَعَلْنَا اللَّيلَ وَالنَّهَارَ آيَتَيْنِ فَمَحَوْنَا آيَةَ اللَّيلِ وَجَعَلْنَا آيَةَ النَّهَارِ مُبْصِرَةً لِتَبْتَغُواْ فَضْلاً مِّن رَّبِّكُمْ وَلِتَعْلَمُواْ
عَدَدَ السِّنِينَ وَالْحِسَابَ وَكُلَّ شَيْءٍ فَصَّلْنَاهُ تَفْصِيلاً

Et Nous avons fait de la nuit et du jour deux signes, ensuite Nous avons effacé le signe de la nuit et Nous avons fait le signe du jour visible afin que vous recherchiez le bienfait de votre Seigneur et que vous sachiez le nombre des années et le comput, et chaque chose Nous l'avons exposée en détail.

Dans ce verset, signes et temps sont entrelacés pour former un réseau de signification ténu et ponctuel. Le passage du jour à la nuit, du visible au non-visible, est un passage essentiellement temporel mais doit accéder à la signifiance. Car, si le temps est donné en ces deux versets à partir de son origine astronomique et cosmique, ce don est, par/dans le texte, signification et orientation : l'homme, comme le souligne la seconde séquence, doit s'activer vers un savoir, vers une action et vers une quête. Le passage, éphémère, s'avère être ainsi progrès, acquisition, décodage et organisation de la sphère humaine et terrestre en écho à la sphère céleste des astres.

Par le procès d'énonciation propre au texte et dans cette « événementialité donatrice » (Derrida, 1998, p. 158) qu'est l'écriture, le texte prodigue un savoir, des repères et un trajet initiaux à la création du réseau de la temporalité dans le texte coranique. Et la parole participe ainsi à régler, à « ponctualiser » cet *incalculable* qu'est le temps, dont nous verrons dans ce qui suit le déploiement de certaines de ses instances.

Le temps dans le paratexte

Réseau de sourates d'un premier axe de temporalité

En premier lieu, nous remarquons que les termes de temporalité ont une présence massive dans le texte coranique. Un premier réseau apparaît dans des titres de sourates : الْجُمُعَة *al-Ǧumuʿa* « Le vendredi », الْفَجْر *al-Faǧr* « L'aube », ألليل *al-Layl* « La nuit », الضُّحَى *al-Ḍuhā* « Le jour naissant » et الْعَصْر *al-ʿAṣr* « Le temps, déclin du jour ». Ces titres présentent des repères temporels sur la carte d'existence de l'homme en général et du croyant en particulier. Ces « moments » sont présents à longueur de journée comme ils sont des moments de recueillement, de prière en début, en fin de jour ou en mi-journée, sur toute la semaine du croyant, le vendredi étant le jour d'une prière hebdomadaire particulière. Ces repères temporels précis sont ainsi des moments de ressourcement spirituel répartis sur le calendrier et l'horloge du croyant. Ce réseau de sourates situé dans le paratexte, au seuil, fait déjà fusionner temps *et* rituel sacré.

La dernière sourate de ce réseau a pour titre الْعَصْر *al-ʿAṣr* (103). Ce terme a deux acceptions en langue arabe : la première est le nom de la troisième prière, centrale (dans la série des cinq prières) et située en mi-journée.

La deuxième acception est plus complexe. La racine ʿṢR signifie presser avec force pour produire la pluie (à partir des nuages) ou un jus (à partir des fruits), mais elle signifie aussi le temps au sens absolu – au sens de الدهر *al-dahr* – et ayant pour pluriel عصور *ʿuṣūr*, les siècles ou les générations (*Lisān al-ʿarab*, 6, p. 279). Dans la sourate 103, le premier verset est un serment composé du seul terme du titre : وَالْعَصْرِ *wa-l-ʿaṣr*. Le second verset est une affirmation, renforcée par le serment initiateur (l'astérisque marquant la fin d'un verset) :

وَالْعَصْرِ * إِنَّ الإِنسَانَ لَفِى خُسْرٍ * إِلاَّ الَّذِينَ آمَنُواْ وَعَمِلُواْ الصَّالِحَاتِ وَتَوَاصَوْاْ بِالْحَقِّ وَتَوَاصَوْاْ بِالصَّبْرِ

Je jure de par le temps (1) *L'homme est sûrement en perdition* (2) *sauf ceux qui sont devenus croyants, qui ont accompli les bonnes œuvres et qui se sont recommandé mutuellement la vérité et se sont recommandé mutuellement l'endurance [la patience]* (3)

Cette sourate, composée uniquement de trois versets, est succincte, rapide – de par une urgence temporelle ?! – et oppose l'homme au temps dans un défi et une alternative de perte ou de gain, d'un faire-bien (de croyance) opposé à un non-faire implicite dans le discours. Le temps est ainsi valorisé, en opposition à la fuite et à la perte, par la foi et par une action cumulative.

Réseau d'un second axe : les sourates de l'événement

Vis-à-vis de ce temps cyclique et régulier, affiché au seuil des sourates, il y a aussi le temps de la rupture, à savoir celui de l'événement. L'événement étant ce qui arrive dans un espace/temps unique, il constitue un moment de bouleversement dans la régularité temporelle. Nous lisons ainsi dans le texte un second réseau de titres de sourates dédié à l'événement.

Ce moment de rupture enregistré comme Nom de sourates renvoie dans un premier cas à des événements capitaux et déterminants sur le trajet du Prophète. Ce sont alors les sourates *al-Isrâ'* « Le voyage nocturne », الْحَجُّ *al-Ḥağğ* « Le pèlerinage », الفَتْح *al-Fatḥ* « La victoire » ou « L'ouverture victorieuse »), القَدْر *al-Qadr* « La destinée ». Dans un second temps, c'est l'événement en tant que moment unique, incontournable et définitif pour l'homme, celui du Jour dernier, du nom de la première sourate de ce réseau : الْوَاقِعَةُ *al-Wāqiʿa* « L'événement ». Ce réseau comprend une série de onze sourates dans le dernier tiers du Coran, sourates titrées par les différents noms de ce Jour majeur pour le croyant : الْوَاقِعَةُ *al-Wāqiʿa* « L'événement », الْحَشْر *al-Ḥašr* « Le regroupement forcé », الْحَاقَّةُ *al-Ḥāqqa* « La confirmation », الْقِيَامَة *al-Qiyāma* « La résurrection », النبأ *al-Naba'* « La nouvelle » ou « L'annonce », التكوير *al-Takwīr* « L'enroulement », الانفطار *al-Infiṭār* « La rupture », الانشقاق *al-Inšiqāq* « La déchirure », الْغَاشِيَة *al-Ġāšiya* « L'enveloppante », الزلزلة *al-Zalzala* « Le séisme » et الْقَارِعَةُ *al-Qāriʿa* « La fracassante ».

Vers la fin du Livre, le rythme s'accélère donc et le Jour dernier se fait de plus en plus présent dans le texte / pour le lecteur. Ces onze titres, finalisant le parcours de lecture, introduisent des sourates énoncées sous le signe d'une temporalité grammaticale unique : le présent. L'événement ici est un moment décisif, final sur l'axe linéaire de la temporalité humaine tout en étant pluri-sémique, caractérisé par des sèmes sismique, sonore, visuel, etc. L'élément stylistique récurrent dans toutes ces sourates est le moment événementiel : *le jour où*, *l'heure où*.

Du lexique de la temporalité

Avant d'aborder l'analyse de ce réseau, nous voudrions présenter quelques éléments du lexique coranique en relation avec le temps. Nous avons déjà considéré § 3.1 le terme الْعَصْر *al-ʿaṣr*. Nous lirons maintenant le terme clé ألوقت *al-waqt* « le temps ». Ce terme est plutôt rare dans le texte coranique. Dans les 114 sourates du Coran, il apparaît dans deux sourates seulement (15, 37 et 38 ; 38, 80 et 81) et de manière identique en tant que substantif défini dans une expression bien structurée. Cette expression s'inscrit dans une adresse à Iblīs « Satan » :

قَالَ فَإِنَّكَ مِنَ الْمُنظَرِينَ ❋ إِلَىٰ يَوْمِ الْوَقْتِ الْمَعْلُومِ

Il [Dieu] dit : Tu seras alors parmi les sursitaires ❋ Jusqu'au jour du temps défini

Ce moment annoncé à Iblīs dans les deux sourates est un moment unique, défini, précis et bien connu : مَعْلُوم *maʿlūm* surtout de la part du Sujet de l'énonciation. Le temps dans ce contexte est donc une temporalité bien ponctuelle, particulière et non générale.

Le terme وقت *waqt* est de même employé en tant que substantif relativisé par un possessif وقتها *waqtihā* /son propre temps /, dans (7, 187), pour préciser un temps défini, comme réponse à ceux qui demandent des informations au sujet du Jour dernier ou, comme le texte le précise, السَّاعَة *al-Sā'a* « l'Heure ». Dieu dit à son prophète de leur répondre que

يَسْأَلُونَكَ عَنِ السَّاعَةِ أَيَّانَ مُرْسَٰهَا قُلْ إِنَّمَا عِلْمُهَا عِندَ رَبِّي لَا يُجَلِّيهَا لِوَقْتِهَآ إِلَّا هُوَ

Ils te questionnent au sujet de l'Heure [du Jour dernier]; Mon Seigneur en a connaissance, nul autre que Lui ne la rendra clairement manifeste en son temps [...]

Par ailleurs, nous lisons dans le texte 10 occurrences de termes ayant pour racine WQT : ألوقت *al-waqt* (2 fois), لِوَقْتِهَآ *li-waqtihā*, موقوت *mawqūt*, مواقيت *mawāqīt*, ميقات *mīqāt* (3 fois), ميقاتا *mīqātan*, لميقاتنا *li-mīqātinā* (2 fois), ميقاتهم *mīqātuhum*, أُقِّتَتْ *uqqitat*.

Les termes مَّوْقُوتً *mawqūt* et مَوَاقِيتُ *mawāqīt* sont des dérivés (singulier et pluriel) de la racine WQT pour définir une temporalité précise, obligatoire pour la réalisation de rites islamiques (prières, pèlerinage, etc.).

فَإِذَا قَضَيْتُمُ الصَّلَوٰةَ فَاذْكُرُواْ اللَّهَ قِيَاماً وَقُعُوداً وَعَلَىٰ جُنُوبِكُمْ فَإِذَا اطْمَأْنَنتُمْ فَأَقِيمُواْ الصَّلَوٰةَ إِنَّ الصَّلَوٰةَ كَانَتْ عَلَى الْمُؤْمِنِينَ كِتَٰباً مَّوْقُوتاً

Quand vous avez accompli la prière, invoquez alors Dieu que ce soit debout, assis ou étendus sur le côté; une fois la sécurité retrouvée, accomplissez alors [normalement] la prière car la prière est prescrite aux croyants à des heures bien déterminées (4, 103)

يَسْأَلُونَكَ عَنِ الأَهِلَّةِ قُلْ هِيَ مَوَاقِيتُ لِلنَّاسِ وَالْحَجِّ وَلَيْسَ الْبِرُّ بِأَن تَأْتُواْ الْبُيُوتَ مِن ظُهُورِهَا وَلَٰكِنَّ الْبِرَّ مَنِ اتَّقَىٰ وَأْتُواْ الْبُيُوتَ مِنْ أَبْوَابِهَا وَاتَّقُواْ اللَّهَ لَعَلَّكُمْ تُفْلِحُونَ

Ils t'interrogent au sujet des croissants lunaires, dis : ils sont des repères pour mesurer le temps (mawāqīt) *pour les hommes et pour le pèlerinage; la piété ne consiste nullement à s'introduire dans les maisons par la porte de derrière, mais la piété est dans la crainte révérencielle [de Dieu], accédez à vos demeures par leurs portes et craignez Dieu afin que vous réussissiez* (2, 189)

Un terme important, faisant coïncider espace/temps, cumulant les éléments d'une rupture catégorielle (le temporel et le local) et appartenant en propre au lexique coranique, est le terme مِيقَاتُ *mīqāt*, espace/temps du rendez-vous.

Le *mīqāt* مِيقَاتُ est le lieu et le moment précis, désignés en vue d'une action précise et ayant pour référence unique dans le texte, dans toutes ses occurrences, le rapport direct à Dieu. Dans la sourate 7, trois occurrences de ce terme désignent l'espace/temps du rendez-vous entre Dieu et son prophète Mūsā (142, 143 et 155). Prophète de la Lettre et de la Voix, Moïse est le seul humain convoqué dans un espace/temps précis pour entrer en contact, sans intermédiaire, de vive voix, avec le divin. D'ailleurs, ce terme est toujours écrit, dans ce contexte, en relation avec le Nous : c'est le rendez-vous avec son Seigneur :

وَوَاعَدْنَا مُوسَىٰ ثَلاَثِينَ لَيْلَةً وَأَتْمَمْنَاهَا بِعَشْرٍ فَتَمَّ مِيقَاتُ رَبِّهِ أَرْبَعِينَ لَيْلَةً وَقَالَ مُوسَىٰ لأَخِيهِ هَارُونَ اخْلُفْنِي فِي قَوْمِي وَأَصْلِحْ وَلاَ تَتَّبِعْ سَبِيلَ الْمُفْسِدِينَ * وَلَمَّا جَاءَ مُوسَىٰ لِمِيقَاتِنَا وَكَلَّمَهُ رَبُّهُ قَالَ رَبِّ أَرِنِي أَنظُرْ إِلَيْكَ قَالَ لَن تَرَانِي وَلَـٰكِنِ انظُرْ إِلَى الْجَبَلِ فَإِنِ اسْتَقَرَّ مَكَانَهُ فَسَوْفَ تَرَانِي فَلَمَّا تَجَلَّىٰ رَبُّهُ لِلْجَبَلِ جَعَلَهُ دَكًّا وَخَرَّ مُوسَىٰ صَعِقًا فَلَمَّا أَفَاقَ قَالَ سُبْحَانَكَ تُبْتُ إِلَيْكَ وَأَنَاْ أَوَّلُ الْمُؤْمِنِينَ

Et Nous donnâmes rendez-vous à Mūsā après trente nuits et Nous les complétâmes par dix [autres], le mīqāt *de son Seigneur s'accomplit en quarante nuits ; et Mūsā dit à son frère Hārūn : remplace-moi auprès de mon peuple, agis pour le bien et ne suis pas la voie des corrupteurs* (142) *Et quand Mūsā arriva à Notre* mīqāt *et que son Seigneur lui parla, il dit : mon Seigneur fais-moi voir que je Te regarde ; Il dit : tu ne Me verras pas mais regarde la montagne, si elle reste stable à sa place, tu Me verras alors ; et quand son Seigneur se manifesta à la montagne, Il la pulvérisa et Mūsā s'effondra foudroyé ; quand il eut repris connaissance il dit : Gloire à Toi ! Je reviens à Toi et je suis le premier des croyants* (143)

وَاخْتَارَ مُوسَىٰ قَوْمَهُ سَبْعِينَ رَجُلاً لِّمِيقَاتِنَا فَلَمَّا أَخَذَتْهُمُ الرَّجْفَةُ قَالَ رَبِّ لَوْ شِئْتَ أَهْلَكْتَهُم مِّن قَبْلُ وَإِيَّايَ أَتُهْلِكُنَا بِمَا فَعَلَ السُّفَهَاءُ مِنَّا إِنْ هِيَ إِلاَّ فِتْنَتُكَ تُضِلُّ بِهَا مَن تَشَاءُ وَتَهْدِي مَن تَشَاءُ أَنتَ وَلِيُّنَا فَاغْفِرْ لَنَا وَارْحَمْنَا وَأَنتَ خَيْرُ الْغَافِرِينَ

Et Mūsā choisit soixante-dix hommes [de] son peuple pour Notre mīqāt *; quand ils furent pris par le cataclysme il dit : mon Seigneur si Tu avais voulu Tu les aurais fait périr et moi avec eux avant cela : nous fais-Tu périr pour ce que des insensés parmi nous ont fait ? Ce n'est qu'une épreuve de Ta part par laquelle Tu égares qui Tu veux et Tu guides qui Tu veux ; Tu es notre protecteur, absous-nous alors et donne-nous miséricorde et Tu es le meilleur des absoluteurs* (155)

Dans un autre lieu du texte, le terme ميقات *mīqāt* désigne aussi, l'espace/temps du rendez-vous commun à tous lors du Jour dernier en présence de Dieu (56, 49 et 50 ; 26, 38 ; 78, 17 ; 44, 40).

قُلْ إِنَّ الأَوَّلِينَ وَالآخِرِينَ ❋ لَمَجْمُوعُونَ إِلَىٰ مِيقَاتِ يَوْمٍ مَّعْلُومٍ

Dis : En fait les premiers et les derniers ❋ seront réunis au rendez-vous d'un Jour connu (56, 49 et 50)

فَجُمِعَ السَّحَرَةُ لِمِيقَاتِ يَوْمٍ مَّعْلُومٍ

Et les magiciens furent ainsi réunis au rendez-vous d'un Jour connu (26, 38)

Dans le texte le *mīqāt* مِيقَاتُ s'avère être ainsi une temporalité unique et inimitable dans le cours du temps, reliée à un espace précis et fonctionnant comme point d'interaction entre l'Absolu et l'humain. Par la suite, dans la culture islamique contemporaine, le *mīqāt* مِيقَاتُ est un lieu en terre du Hedjaz par lequel doit transiter le pèlerin et dans lequel il concrétise, par des ablutions et une prière, le moment de sa purification et du début du rite du pèlerinage.

En dernier lieu, et dans les dernières sourates en relation directe avec la description du Jour dernier, nous lisons le terme أُقِّتَتْ *uqqitat*. Dans l'énumération des signes caractérisant ce Jour, figure l'interpellation chronométrée des messagers en leur qualité de témoins :

وَإِذَا الرُّسُلُ أُقِّتَتْ

Et quand les messagers seront (uqqitat) *interpellés à leur heure assignée* (77, 11)

Sourates et temporalité de l'événement

Le régime temporel des sourates du réseau de l'événement est, lui, bien particulier. Comme nous l'avons déjà souligné, la dominance est accordée au temps du présent mais c'est un présent bien distinct du présent existentiel soumis à la flèche du temps : passé → présent → futur. La première sourate du réseau du Jour dernier est الْوَاقِعَةُ *al-Wāqiʿa* (56) : *Celle qui advient/*

survient/tombe. Déplacement dans l'espace, d'un lieu supérieur vers un niveau inférieur, l'événement ici « rabaisse et élève » (verset 3) خَافِضَةٌ رَّافِعَةٌ et fait trembler. C'est un événement essentiellement déstabilisant en vue d'un équilibre et d'une stabilité finaux et finis.

Les scènes décrites dans cette sourate décrivent l'espace/temps du paradis et de l'enfer selon le destin particulier de chacun. Le temps employé est un présent sur-temporel :

قُلْ إِنَّ الأَوَّلِينَ وَالآخِرِينَ ❋ لَمَجْمُوعُونَ إِلَىٰ مِيقَاتِ يَوْمٍ مَّعْلُومٍ

Dis : Les premiers et les derniers (49) *sont en fait rassemblés pour le* mīqāt *d'un jour connu* (50)

Et, quelques versets plus loin :

نَحْنُ قَدَّرْنَا بَيْنَكُمُ الْمَوْتَ وَمَا نَحْنُ بِمَسْبُوقِين ❋ عَلَىٰ أَن نُّبَدِّلَ أَمْثَـٰلَكُمْ وَنُنشِئَكُمْ فِي مَا لاَ تَعْلَمُونَ

Nous avons décidé de la mort parmi vous et Nous ne sommes pas devancés (60) *Pour vous remplacer par vos semblables et vous faire exister en ce que vous ne savez pas* (61)

Le présent de la scène du Jour dernier, dans ce rendez-vous, répond en écho dans le texte au présent de l'énonciation de l'impératif /قل/ « Dis ! » Deux espace/temps, disjoints/conjoints, et sans cesse présentifiés par le pouvoir de la parole dans le texte : ce que l'on entend/apprend par le texte – par l'injonction adressée au prophète intermédiaire chargé d'un dire – est en instance de présence dans ce que l'*on ne sait pas* – l'inconnu d'un temps absent. Nous verrons dans les autres sourates de ce réseau le déploiement de ce présent et son a-position (au sens négatif du préfixe *ad*) par rapport à d'autres temps possibles (passé, futur).

Structures liminaires

Quatre types de structures liminaires commandent les sourates de ce réseau.

La première structure est caractéristique du discours coranique : 1) terme *x* ; 2) qu'en est-il de *x* ; 3) que sais-tu de *x*. Formulation stylistique récurrente du texte coranique, cette structure consiste à mettre en relief un terme-clé problématique (à savoir *x*) et à le poser comme hypothèse dans un questionnement rhétorique et métaphysique en vue d'une explicitation proposée par le texte qui suit. Nous lisons cette structure dans les incipit des sourates 69 et 101, comme nous pouvons la lire insérée dans d'autres sourates du même réseau. La première des sourates présentant cette formule pose une question sur le jour de confirmation de tout ce qui a été renié (la résurrection, le Jugement dernier, etc.), الْحَاقَّةُ *al-Ḥāqqa* « La confirmation » (69) :

الْحَاقَّةُ ❋ مَا الْحَاقَّةُ ❋ وَمَآ أَدْرَاكَ مَا الْحَاقَّةُ

La confirmation (1) *Qu'est-ce que la confirmation* (2) *Que sais-tu de la confirmation* (3)

Ce titre est un des noms-attributs du Jour dernier : révélation et confirmation. De même, la sourate 101 s'interroge à propos d'un autre des noms-attributs du Jour dernier, الْقَارِعَةُ *al-Qāri'a* « La fracassante », terme désignant le bruit fracassant, assourdissant et assaillant les humains :

الْقَارِعَةُ ❋ مَا الْقَارِعَةُ ❋ وَمَآ أَدْرَاكَ مَا الْقَارِعَةُ

La fracassante (1) *Qu'est-ce que la fracassante* (2) *Que sais-tu de la fracassante* (3)

La seconde structure est celle du serment rhétorique, formule stylistique proprement coranique joignant serment et négation.

لاَ أُقْسِمُ بِيَوْمِ الْقِيَامَةِ ❋ وَلاَ أُقْسِمُ بِالنَّفْسِ اللَّوَّامَةِ ❋ يَحْسَبُ الإِنسَانُ أَلَّن نَّجْمَعَ عِظَامَهُ

Non, je jure de par le Jour de la résurrection ❋ *Et non, je jure de par l'âme qui ne cesse de se blâmer* ❋ *L'homme croit-il que jamais Nous ne rassemblerons ses os* (75, 1 à 3)

Cette forme stylistique ne se limite pas aux incipit, elle intervient dans le corps même d'autres sourates de ce réseau (56, 75 et 76 ; 69, 38 et 39 ; 81, 15, et 84, 16) :

فَلَا أُقْسِمُ بِمَوَاقِعِ النُّجُومِ ۞ وَإِنَّهُ لَقَسَمٌ لَّوْ تَعْلَمُونَ عَظِيمٌ

Non ! J'en jure par les positions des étoiles ۞ *Et c'est un serment vraiment solennel, si vous saviez* (56, 75-76)

فَلَا أُقْسِمُ بِمَا تُبْصِرُونَ ۞ وَمَا لَا تُبْصِرُونَ

Non ! J'en jure par ce que vous voyez ۞ *Et par ce que vous ne voyez pas* (69, 38-39)

La troisième structure est celle de l'interrogation. Dans la sourate 78 النبأ *al-Naba'* « La nouvelle » ou « L'annonce », les premiers versets concernent un sujet lancinant, qui hante les esprits et provoque la division : le savoir sur l'Inconnu. Celui-ci peut être le Coran, livre problématique pour ceux qui y croient et pour ceux qui n'y croient pas. Mais l'Inconnu peut être aussi le Jour dernier et la résurrection qui sont de même des questions cherchant des réponses auprès d'un Sujet omniscient.

عَمَّ يَتَسَاءَلُونَ ۞ عَنِ النَّبَإِ الْعَظِيمِ ۞ الَّذِي هُمْ فِيهِ مُخْتَلِفُونَ ۞ كَلَّا سَيَعْلَمُونَ

À propos de quoi s'interrogent-ils ? (1) *À propos de la grande nouvelle* (2) *Au sujet de laquelle ils sont en désaccord* (3) *Mais non, ils vont savoir* (4)

Plus loin, dans la sourate 88, الْغَاشِيَة *al-Ġāšiya* « L'enveloppante », Dieu pose une question au sujet du savoir dont Il possède les clés :

هَلْ أَتَاكَ حَدِيثُ الْغَاشِيَةِ ۞ وُجُوهٌ يَوْمَئِذٍ خَاشِعَةٌ

As-tu reçu le récit de l'enveloppante? (1) *Ce jour-là des visages sont soumis* (2)

L'interrogation pose alors, au seuil des sourates, les sèmes de l'événement en tant que mystère, surprise et recouvrement intégraux pour toute la création.

La quatrième et dernière structure commandant les débuts de sourates de ce réseau est la plus récurrente. Elle est constituée du terme même de la temporalité et de la ponctualité d'un événement indubitable : /إذا/ /*idā*/, /quand/. Dans les sourates 56, 81, 82, 84 et 99, les premiers versets débutent par cet adverbe de temps qui se poursuit dans un chapelet répétitif. C'est le tempo de l'advenir d'une action soudaine, caractérisé par le martèlement de la surprise et de la présentification dans un discours décrivant un ici/maintenant. Ainsi dans la sourate 56, nous lisons une double occurrence espacée (versets 1 et 4) :

إِذَا وَقَعَتِ الْوَاقِعَةُ ❋ لَيْسَ لِوَقْعَتِهَا كَاذِبَةٌ ❋ خَافِضَةٌ رَّافِعَةٌ ❋ إِذَا رُجَّتِ الأَرْضُ رَجًّا

Lorsque s'accomplira l'événement ❋ *Nul n'en contestera son accomplissement* ❋ *Il rabaisse et élève* ❋ *Lorsque la terre sera violemment secouée*

Par contre, dans la sourate 81, nous lisons 12 versets débutant par إذا *idā*. Le rythme va décroissant dans cette série de sourates : 4 occurrences dans la sourate 82, deux occurrences dans la sourate 84 et le premier verset seulement dans la sourate 99 :

إِذَا زُلْزِلَتِ الأَرْضُ زِلْزَالَهَا

Lorsque la terre tremblera d'un violent tremblement (99, 1)

Ces quatre structures bien particulières, jouissant d'un impact rhétorique de forte densité, procurent aux sourates de ce réseau, et *a fortiori* à leur contenu conceptuel, une intensité sémantique et textuelle commandant l'intégralité du texte.

Temporalité de l'événement

Au niveau de la temporalité de l'événement, la sourate 81 التكوير *al-Takwīr* « L'enroulement », s'avère être le foyer actif d'une temporalité particulière annoncée à coups de moments décisifs. Les 12 moments (dans une sourate de 29 versets) scandés par إذَا *idā* sont en fait ceux de bouleversements dans le cours régulier de la création. Mouvement des astres, mobilité des montagnes, cycle de procréation, rassemblement et dispersion, remise en question des responsabilités, tout le cosmos bien réglé des humains est bouleversé à partir de l'enroulement du soleil et le retrait de sa lumière. Et, par conséquent, l'abolition du temps qui fut donné en relation avec cet astre et sa lumière (10, 5 ; 17, 12). Ces moments multiples et précis de rupture de l'ordre universel aboutissent au verset 14 :

عَلِمَتْ نَفْسٌ مَّآ أَحْضَرَتْ

Toute âme sait ce qu'elle apporte

C'est toujours le sur-présent d'un espace/temps autre *et* présent, temporalité d'un savoir ultime et complet, annoncé

إِنَّهُ لَقَوْلُ رَسُولٍ كَرِيمٍ

Dans le propos d'un messager généreux (19)

Ce propos et cette parole sont définis en fin de sourate :

إِنْ هُوَ إِلاَّ ذِكْرٌ لِّلْعَالَمِينَ

Ceci (ce propos) n'est qu'un rappel pour les êtres de l'univers (27)

Ainsi, cet événement, qui se doit de survenir dans un monde de finitude, est surprenant mais n'est pas une véritable surprise, car il a été déjà annoncé dans une parole-texte d'avertissement et ce jour de rupture semble alors être un *miqāt* ميقات annoncé par des signes présents dans le texte et dans le monde.

En fait, la rupture événementielle semble se réaliser en premier lieu sur l'axe d'expression de la temporalité. Car, dans toutes les sourates de ce réseau, il y a une temporalité autre et distincte instaurée par le texte. La description de l'événement (Le Jour Dernier) et de l'après-événement (la résurrection et l'après-vie) est toujours faite au présent. Dans ces sourates, l'actant sujet est soit l'homme, الأنسان *al-insān* (sourate 75, versets 3, 5, 10, 13, 14 et 36 ; sourate 82, verset 6 ; sourate 84, verset 6 ; sourate 99, verset 3) :

يَٰأَيُّهَا الإِنسَٰنُ مَا غَرَّكَ بِرَبِّكَ الْكَرِيم

Ô toi l'homme ! Qu'est-ce qui te fait douter de la magnanimité de ton Seigneur (82, 6)

soit l'âme, النفس *al-nafs* (81, 14 ; 82, 5) :

عَلِمَتْ نَفْسٌ مَّآ أَحْضَرَتْ

Toute âme sait ce qu'elle a apporté [à présenter] (81, 14)

soit tous les gens, الناس *al-nas* (99, 6 ; 101, 4) :

يَوْمَئِذٍ يَصْدُرُ النَّاسُ أَشْتَاتاً لِّيُرَوْاْ أَعْمَالَهُمْ

Ce jour-là les gens surgissent séparément pour que leur soient montrées leurs actions (99, 6)

Le discours y est ainsi généralisé à toutes les créatures de l'univers (humains, animaux, montagnes, etc.). Et, si le présent est le temps de l'événement, le passé, lui, est le temps de la vie terrestre. Ainsi dans la sourate 88, dans l'isotopie de l'après-événement (versets 1 à 16), c'est le présent qui est utilisé :

هَلْ أَتَاكَ حَدِيثُ الْغَاشِيَةِ * وُجُوهٌ يَوْمَئِذٍ خَاشِعَةٌ * عَامِلَةٌ نَّاصِبَةٌ * تَصْلَىٰ نَاراً حَامِيَةً * تُسْقَىٰ مِنْ عَيْنٍ آنِيَةٍ * لَّيْسَ لَهُمْ طَعَامٌ إِلاَّ مِن ضَرِيعٍ

As-tu reçu le récit de l'enveloppante (1) *Ce jour-là des visages sont soumis* (2) *S'activant, s'épuisant* (3) *Exposés à un feu ardent* (4) *Ils sont abreuvés à une source bouillonnante* (5), *Ils n'ont d'autre nourriture que des épines* (6)

Par contre, les versets 17 à 20 parlant de la vie sur terre sont au passé :

أَفَلاَ يَنظُرُونَ إِلَى الإِبْلِ كَيْفَ خُلِقَتْ * وَإِلَى السَّمَاءِ كَيْفَ رُفِعَتْ * وَإِلَىٰ الْجِبَالِ كَيْفَ نُصِبَتْ * وَإِلَى الأَرْضِ كَيْفَ سُطِحَتْ

Ne regardent-ils pas les chameaux comment ils ont été créés ? (17) *Et le ciel comment il a été élevé ?* (18) *Et les montagnes comment elles ont été dressées ?* (19) *Et la terre comment elle a été nivelée ?* (20)

L'énonciation procède dans les sourates de ce réseau à partir d'un présent pour lequel la vie terrestre est un passé. Le temps de l'énonciation est alors constamment dissocié du temps du récit et de tout temps de lecture, les transcendant. La locution « *ce jour-là* » est récurrente dans ces sourates. Elle instaure un présent d'état dissocié d'un passé de l'étant du monde et mettant vis-à-vis les deux régimes temporels que nous qualifierons de parallèles :

1) un présent continu de l'après-événement ;
2) un passé discontinu du vécu sur terre.

Le clivage entre les deux régimes est assumé par le présent de l'événement : *quand survient l'événement*. Ce présent de l'événement est donc un présent de transition, atemporel : futur du passé humain et début d'un présent transcendant d'une virtualité constante. Le présent s'avère être ainsi, dans le texte, un temps jouissant de plusieurs valences.

À partir de ces deux régimes temporels distincts, nous lisons dans le texte deux isotopies concomitantes, obvie et distale – celle de l'existence ou du créé et celle du Créateur – centrées sur une double temporalité. La description du temps et du lieu sur ces deux isotopies a lieu à partir d'une Instance énonciatrice qui procède, comme pour toute activité énonciatrice, à partir d'une perception et d'une subjectivité. Cette subjectivité dé-passe dans le texte la perception au niveau de l'obvie et du lecteur, instaurant, par la parole et le discours, une nouvelle forme de perception, une réalité autre et un nouveau profil d'énonciation.

Par la présence d'une *temporalité de l'événement*, à partir de ce réseau de sourates dans le texte coranique, nous sommes face à une « configuration temporelle » (Fontanille, Bertrand, 2006, p. 9) propre au texte, qui conjugue la représentation d'un « référent » – le Jour dernier – et des opérations narratives de traits figuratifs particuliers : la rupture, le seuil, la soudaineté et la vision prospective/rétrospective.

Quand la parole dit le temps

Nous pouvons maintenant proposer l'hypothèse d'une construction particulière du temps dans le texte. Nous y lisons des parcours temporels différents, parallèles et/ou opposés. Le temps n'y est donc pas un tout homogène mais serait plutôt un déroulement de parcours pluriels, parfois en accord avec la flèche du temps de l'existence et souvent en relation dialectique avec la perception humaine. Le discours assume ces différences et ces particularités en en présentant les structures et les caractéristiques. Une lecture supplémentaire de quelques éléments du lexique de la temporalité dans le texte nous permettra peut-être de répondre à la question suivante : Comment le texte coranique représente-t-il le temps dans le monde et pour les hommes ?

Les deux régimes temporels, déjà lus, distinguent dans le texte deux axes : l'axe de l'humain, de l'attesté, de l'existence et l'axe du divin, du non-perçu, de ce que le texte nomme الغيب le *ġayb*[3]. C'est sur ce dernier que nous repérons le Jour dernier, l'événement, la création/la résurrection. Sur cet axe, le temps verbal catalyseur est le présent continu, sans avant ni après et s'inscrivant hors du trajet de la « flèche du temps » caractérisé par un début, une fin, un trajet horizontal et des séquences. C'est un présent atemporel, continu, précisant et définissant un temps sans amarres physiques, sans passages, sans véritables transformations. C'est, en substance, le temps

3. Le *ġayb* الغيب est une notion proprement islamique. Elle est un des piliers de la croyance et de la conception islamique du monde. Le *ġayb* الغيب n'est ni le « mystère », ni le gouffre d'un inconnu indiscernable. *Lisān-al-ʿarab* en donne la définition suivante : « *Tout ce qui t'est absent* » *ma ġâba ʿanka* (6, p. 704). Ainsi, le substantif غيبة *ġayba* signifie la médisance, dire du mal d'une personne absente. Tous les dérivés de cette racine sont donc en relation avec l'absence. Et qui dit absence dit présence absente et non pas néant. En fait, dans le texte coranique nous lisons deux formulations et deux niveaux de ce concept : en premier lieu, l'absence matérielle d'un individu ou d'une chose [ex. sourate 12, verset 52 : ذٰلِكَ لِيَعْلَمَ أَنِّي لَمْ أَخُنْهُ بِالْغَيْبِ وَأَنَّ اللهَ لَا يَهْدِي كَيْدَ الْخَائِنِينَ *Cela afin qu'il (le maître) sache que je ne l'ai pas trompé en son absence et que Dieu ne guide pas la ruse des traîtres*] et, en second lieu, des choses et des présences inaccessibles à la perception des sens humains. Un seul univers donc et deux modes de manifestation et de perception. Ainsi, ce qui se passe pour un individu dans un espace/temps autre ou éloigné lui est غَيْبَ *ġayb* (relatif) comme le souligne ce verset de la sourate 3 : ذٰلِكَ مِنْ أَنبَآءِ الْغَيْبِ نُوحِيهِ إِلَيكَ وَمَا كُنتَ لَدَيْهِمْ إِذْ يُلْقُون أَقْلَامَهُمْ أَيُّهُمْ يَكْفُلُ مَرْيَمَ وَمَا كُنْتَ لَدَيْهِمْ إِذْ يَخْتَصِمُونَ *Cela fait partie des nouvelles du* ġayb, *Nous te l'inspirons ; et tu n'étais pas près d'eux lorsqu'ils jetaient leurs calames (pour tirer au sort) pour choisir qui se chargerait de Maryam et tu n'étais pas non plus près d'eux lorsqu'ils rivalisaient d'émulation* (44). La signification complète du terme est illustrée par l'expression coranique : عالِمُ الْغَيْبِ وَالشهادَةُ *al ġayb wa-l-šahāda*, le connaisseur/savant du غَيْبَ *ġayb* et de l'attesté, énoncée souvent dans le texte sous la forme du substantif absolu الغيب *al-ġayb* (48 occurrences). Il y aura de même un غَيْبَ *ġayb* plus étendu et plus diffus (absolu) à savoir غَيْبَ السَّمٰوٰتِ وَالأَرْض *ġayb al-samāwāt wa-l-ard*, dans l'infini des cieux et de la terre. Dieu, omniscient, est le seul percepteur absolu de cette « présence » : إِنَّ اللهَ عَالِمُ غَيْبِ السَّمٰوٰتِ وَالأَرْض إِنَّهُ عَلِيمٌ بِذَاتِ الصُّدُور *Certes Dieu est savant du* ġayb *des cieux et de la terre, Il est omniscient de ce que recèlent les cœurs* (35, 38).

d'une « présence » et d'une existence, en virtualité constante par rapport au cosmos et aux humains. Et c'est aussi, de par le texte, le temps particulier d'une Écriture, prototype divin ou mère de l'Écriture.

Sourate 13 :

يَمْحُواْ اللّهُ مَا يَشَاء وَيُثْبِتُ وَعِندَهُ أُمُّ الْكِتَابِ

Dieu efface et confirme ce qu'Il veut et chez Lui est la mère du Livre (39)

sourate 56 :

إِنَّهُ لَقُرْآنٌ كَرِيمٌ * فِي كِتَابٍ مَّكْنُونٍ * لاَّ يَمَسُّهُ إِلاَّ الْمُطَهَّرُونَ

Vraiment c'est un noble qur'ān (77) *Dans un livre préservé* (78) *Que ne touchent que les purifiés* (79)

et sourate 43 :

حم * وَالْكِتَابِ الْمُبِينِ * إِنَّا جَعَلْنَاهُ قُرْآناً عَرَبِيّاً لَّعَلَّكُمْ تَعْقِلُونَ * وَإِنَّهُ فِي أُمِّ الْكِتَابِ لَدَيْنَا لَعَلِيٌّ حَكِيمٌ

Ḥ M (Ḥā Mīm) (1) *Par le Livre explicite* (2) *Vraiment c'est Nous qui en avons fait un qur'ān en langue arabe puissiez-vous comprendre* (3) *Et vraiment il est dans la mère du livre auprès de Nous, sublime et sage* (4)

Livre prototype ou prototype de tous les livres sacrés, la mère du livre ou de l'Écriture أُمّ الْكِتَاب *umm al-kitāb* est le lieu immuable de l'éternel, l'atemporel, déployant à partir de son Énonciateur/Énonciation les transformations, les messagers, les livres sacrés, la « séquentialité » du passage dans le monde humain. Autorité première et maîtrise.

Dans les versets précédents, nous lisons la description du lieu et du temps de ce livre, non pas à partir d'une perspective en amont, selon une configuration spatiale proprement humaine, mais en instance de continuité et de contiguïté, selon une perspective propre à son procès d'énonciation. Et, c'est alors l'espace/temps du غيب *ġayb* qui n'est pas obvie, mais réel et présent par des signes ponctuels et discrets donnés par l'Énonciateur.

La sourate يس *Yasīn* (36) présente, de même, la configuration intéressante de l'espace/temps du غيب *ġayb* du Jour dernier. Ainsi, la séquence constituée des versets 49 à 65 décrit la scène de ce Jour, déclenchée, en un premier temps, par *un seul cri* إِلاَّ صَيْحَةً وَاحِدَةً (49). En un second temps, le cri du cor est le signe de la précipitation de tous, à partir de leur tombeau, vers leur Seigneur وَنُفِخَ فِي الصُّورِ (51). Et c'est par le pouvoir de la voix, en un instant, qu'ils sont tous présents :

إِن كَانَتْ إِلاَّ صَيْحَةً وَاحِدَةً فَإِذَا هُمْ جَمِيعٌ لَّدَيْنَا مُحْضَرُونَ

Ce ne fut qu'un cri unique et alors ils sont tous présentés auprès de Nous (53)

فَالْيَوْمَ لاَ تُظْلَمُ نَفْسٌ شَيْئاً وَلاَ تُجْزَوْنَ إِلاَّ مَا كُنتُمْ تَعْمَلُونَ

Ce jour-là (fa-yawm) aucune âme ne subit d'injustice et vous n'êtes rétribués que selon ce que vous faisiez (54)

Régime temporel sur l'isotopie de l'humain

Nous considérerons maintenant la présence des deux isotopies majeures du texte au sein d'un même vocable, pour essayer de cerner un clivage linguistique et épistémologique. Ces termes sont الْيَوْمَ *al-yawm* et حين *ḥīn*.

Nous venons de constater différentes valences de *jour* يَوْم /*yawm*/ au cours de notre lecture. Dans les séquences lues, nous avons pu vérifier la pluralité des références temporelles du terme /jour/ inscrites dans des parcours sémantiques différents et selon des configurations linguistiques distinctes.

Par ailleurs, dans les versets de la sourate 36 que nous venons de lire, la scène du Jour dernier est entièrement au présent et le passé y figure pour référer au temps vécu sur terre. Le terme de temporalité فَالْيَوْمَ *fa-l-yawm*, y a pour signification : aujourd'hui, maintenant. Il instaure donc, en cette séquence descriptive, un ici/maintenant du Jour unique et final à partir d'une situation d'énonciation précise. Nous lisons dans la même séquence la récurrence de ce terme (dans quatre versets), ancrant dans le présent de l'énonciation et du Jour dernier l'être-là des hommes.

إِنَّ أَصْحَابَ الْجَنَّةِ الْيَوْمَ فِي شُغُلٍ فَاكِهُونَ

Ce jour-là les hôtes du paradis sont occupés, réjouis (55)

وَامْتَازُوا الْيَوْمَ أَيُّهَا الْمُجْرِمُونَ

Et tenez-vous à l'écart en ce jour-là, ô vous les criminels (59)

هَـٰذِهِ جَهَنَّمُ الَّتِي كُنتُمْ تُوعَدُونَ * اصْلَوْهَا الْيَوْمَ بِمَا كُنتُمْ تَكْفُرُونَ * الْيَوْمَ نَخْتِمُ عَلَىٰ أَفْوَاهِهِمْ وَتُكَلِّمُنَا أَيْدِيهِمْ وَتَشْهَدُ أَرْجُلُهُم بِمَا كَانُوا يَكْسِبُونَ

Voici l'enfer qu'on vous promettait (63) *Brûlez-y ce jour-là pour ce que vous avez dénié* (64) *Ce jour-là Nous scellons leurs bouches et leurs mains Nous parlent et leurs pieds témoignent de ce qu'ils ont accompli* (65)

Le terme de désignation temporelle يَوْم *yawm*, a, en langue arabe, le sens usuel de « jour de la semaine », comme nous le verrons sur l'axe de la temporalité de l'existence. Mais il a de même pour signifié « maintenant »[4] dans la temporalité d'une énonciation donnée. Ainsi الْيَوْمَ *al-yawm*, dans le texte, en tant que substantif défini et sans précision référentielle supplémentaire – le jour du vendredi, le Jour dernier, le jour de la résurrection, etc., – a *toujours* pour référence temporelle le présent du Sujet de l'énonciation sur l'isotopie du Créateur.

Par ailleurs, les occurrences de ce terme sur cette isotopie présentent un profil sémantique particulier et précis. Participant aux expressions signifiant le « Jour de la résurrection » يوم *yawm al-dīn* – 348 occurrences dans le texte – et *yawm al-qiyāma* – 3 occurrences –, يوم jour/*yawm* possède aussi des sèmes de para-temporalité, au sens étymologique de *para* : à côté de. Ainsi les cieux et la terre sont créés dans une temporalité précise *et* différente mais dont le jour est l'unité de mesure :

4. يوم *yawm* : le jour défini à partir du lever du soleil à son coucher. Dans *Lisān al-ʿarab*, nous lisons (9, p. 143) que « les Arabes, quand ils disent : Ce jour je fais telle chose, ne veulent pas parler d'un jour précis mais ils désignent le temps présent. Dans le Coran nous lisons : الْيَوْمَ أَكْمَلْتُ لَكُمْ دِينَكُمْ [...] *Aujourd'hui* [al-yawm] *J'ai parfait pour vous votre religion* [...] (5, 3) ».

إِنَّ رَبَّكُمُ اللَّهُ الَّذِي خَلَقَ السَّمَٰوَٰتِ وَالْأَرْضَ فِي سِتَّةِ أَيَّامٍ ثُمَّ اسْتَوَىٰ عَلَى الْعَرْشِ [...]

Vraiment votre Seigneur est Dieu qui a créé les cieux et la terre en six jours puis Il s'est établi sur le trône [...] (7, 54)

Dans la sourate 41, et à trois reprises, ces « jours » sont détaillés – comme y fait d'ailleurs allusion le titre de la sourate: فُصِّلَتْ *Fuṣṣilat* « Ils (les versets) ont été détaillés » :

قُلْ أَئِنَّكُمْ لَتَكْفُرُونَ بِالَّذِي خَلَقَ الْأَرْضَ فِي يَوْمَيْنِ وَتَجْعَلُونَ لَهُ أَندَاداً ذَٰلِكَ رَبُّ الْعَالَمِينَ ۞ وَجَعَلَ فِيهَا رَوَاسِيَ مِن فَوْقِهَا وَبَارَكَ فِيهَا وَقَدَّرَ فِيهَآ أَقْوَاتَهَا فِي أَرْبَعَةِ أَيَّامٍ سَوَآءً لِّلسَّآئِلِينَ

Dis: Dénierez-vous vraiment Celui qui a créé la terre en deux jours et à Qui vous assignez des égaux, tel est le Seigneur des êtres de l'univers? (9) *Et Il y a établi des piliers à sa surface, y a mis Sa bénédiction et y a décidé, en quatre jours, de ses ressources également pour ceux qui interrogent* (10)

Le verset 12, relate la création des cieux en particulier:

فَقَضَٰهُنَّ سَبْعَ سَمَٰوَٰتٍ فِي يَوْمَيْنِ وَأَوْحَىٰ فِي كُلِّ سَمَآءٍ أَمْرَهَا

Alors Il a établi sept cieux en deux jours et inspira à chaque ciel son ordre [...]

Ces « jours » sur l'axe du divin sont des entités de mesure temporelles évaluées à une échelle différente de celle de l'axe de la temporalité de l'existence. Cette différence eschatologique est relativisée par rapport à la temporalité humaine afin de permettre un rapprochement/distanciation et une perception de/par l'humain :

وَيَسْتَعْجِلُونَكَ بِالْعَذَابِ وَلَن يُخْلِفَ اللَّهُ وَعْدَهُ وَإِنَّ يَوْماً عِندَ رَبِّكَ كَأَلْفِ سَنَةٍ مِّمَّا تَعُدُّونَ

Et ils te demandent de hâter le châtiment or jamais Dieu ne manquera à Sa promesse; un jour pour ton Seigneur équivaut à mille ans selon votre manière de compter (22, 47)

Il y a ainsi *deux manières de compter* totalement différentes selon des critères non pas d'opposition ou de contradiction mais d'axes, de réalités et de temporalités différentes et concomitantes. Cette différence de réalités est un élément de distinction, dans le texte, des deux isotopies majeures du texte coranique : humaine/divine, et réfère à la perception propre aux humains de la notion temporelle du jour.

Comme nous venons de le voir, les hommes subissant le châtiment en enfer sont avertis de l'existence d'une valeur différente du jour : le jour humain qu'ils ont vécu n'est pas identique au jour qu'ils sont en train de vivre dans l'éternité. Et par là, un jour de moins en enfer serait pour eux un soulagement. Mais ces mêmes personnages avant le Jour dernier, au cours de leur présence dans le monde terrestre, sous-estiment la valeur eschatologique du jour dans son autre dimension : quand ils ont été prévenus du châtiment voué à ceux qui falsifient l'écriture du livre, ils ricanent :

وَقَالُواْ لَن تَمَسَّنَا النَّارُ إِلاَّ أَيَّاماً مَّعْدُودَةً

Et ils ont dit : le feu ne nous touchera que quelques jours comptés [...] (2, 80)

Passé de l'avertissement, présent de la falsification et futur (lointain) du châtiment, tel est l'axe temporel de l'existence sur l'isotopie humaine. Mais, plus loin dans le texte, dans la sourate 40, les hommes qui sont en enfer semblent, par une évolution textuelle, réaliser la valeur différente des manières de compter les jours, car nous lisons ceci :

وَقَالَ الَّذِينَ فِي النَّارِ لِخَزَنَةِ جَهَنَّمَ ادْعُواْ رَبَّكُمْ يُخَفِّفْ عَنَّا يَوْماً مِّنَ الْعَذَابِ

Et ceux qui sont dans le feu disent aux gardiens de l'enfer : Implorez votre Seigneur pour qu'Il nous allège d'un jour de châtiment (40, 49)

Enfin, il faut présenter la dernière forme de يوم *yawm* dans le texte. C'est sa forme contractée يومئذ *yawma'iḏin*, /ce jour-là de la résurrection/ (66 occurrences). Ce terme-expression réfère au Jour dernier, ancrant l'action dans un espace/temps démontré et spécifié.

Quant au terme حين *ḥīn*, il jouit, dans la langue arabe, de plusieurs valeurs sémantiques et grammaticales. Ainsi, il apparaît dans certains énoncés comme préposition temporelle signifiant /quand/, /lorsque/ et se présente parfois sous la forme contractée de حينئذ *ḥīna'iḏin* : à ce moment-là. Cet emploi est récurrent dans le texte coranique en 17 lieux du texte, comme dans la sourate 16 :

وَلَكُمْ فِيهَا جَمَالٌ حِينَ تُرِيحُونَ وَحِينَ تَسْرَحُونَ

Vous y [les bestiaux] trouvez de la beauté quand (ḥīna) *vous les ramenez au bercail ou quand* (ḥīna) *vous les envoyez au pâturage* (6)

Le terme حينئذ *ḥina'idin*, lui, est employé une seule fois dans le texte, dans la sourate 56 :

فَلَوْلَا إِذَا بَلَغَتِ الْحُلْقُومَ ❋ وَأَنتُمْ حِينَئِذٍ تَنظُرُونَ ❋ وَنَحْنُ أَقْرَبُ إِلَيْهِ مِنكُمْ وَلَٰكِن لَّا تُبْصِرُونَ

Lorsque l'âme [du moribond] a atteint sa gorge (83) *Et qu'à ce moment-là* (ḥīna'idin) *vous regardez* (84) *Et Nous sommes plus près de lui [le mourant] que vous mais vous ne pouvez rien voir* (85)

Ce même terme a aussi la valeur du substantif الحين *al-ḥīn* pour signifier « Le temps, la durée sans précision de contraction ou d'extension et [le terme] devient ainsi un substantif indépendant » (Mağma' al-luġa al-'arabiyya, 1981, p. 162). Il signifie alors « une certaine durée ». Cet emploi du terme, en tant que substantif, figure dans 16 occurrences et se trouve toujours en position finale dans les versets, comme dans la sourate 2 :

فَأَزَلَّهُمَا الشَّيْطَٰنُ عَنْهَا فَأَخْرَجَهُمَا مِمَّا كَانَا فِيهِ وَقُلْنَا اهْبِطُوا بَعْضُكُمْ لِبَعْضٍ عَدُوٌّ وَلَكُمْ فِي الْأَرْضِ مُسْتَقَرٌّ وَمَتَٰعٌ إِلَىٰ حِينٍ

Or Satan les fit trébucher tous deux [Adam et Ève] du paradis et les fit sortir tous deux d'où ils se trouvaient et Nous dîmes : Descendez de là, ennemis les uns des autres et vous trouverez sur terre demeure et jouissance pour un temps déterminé (une certaine durée temporelle) (36)

Cette durée temporelle, désignée dans le texte par le substantif حين *ḥīn*, est définie et déterminée du point de vue de l'énonciation mais non précisée, non explicitée. Sa traduction par « certaine » en français est adéquate car ce terme présente également les sèmes de certitude et d'incertitude, la non-précision de durée *et* la précision d'une temporalité donnée.

Une seule occurrence du terme, différente de toutes les autres et la dernière dans le texte, est reliée au mot دهر *dahr*, le temps, dans l'incipit de la sourate 76 *al-Insān* « L'homme » :

هَلْ أَتَىٰ عَلَى الإِنسَانِ حِينٌ مِّنَ الدَّهْرِ لَمْ يَكُن شَيْئاً مَّذْكُوراً * إِنَّا خَلَقْنَا الإِنسَانَ مِن نُّطْفَةٍ أَمْشَاجٍ نَّبْتَلِيهِ فَجَعَلْنَاهُ سَمِيعاً بَصِيراً

Est-il advenu pour l'homme un certain moment (ḥīn) *dans le temps pendant lequel il n'était même pas une chose à mentionner?* (1) *Nous avons créé l'homme d'une goutte de sperme mélangée, Nous l'avons mis à l'épreuve, Nous l'avons alors fait capable d'ouïr capable de voir* (2)

Selon un procédé rhétorique propre au Coran, le texte pose dans l'incipit de la sourate une interrogation à valeur affirmative. La question au seuil de cette sourate a pour sujet ce « moment (in)certain » : *ḥīn* comme un moment indéfini, non repérable dans l'histoire de l'homme, mais présent certainement sur la chaîne temporelle de son existence. À un certain moment donc, et comme le confirme le verset suivant, moment ponctuel et réel mais difficile à définir et à situer historiquement, l'homme n'était pas, car pas encore créé.

Ces deux termes, يَوْم *yawm* et حين *ḥīn*, pris comme exemples de la complexité de certains termes en relation avec la temporalité, illustrent parfaitement l'activité linguistique et sémantique en œuvre dans le texte coranique pour forger des termes complexes et demandant à être déconstruits afin de livrer la charge sémantique qu'ils charrient.

Régime temporel sur l'isotopie de l'humain

Sur l'axe de l'isotopie de l'humain, le texte déploie plusieurs catégories de temporalité. Nous relevons ainsi un *temps calendaire* (celui des jours de la semaine, des mois et des années), présenté dans la sourate 9, 36) :

إِنَّ عِدَّةَ الشُّهُورِ عِندَ اللَّهِ اثْنَا عَشَرَ شَهْراً فِي كِتَابِ اللَّهِ يَوْمَ خَلَقَ السَّمٰوٰتِ وَالأَرْضَ مِنْهَآ أَرْبَعَةٌ حُرُمٌ ذَٰلِكَ الدِّينُ الْقَيِّمُ [...]

Certes, auprès de Dieu, le nombre des mois est de douze inscrits dans le livre de Dieu, le jour où Il a créé les cieux et la terre ; quatre d'entre eux sont sacrés, telle est la religion dans sa rectitude [...]

S'ajoute à ce temps d'existence commun à tous, une temporalité particulière : celle des musulmans. S'y inscrivent le mois du ramadan consacré au jeûne (2, 185) et les mois sacrés أشهر حرم *ašhur ḥurum* (9, 36) spécifiés par le texte coranique.

Dans le dispositif du temps humain, le texte inscrit aussi un *temps rituel* (celui des prières, des rites) :

[...] إِنَّ الصَّلَوٰةَ كَانَتْ عَلَى الْمُؤْمِنِينَ كِتَٰبًا مَّوْقُوتًا

[...] *Certes la prière est prescrite aux croyants en un temps précis* (4, 103)

Les cinq prières sont réparties dans la journée du croyant d'après le mouvement du soleil : lever/coucher du soleil, soleil oblique/soleil vertical. Le rituel est ainsi en relation intime avec le cosmos, créant une accointance et une présence particulière au temps. Par ailleurs, une des prières est reliée à un moment précis :

حَٰفِظُواْ عَلَى الصَّلَوَٰتِ وَالصَّلَوٰةِ الْوُسْطَىٰ وَقُومُواْ لِلَّهِ قَٰنِتِينَ

Soyez assidus aux prières, notamment à la prière médiane et levez-vous pour Dieu avec humilité (2, 238 ; voir aussi 24, 58 ; 62, 9)

Mais le texte présente et enregistre aussi une dimension en extension du temps. Nous y lisons alors la présence d'un *temps historique* : celui des civilisations, des communautés, des guerres, des événements de l'humanité, les récits de vie de personnages historiques ou de prophètes. D'ailleurs le terme أيام *ayyām*, pluriel de يوم *yawm* « jour », réfère souvent dans le texte coranique, par métonymie, aux événements vécus ou aux actes accomplis durant une séquence historique :

إِن يَمْسَسْكُمْ قَرْحٌ فَقَدْ مَسَّ الْقَوْمَ قَرْحٌ مِّثْلُهُ وَتِلْكَ الأَيَّامُ نُدَاوِلُهَا بَيْنَ النَّاسِ وَلِيَعْلَمَ اللَّهُ الَّذِينَ آمَنُواْ وَيَتَّخِذَ مِنكُمْ شُهَدَآءَ وَاللَّهُ لاَ يُحِبُّ الظَّالِمِينَ

Si une blessure vous frappe, pareille blessure a certes frappé la communauté (ennemie), Nous faisons alterner ces jours parmi les gens afin que Dieu reconnaisse ceux qui ont cru et qu'Il prenne des témoins parmi vous, Dieu n'aime pas les injustes (3,140)

فَهَلْ يَنتَظِرُونَ إِلاَّ مِثْلَ أَيَّامِ الَّذِينَ خَلَوْاْ مِن قَبْلِهِمْ قُلْ فَانْتَظِرُواْ إِنِّي مَعَكُم مِّنَ الْمُنْتَظِرِينَ

Attendent-ils des jours [néfastes] semblables aux jours de ceux qui les ont précédés ? Dis : Attendez donc je suis avec vous parmi ceux qui attendent (10, 102)

Dans l'isotopie du temps de l'humain, nous lisons enfin un *temps ponctuel* : celui des instants, des moments précis, des rendez-vous. Comme nous avons pu le voir, l'emploi du terme ميقات *mīqāt* précise l'espace/temps d'un rendez-vous bien ponctuel. Le pluriel de ce terme *mawāqīt* indique les phases de la lune comme repères pour les débuts des mois lunaires et pour le pèlerinage. Un autre terme sémantiquement proche est le terme موعد *maw'id* ayant pour racine W'D « promesse, rendez-vous donné à une date, en un lieu précis, temps et lieu bien définis » :

بَلِ السَّاعَةُ مَوْعِدُهُمْ وَالسَّاعَةُ أَدْهَىٰ وَأَمَرُّ

Mais l'Heure est leur rendez-vous et l'Heure est plus cruelle et plus amère (54, 46)

(Voir aussi sourate 11, verset 17 ; sourate 81, versets 18, 48, 58, 59 ; sourate 20, versets 59, 86, 87, 97 ; sourate 54, verset 46)

Ce temps représenté dans le texte est le temps connu et propre aux humains. C'est donc un référent que le texte se propose de représenter et d'organiser, non selon l'expérience quotidienne et phénoménologique uniquement, mais selon une construction ontologique propre au texte.

Le temps de la création et de la présence

Un des régimes temporels importants dans le texte coranique, car instituant, en nommant et détaillant, le parcours de l'existence en son sens originel, est le *temps biologique* (conception du fœtus, cycle biologique de l'être humain, vie/mort, etc.). Nous lisons ainsi deux parcours de description de la génération de l'homme. Le premier en présente la *création* et le second expose sa *génération* à partir d'un fœtus. La configuration dans le texte de ces deux parcours ne les sépare pas, n'en fait pas deux parcours distincts, mais ils sont entrelacés, tressés, la création faisant être la génération et continue à y être en œuvre constamment. Ainsi la sourate 32 relate la création de l'homme par Dieu à partir de boue (terre trempée d'eau) :

الَّذِي أَحْسَنَ كُلَّ شَيْءٍ خَلَقَهُ وَبَدَأَ خَلْقَ الإِنْسَانِ مِن طِينٍ * ثُمَّ جَعَلَ نَسْلَهُ مِن سُلاَلَةٍ مِّن مَّاءٍ
مَّهِينٍ * ثُمَّ سَوَّاهُ وَنَفَخَ فِيهِ مِن رُّوحِهِ وَجَعَلَ لَكُمُ السَّمْعَ وَالأَبْصَارَ وَالأَفْئِدَةَ قَلِيلاً مَّا تَشْكُرُونَ

C'est Lui Qui a parfait toute chose qu'Il a créée et a commencé la création de l'homme à partir de la boue (7) *Puis Il a fait être sa descendance d'une filiation faite d'une eau insignifiante* (8) *Puis Il l'arrangea et insuffla en lui de Son Esprit ; et Il fit être pour vous l'ouïe, la vue et le cœur, combien vous êtes peu reconnaissants* (9)

La création à partir de rien, d'une poignée de poussière, progresse dans les versets jusqu'à aboutir à l'existence de facultés sensorielles et intellectuelles. Cette existence phénoménologique concorde avec l'existence au niveau du discours d'une présence interlocutrice, sujet et objet du/dans le discours : la troisième personne indéfinie (versets 7 et 8) se transforme en un/vous/personnel coïncidant avec l'apparition des facultés proprement humaines (verset 9).

La sourate 23, elle, détaille les étapes de génération de l'être humain dès sa conception :

وَلَقَدْ خَلَقْنَا الإِنْسَانَ مِن سُلاَلَةٍ مِّن طِين * ثُمَّ جَعَلْنَاهُ نُطْفَةً فِي قَرَارٍ مَّكِين * ثُمَّ خَلَقْنَا النُّطْفَةَ عَلَقَةً فَخَلَقْنَا الْعَلَقَةَ مُضْغَةً فَخَلَقْنَا الْمُضْغَةَ عِظَاماً فَكَسَوْنَا الْعِظَامَ لَحْماً ثُمَّ أَنشَأْنَاهُ خَلْقاً آخَرَ فَتَبَارَكَ اللهُ أَحْسَنُ الْخَالِقِينَ * ثُمَّ إِنَّكُمْ بَعْدَ ذَٰلِكَ لَمَيِّتُونَ * ثُمَّ إِنَّكُمْ يَوْمَ الْقِيَامَةِ تُبْعَثُونَ

Et Nous avons certes créé l'homme d'un extrait de boue (12) *Puis nous l'avons fait semence dans un réceptacle sûr* (13) *Puis Nous avons créé la semence adhérence, ensuite Nous avons créé l'adhérence embryon, ensuite Nous avons créé l'embryon ossature, ensuite Nous avons revêtu l'ossature de chair, puis Nous l'avons développé en une autre création ; béni soit Dieu le meilleur des créateurs* (14) *Puis après cela vous serez certes morts* (15) *Puis vous serez certes ressuscités au Jour de la résurrection* (16)

Cette génération en vue d'une finalité précise – mort/résurrection – est décrite à partir de l'évolution de la semence, posée en dépôt, par une gradation en six temps jusqu'à l'accomplissement de l'être humain en fœtus. Génération et création procèdent donc d'une même Instance qui déploie dans le texte des cycles de temporalités de l'existence de l'être. Ces cycles génèrent un processus de signification à partir d'étapes successives – débutant par les connecteurs temporels : ثُمَّ /puis/*ṯumma*, / فَ /ensuite/*fa*- – représentant les étapes majeures de l'existence humaine : création, procréation, existence, mort. Cette trajectoire est une trajectoire finie.

هُوَ الَّذِي خَلَقَكُم مِّن تُرَابٍ ثُمَّ مِن نُّطْفَةٍ ثُمَّ مِنْ عَلَقَةٍ ثُمَّ يُخْرِجُكُمْ طِفْلاً ثُمَّ لِتَبْلُغُواْ أَشُدَّكُمْ ثُمَّ لِتَكُونُواْ شُيُوخاً وَمِنكُم مَّن يُتَوَفَّى مِن قَبْلُ وَلِتَبْلُغُواْ أَجَلاً مُّسَمًّى وَلَعَلَّكُمْ تَعْقِلُونَ

C'est Lui qui vous a créés de poussière puis d'une semence puis d'une adhérence, vous fait sortir enfant puis pour que vous atteigniez la force de l'âge puis pour que vous deveniez des vieillards, et certains parmi vous meurent plus tôt, afin que vous atteigniez un terme assigné, puissiez-vous raisonner (40, 67)

Sur l'axe de l'existence, le parcours a donc un « terme assigné », une limite précise.

Pour signifier le cycle biologique, le texte expose et inscrit ainsi une temporalité précise, définie à partir des différents champs sémantiques de la création, des étapes temporelles, des âges, des paliers de l'existence. Ce discours de l'existence présente des particularités lexicales et poétiques. Nous venons de lire des descriptions détaillées du cycle biologique, mais nous en lisons aussi des présentations synoptiques, comme dans un des récits de la sourate 18 ألكهف *al-Kahf* « La caverne » :

قَالَ لَهُ صَاحِبُهُ وَهُوَ يُحَاوِرُهُ أَكَفَرْتَ بِالَّذِي خَلَقَكَ مِن تُرَابٍ ثُمَّ مِن نُّطْفَةٍ ثُمَّ سَوَّاكَ رَجُلاً

Son compagnon lui dit en dialoguant avec lui : As-tu dénié Celui qui t'a créé de poussière puis d'une semence puis t'a arrangé en homme (18, 37)

ou dans cette apostrophe de la sourate 75 :

أَيَحْسَبُ الإِنسَانُ أَن يُتْرَكَ سُدًى * أَلَمْ يَكُ نُطْفَةً مِّن مَّنِيٍّ يُمْنَىٰ * ثُمَّ كَانَ عَلَقَةً فَخَلَقَ فَسَوَّىٰ * فَجَعَلَ مِنْهُ الزَّوْجَيْنِ الذَّكَرَ وَالأُنثَىٰ

L'homme croit-il qu'il sera laissé à lui-même (36) *N'a-t-il pas été une semence de sperme éjaculé* (37) *puis il était une adhérence ensuite Il a créé et harmonisé* (38) *Ensuite Il en a fait les conjoints le mâle et la femelle ?* (39)

La configuration textuelle du cycle de création et d'existence de l'homme se fait ainsi sur les deux registres stylistiques majeurs du texte. Dans le récit, comme nous venons d'en présenter des exemples, et dans le discours à partir de deux formes stylistiques différentes : une description détaillée selon une forme narrative étendue (étapes, progression, évolution et accomplissement d'un parcours) et une narration synoptique. Dans une étape finale, la narration synoptique ajoute des valeurs et des attributs aux éléments descriptifs déjà exposés plus haut, produisant ainsi dans le texte une configuration axiale au sein du cycle biologique et de création. Nous lisons alors dans la sourate 30 le parcours de la création/génération formulé par des états : faiblesse/vigueur :

اللَّهُ الَّذِي خَلَقَكُم مِّن ضَعْفٍ ثُمَّ جَعَلَ مِن بَعْدِ ضَعْفٍ قُوَّةً ثُمَّ جَعَلَ مِن بَعْدِ قُوَّةٍ ضَعْفاً وَشَيْبَةً يَخْلُقُ مَا يَشَآءُ وَهُوَ الْعَلِيمُ الْقَدِيرُ

Dieu Qui vous a créé de faiblesse puis a fait être après une faiblesse une vigueur puis a fait être après une vigueur une faiblesse et blancheur des cheveux ; Il crée ce qu'Il veut et Il est le Savant le Puissant (54)

Dans la sourate 80, nous lisons les mêmes étapes, distanciées de leurs protagonistes, le Créateur et le créé, et énoncées à partir d'une forme substantielle et lapidaire :

قُتِلَ الإِنسَانُ مَآ أَكْفَرَهُ ❋ مِنْ أَيِّ شَيْءٍ خَلَقَهُ ❋ مِن نُّطْفَةٍ خَلَقَهُ فَقَدَّرَهُ ❋ ثُمَّ السَّبِيلَ يَسَّرَهُ ❋ ثُمَّ أَمَاتَهُ فَأَقْبَرَهُ ❋ ثُمَّ إِذَا شَآءَ أَنشَرَهُ ❋ كَلاَّ لَمَّا يَقْضِ مَآ أَمَرَهُ

Que l'homme périsse d'être si mécréant (17) *De quelle chose l'a-t-Il créé* (18) *D'une goutte de sperme Il l'a créé et ensuite Il l'a déterminé* (19) *Puis Il lui a facilité le chemin* (20) *Puis Il l'a fait mourir ensuite Il l'a mis au tombeau* (21) *Puis s'Il veut Il le ressuscite* (22) *Mais non, il n'a pas accompli ce qu'Il lui a ordonné* (23)

Le temps et/dans la parole

Par sa construction du temps, le texte procède ainsi à un déploiement des éléments temporels selon des structures et des axes différents : ceux de l'existence de tout homme dans le monde et ceux, particuliers et présentés comme tels, du croyant. De même, il instaure deux régimes temporels distincts et concomitants, fondant ainsi une sémiotique du temps par l'isotopie divin/humain. Comme nous avons pu le voir, les termes utilisés dans cette représentation peuvent être communs aux deux régimes tout en jouissant de valences différentes. Ce choix de régimes impose sûrement une vision et une conception précises proprement islamiques. Comme le soulignent Fontanille et Bertrand (2006, p. 5) le « choix [dans un texte] d'un régime temporel est la manifestation formelle d'une certaine conception de l'"être-au-monde' ». Les structures et les modalités en performance dans le texte coranique instaurent en fin de compte la conception d'un régime de l'« inengendré » (Fontanille, Bertrand 2006, p. 4) et du distal par le continu du divin vis-à-vis d'un régime autre, celui du séquentiel, du discontinu, des transformations de l'humain.

Les cycles de temporalités différentes que nous avons pu lire dans le texte et dont nous avons déployé le détail à propos du cycle originel, à savoir celui de la création/génération, reproduisent des cercles de signification en relation étroite avec le temps. Et ils font ainsi figurer dans la chaîne discursive diverses temporalités de l'humain – l'historique, le ponctuel, le biologique, le divin/humain, mais aussi la narration, l'énumération, la répétition – créant des amarres poétiques et linguistiques dans le flux du continuum du Temps et de la parole. L'énonciation procède alors, et par un geste méta-textuel et auto-référentiel, à procurer au texte *et* à son lecteur des éléments de « refiguration » du Temps, comme le souligne Ricœur, en maîtrisant le temps et en lui créant des lieux de mémoire. Et, comme la finitude est inscrite dans les gènes de toute présence au monde, la parole coranique essaye d'en réduire les dégâts par le don de vérité et de parole et par le rappel. Vers la fin du texte, la sourate 55, الرَّحْمَٰنُ *al-Raḥmān* « Le Miséricordieux », est une sourate exemplaire de par la répétition : sur 78 versets, un verset particulier est répété 30 fois :

فَبِأَيِّ آلَاءِ رَبِّكُمَا تُكَذِّبَانِ

Ensuite lesquels des bienfaits de votre Seigneur démentez-vous, vous deux

La répétition et le rythme saccadé de cette sourate, prônant l'implicite et le don divin, participe à scander et à régler la lecture, orale et visuelle. Le verset 26 énonce

كُلُّ مَنْ عَلَيْهَا فَانٍ * وَيَبْقَىٰ وَجْهُ رَبِّكَ ذُو الْجَلَالِ وَالْإِكْرَامِ

Tout ce qui est sur terre est en finitude (26) *Et seule demeure la face de ton Seigneur dotée de majesté et de munificence* (27)

Le terme فَانٍ *fānī* – en instance de finitude – souligne l'essentialité de toute présence car l'achèvement de l'instant est un effacement et une perte. La poursuite et la continuité doivent se faire au-delà du cours du temps par la présence transcendante. Et si le langage et le texte permettent ce détour, ils le font grâce au relais de la mémoire, de l'inscription et de la garde.

Références bibliographiques

Traductions du Coran

Altafsir.com. 2002-2015 Royal Aal al-Bayt Institute for Islamic Thought.

Le Coran, traduit et annoté par AbdAllah Penot, Alif, Lyon, 2005.

Le Saint Coran, traduction en langue française du sens de ses versets, Complexe du roi Fahd, Arabie Saoudite, 2006.

Le Noble Coran, *Nouvelle traduction française du sens de ses versets* par Mohammed Chiadmi, Tawhid, Lyon, 2007.

Le Coran, essai de traduction et annotations par Maurice Gloton, Albouraq, Paris, 2014.

Instruments de travail

Ibn Manẓūr, *Lisān al-ʿArab*, 9 vol., Dār al-Ḥadīṯ, Le Caire ; rééd. 2003.

Maǧmaʿ al-luġa al-ʿarabiyya, *Muʿǧam alfāẓ al-Qurʾān al-karīm*, Dār al-Šurūq, Le Caire, 1981.

Textes en langue française

Bertrand, Denis & Fontanille, Jacques (éd.), *Régimes sémiotiques de la temporalité. La flèche brisée du temps*, PUF, Paris, 2006.

Derrida, Jacques, *Donner le temps*, vol. 1 : *La fausse monnaie*, Éditions Galilée, Paris, 1991.

Escande, Jacques, « Quand la Bible inventait le temps » *in* Bertrand, Denis & Fontanille, Jacques (éd.), 2006, p. 217-226.

Groupe d'Entrevernes, *Signes et paraboles. Sémiotique et texte évangélique*, Seuil, Paris, 1977.

Machhour, Héba, « Lire dans le parcours d'une création (à partir de la sourate XCVI du Coran) », *Literature and the Sacred, ALIF, Journal of Comparative Poetics* 23, Le Caire, janvier 2003, p. 48-77.

—, *Al-Kahf, sourate XVIII – Nouvel essai de lecture d'une Sourate du Coran*, Dar Albouraq, Beyrouth, 2011.

Marin, Louis, *De la représentation*, recueil établi par Daniel Arasse, Alain Cantillon, Giovanni Careri, Danièle Cohu, Pierre-Antoine Fabre & Françoise Marin, Gallimard/Le Seuil, Paris, 1994.

Miquel, André, *L'événement. Le Coran : sourate LVI*, Odile Jacob, Paris, 1992.

Rastier, François, « De l'origine du langage à l'émergence du milieu sémiotique », *Marges linguistiques* 11, MLMS Éditeur, Saint-Chamas, 2006.

Ricœur, Paul, *Temps et récit*, t. 3 : *Le temps raconté*, Seuil, Paris, 1985.

Gerda Mansour
Indépendant scholar, Cairo

Cairo Linguists' Group

How it Was Conceived and How it Developed

The Beginnings at the CEDEJ

At the beginning of the semester in 1993 I heard from my colleague in the Linguistics section of the English Department, Faculty of Arts, Cairo University, that there was an invitation to a meeting of all linguists at the French research centre CEDEJ. The date set was the 22nd October. Madiha Doss and Catherine Miller were presiding and presenting the basic idea which can be summarized as follows: language departments at Egyptian universities have as their main concern the teaching of literature. Linguistics as a separate subject is only taught at Alexandria University and does not cover all the areas of linguistics. However, at all language departments there are linguists teaching and doing research. Since Linguistics is a general field of research, these studies have a lot in common whether applied to French, English, German, Arabic, or any other language. Yet members of staff and students have little chance to discuss their work other than with their departmental colleagues.

There was also a shortage of books and journals and very little chance for inspiration beyond the traditional concern for language teaching or Applied Linguistics. In order to counter this shortcoming it was proposed to organize meetings once a month, to be hosted by the CEDEJ and to be open to all researchers concerned with linguistic issues. As a first step those present at the first meeting introduced themselves and gave their reaction to this proposal. Eventually, one of the aims of the group should be to compose a list of linguists in Egypt.

The reactions were very enthusiastic, particularly to having an opportunity for discussing work in progress, before publication, and this way to benefit from other colleagues' experiences. It was considered a particular advantage to look at certain issues from the aspect of more than one language. We proceeded to work out some general principles. The meetings were to be open to anyone with a background in linguistics—professors, researchers and students—or anyone having a specialized interest in language, such as translators. Topics would be decided in advance and one of the members of the group or a guest speaker presented a talk that was subsequently followed by a discussion. We were to meet at the CEDEJ quarters in Mohandeseen on the first Friday afternoon of each month during the university term. The CEDEJ was also offering the possibility of issuing a quarterly newsletter, publishing an account of each meeting and the following discussion and sending out invitations. A few of those present had suggestions for topics which concerned their own research and which they wanted to present and discuss.

Madiha Doss suggested that these meetings would also be a good opportunity to spread the news of other events—lectures, especially by visiting lecturers, conferences or cultural activities, the date and time of thesis discussions, publications, etc. During this phase at the CEDEJ we established a wide circle of people coming to our seminars from all universities in Cairo, even from Alexandria and Minya, as well as research fellows from France, the Netherlands and the US among others, who were attached to one of the research organizations in Cairo. Others were simply travelling to Cairo on the occasion of a conference or for reasons connected with their research.

In April 1996 Madiha and Catherine Miller organized a "round-table" conference at the CEDEJ on the topic "Languages in Egypt", which comprised contributions from historians, dialectologists, sociolinguists and other linguists which were published in the CEDEJ quarterly *Égypte, Monde arabe*. A number of the scholars participating in that conference continued to be in contact with the group that emerged subsequently under the name "Cairo Linguists Group".

The move to the AARC

At the end of Catherine Miller's stay in Cairo towards the end of 1996 it became clear that we could not continue to meet at the CEDEJ and we started to consider various options. The most obvious seemed to be to look for a meeting place at Cairo University, but Madiha found out very soon that this was fraught with complications which seemed to multiply the deeper we dug. First of all we would have to attach ourselves to one of the language departments, thereby giving up our independence. Heads of departments were likely to want to have a say in the choice of topics of our seminars and the speakers, especially if they came from outside the university. It would mean competition for space with lectures, coping with rivalries between and within departments and giving an unfair advantage to one university over the others. There were some suggestions that we should register the Cairo Linguists Group as an NGO, but the regulations and the problem of funding were too difficult and beyond our modest needs. In the end we found a congenial place in the Arab Research Centre (later called Arab and African Research Centre), which offered us the use of their facilities without costs and without strings attached.

One of the first achievements in this new phase was to extend our database of linguists in Egypt, organized not just alphabetically, but grouped into the various sub-fields of linguistics. This "Who's Who" was distributed in 1998 and it was intended to complete this database and, periodically, questionnaires for that purpose were sent out but, partly as a result of other commitments, especially work on the journal, it never saw the light of day.

In an early planning session Madiha suggested to have a series of seminars devoted to one theme in order to provide continuity as well as a focus. This would allow our participants to contribute in a more meaningful way. Her suggestion was immediately adopted and the following seminars were under the heading "Teaching languages in Egypt". Inevitably, this meant that our audience became at the same time more specialized but also more varied in the sense that specialists came from further afield. With set themes and cooperative sessions, where two or more speakers presented their research in a common sub-field of linguistics, we tended to attract new members of staff, all working in the same area and bringing with them their students.

Another approach was organizing panel discussions where a specific topic was discussed from different angles—the first of these was the panel discussion on the scientific expression in Arabic. In this session we had speakers in favour and others against the use of Arabic in the sciences at Egyptian universities. We also had workshops, another form of multi-input sessions, such as the one held on "Issues and experiences with translation from and into Arabic" with some well-known translators such as Nihad Salem, Amina Rachid, Beshir El Sebai and our own Humphrey Davies participating.

In many cases these joint sessions led to precisely the result we had hoped for: namely the cooperation between linguists focussing on similar research topics from different language departments. An example was our sessions on discourse analysis, which brought together the "Helwan trio" and others from the English and Arabic departments at Cairo University. The greatest satisfaction of all was undoubtedly the greater involvement of young graduates from the Arabic departments, working with others and opening up to new methods. Some of the well-known professors of Arabic (Wafaa Kamel and Mohamed Abdel Aziz) became regular members of our group and contributed greatly to our debates. With those of the younger generation, such as Mohammad Sharkawi and Emad Abdel Latif we had the pleasure of watching them grow into productive members of the academic community.

At a later stage and, partly in response to the increasing use of the internet and the expansion of our group, we abandoned the old and time-consuming way of posting invitations to members of the group and started a Google group. Apart from widening the field this offered many new possibilities, such as the forwarding of notices concerning conferences, publications and other useful information.

The Journal *al-Luġa*

Seen the absence of specialized linguistic journals and, as a by-product of our focussed multi-input seminars, we decided to collect articles and publish them in our own journal. We wanted the title of this journal to reflect its—and the group's—multilingual content; so it became اللغة – *LANGUE – LANGUAGE*, and in most issues there were contributions in English, Arabic, and a few in French. The first issue had as its theme *Language Teaching in Egypt*, as we had had several seminars on that theme, with different languages and aspects as the theme. Madiha and I became the editors and we were lucky to find professional support with experience in publishing at the AARC, Mrs Hanan Ramadan, who helped with problems such as lay-out, page setting and the cover design, as well as negotiating with a printer.

Our first issue came out in January 2000 and was welcomed by all. As the papers contained were based on seminars held in 1997-1998, we were able to produce the second issue at the end of the same year, under the title *Focus on Egyptian Arabic*, followed by *Contributions to Arabic Linguistics* in 2002. In two consecutive issues (Nos. 4 and 5) the theme was that of a previous panel discussion, namely *Issues Related to the Scientific Expression in Arabic* and *Language, Ideology and Power*. The 6th issue evolved into a particular headache for Madiha as we had chosen two very important articles on diglossia to be translated into Arabic and she had the main burden of editing. It was a rather ambitious project, especially because of the absence of a commonly accepted terminology for linguistics. The last two issues were what the subtitle suggests—a series of papers in Linguistics, most of them first presented at our seminars.

Guest Speakers

With her rich network of acquaintances and friends at Egyptian and foreign universities Madiha quickly became the very soul of the Cairo Linguists Group and brought many visiting lecturers and linguists working in other institutions into the fold. Each time a specialist from another university came to visit, Madiha was able to bring them to our group and hence expose our audience to new research ideas, which resulted in extremely rich exchanges and experiences. So, guest speakers became an essential ingredient in the group's annual programme and we were able to benefit from many scholars' research and experience. Whenever a visiting scholar was spending time in Cairo, we made an exception to adhering to a chosen topic and fitted our seminars around this guest. Many of them were or became friends and contributed to our journal. There was Gunvor Mejdell (from Oslo University, Norway) with her contribution to the study of educated spoken Arabic who visited many times. Other frequent visitors were Manfred Woidich (from Leiden, Netherlands) on his way to or from the Dakhla Oasis where he conducted linguistic and anthropological fieldwork. From France there were Catherine Miller and Claude Audebert, both from Aix-en-Provence (CNRS and University). We also had the honour of hosting Frédéric Lagrange (translator and professor at the Université de Paris-Sorbonne) and Richard Jacquemond (translator, Aix-en-Provence).

Some of our guests were Egyptian graduates who had gone on to teaching in the US or UK, such as Ali Farghali (computer linguist at Oracle USA and Professor at Monterey Institute of International Studies, California), Reem Bassiouney (Oxford and later Texas University) and Mustafa Mughazi (West Michigan University, US). Other guest speakers from abroad were research fellows, spending a year in Cairo and attending many of our seminars during their stay. From the University of Oslo (Norway) we had Jacob Høigilt and from Oxford University (UK) there was Ivan Panovich who, towards the end of his stay, started "Wikipedia Masri". Also very memorable were Samy Hisham Alim (UCLA, and Fulbright scholar in Egypt) who introduced us to Black Language in America and made a nice reference to our group in the preface to his book.

I would like to end this short account of one of Madiha's many fruitful activities, with the words of Aleyya Rouchdy (Wayne State University, USA) who gave us a talk on Arabic in the Diaspora and whose visit and talk is fondly remembered. I extracted the following from her blog: "That the group would go to the trouble of braving the horrendous heat and attend my talk, gave me a great feeling of warmth. The meeting was worth any level of high summer heat. Furthermore, I was impressed with the group's academic engagement, and by the questions raised by the attendees."

Beyond this all that is needed to say is—thank you for giving so much of your time and energy, your wonderful enthusiasm and your inspirations to us all. This experience was a shining example of what education should really be about.

Gunvor Mejdell
University of Oslo

Notes on Metalinguistic Concepts in Arabic Sociolinguistics

Introduction

The academic work of Madiha Doss revolves around various aspects of linguistic culture in Egypt: its history and development, its hidden sources and practices, its manifold manifestations, and its various representations. Her work and ideas have been, and still are, a constant source of inspiration to me. Her constant willingness to share—ideas, material, and time—makes her a scholarly, as well as personal, model.

In this modest contribution to a textual celebration of Madiha, I shall reflect on some conceptual and terminological challenges, which are *based* in the manifold manifestations of Arabic and *reflected* in various representations of the language, in Arab as well as Western contexts and references. Most of these terms appear in works of either Madiha Doss or myself, and have been the occasion of discussion among ourselves and our colleagues. The first group of concepts relate to the representation of the two major varieties/structural manifestations of Arabic and their distribution; the second to the conceptual challenges relating to the manifestation of intermediate, or mixed, forms of Arabic.

(Al-luġa) al-ʿarabiyya / fuṣḥā and *ʿāmmiyya*

Quite a few Arab scholars use the term *al-luġa al-ʿarabiyya*, or in short *al-ʿarabiyya*, for the standard norm or register of the language only. Others qualify the term with *(al-luġa) al-ʿarabiyya al-fuṣḥā*, or in short *al-fuṣḥā*, for the standard variety.

Al-ʿarabiyya as a term by itself is used in contrast with other languages: Arabic as against Coptic, Greek, or English, without distinction of registers. As such it stands for what the early Arab philologists would refer to as *kalām al-ʿarab*—"the speech of the Arabs"—though implicitly the focus was always on the "pure" Arabic. In contemporary sources, *al-ʿarabiyya* is the term used in collocations such as *al-ʿarabiyya wa-lahaǧātuhā* ("Arabic and its dialects"). Is *al-ʿarabiyya* here the superordinate term, and *al-lahaǧāt* subsumed under it, or are the two used as counter concepts, with *al-ʿarabiyya* on the one side, and the "dialects" on the other? While *al-fuṣḥā* frequently cooccurs with the term *al-ʿāmmiyya* as a counter concept, I have never come across the collocation **al-fuṣḥā wa-lahaǧātuhā* nor **al-ʿarabiyya wa-l-ʿāmmiyya.*

Al-Saʿīd Badawī, in his well-known book on levels in Egyptian Arabic (Badawī, 1973), captures this terminological distribution. He argues that, concerning the relationship of *luġa* and *lahǧa*, the latter term is ranked (*tandariǧu*) under the first, according to the principle of ranking the specific under the general/generic—as in *lahǧa miṣriyya* or *lahǧa sūriyya* both subordinate (hyponyms) under *al-luġa al-ʿarabiyya*. On the other hand, referring to a play by Maḥmūd Taymūr which was published in two versions: one *bi-l-fuṣḥā*, the other *bi-l-ʿāmmiyya*, there is no similar relationship of one category being more general or more specific than the other—both being perfectly matched (*mutakāfiʾān*)—and both having its own *social* role to play in the language community (Badawī, 1973, pp. 51-52).

In Doss and Davies (2013) the Introduction makes it clear that the editors perceive *al-ʿāmmiyya al-miṣriyya* as part of *al-luġa al-ʿarabiyya*, and consider works written in this language form *(al-ʾintāǧ al-miṣrī al-maktūb bi-l-ʿāmmiyya)* as a neglected part of "the history of *al-luġa al-ʿarabiyya* and its literature" (p. 23). The Introduction consistently uses the term *ʿarabiyya* (and *ʿarabī*) for Arabic as opposed to other languages and cultures, thus: *wulida al-masraḥ al-ʿarabī fī Miṣr nāṭiqan bi-l-ʿāmmiyya* "Arab(ic) drama in Egypt was born speaking *ʿāmmiyya*" (p. 29), and *kānat aʿmāl Yaʿqūb Ṣannūʿ ūlā al-masraḥiyyāt allatī quddimat fī Miṣr bi-l-ʿarabiyya* "The works of YS were the first plays to be presented in Egypt in Arabic" (p. 29). As is well known, Ṣannūʿ wrote and published his drama pieces in the Egyptian vernacular.

For Egyptian Arabic, the term used by the editors is, as we have seen, *al-ʿāmmiyya* (*al-miṣriyya*). I only observed one instance in the whole book of the use of *lahǧa* (dialect), and then to comment on a text that also has a version in Syrian Arabic: *bi-l-lahǧa al-sūriyya* (Doss, Davies, 2013, p. 63)!

The normal counter concept to *ʿāmmiyya* is *fuṣḥā*, as in: *haymana ʿalā al-masraḥ al-miṣrī kuttāb wa-muḫriǧūn min Lubnān wa-Sūriyā faḍḍalū al-fuṣḥā ʿalā al-ʿāmmiyya* "[after this strong beginning] writers and directors from Lebanon and Syria, who preferred *fuṣḥā* to *ʿāmmiyya*, came to dominate Egyptian drama" (Doss, Davies, 2013, p. 30). The contrastive pair of *fuṣḥā* and *ʿāmmiyya* have been the dominant terms in the discussions concerning *izdiwāǧiyyat al-luġa / al-izdiwāǧ al-luġawī* ("diglossia") since the late Nahda period. Searching in monolingual and bilingual dictionaries for the modern (linguistic) term *lahǧa* for the spoken "dialect", I found no trace of this usage before the early 20th century. A concomitant search for the term *ʿāmmiyya* in dictionaries and titles suggests that even the latter seems only to appear in the 1880s (Mejdell, 2014; Diem, 1974). Before that, we find *luġat al-ʿāmma and al-luġa al-ḍāriǧa*, and even earlier *kalām*, or *luġat, ahl al-rīf / al-mudun*, "the speech or language/way of speaking of the people of the countryside/the cities, or of so-and-so region or tribe". (My suggestion is that only with the Nahda and the new discipline of dialectology, comes the perception of the spoken varieties as autonomous entities with their own structural systems, not only as having deviating features and lexicon from the standard *ʿarabiyya*.)

Doss and Davies in their Introduction do not use any further classifying labels such as *lahǧa* or *mustawā* ("level") for the language variety of the texts in the anthology. In her most recent contribution (on dialect studies in Egypt), Madiha Doss refers to the use of the term *luġa* applied to *al-ʿāmmiyya* as "audacious" (Doss, unpubl. draft, p. 10). The editors in fact have a couple of specimens of that in their anthology. One is the label given by one of the modern authors represented in the anthology, Ṣabrī ʿUthmān, for the language of his novel *Riḥla fī al-Nīl* (1965): *al-luġa al-ʿarabiyya al-ḥadīṯa aw al-miṣriyya*—thus promoting Egyptian Arabic as the modern Arabic language (Doss, Davies, 2013, pp. 28, 128). The second is the writer Bayyūmī Qandīl, advocating the recognition of the Egyptian vernacular as the national language as well as the mother tongue of the Egyptians, of which they have full mastery and never make mistakes, be it in grammar or pronunciation (as opposed to…):

> *Il-luġa il-maṣriyya il-ḥadīsa illi il-saqāfa il-sāyida fī Maṣr bi-twaṣṣimha bi-l-ʿāmmiyya hiyya fī ḥaʾīʾit il-ʾamr il-luġa il-qawmiyya li-l-maṣriyyīn il-muʿāṣirīn, luġathum il-ʾumm (Muttersprache) yaʿnī illi mā b-yiġlaṭūš fīha ʾabadan, la fī naḥwaha wala fī ṣarfaha wala fī nuṭʾaha.* (*Aḫbār al-Adab*, 2 June 2000, p. 27, in Doss, Davies, 2013, p. 162)

Note that my transliteration is based on an interpretation of the text as morphophonologically "standard" vernacular Cairene Egyptian Arabic. There are variable items whose realization can be lexically conditioned: Thus, I have chosen to render the < ث > as /s/, and the < ق > as /ʾ/ in *ḥaʾīʾit* and *nuṭʾ* but as /q/ in *saqāfa* and *qawmiyya*. The issue of whether to "classicize" or not is a constant dilemma in the representation of Arabic texts in Latin script—pronunciation being governed by various pragmatic factors (and for this Madiha has often been a most valuable consultant).

Madiha Doss has not, to my knowledge, researched the history of Arabic (meta)linguistic terms, but has several valuable contributions on early orientalist representations of everyday spoken Arabic, in grammars and textbooks for use by European travellers, traders, and colonialists (Doss, 2012a; 2012b; 2015). The documentation of how the encounters with non-classical and oral manifestations of the language gradually were noted and perceived by people like Caussin de Perceval (d. 1871) and Savary (d. before 1800) is delightful reading. The term "arabe vulgaire" echoes the "Latin vulgaire", as used for the early Romance vernaculars—a philological tradition these scholars, such as Savary, must have been well acquainted with. It also evokes the same connotations as *luġat al-ʿāmma* and *al-luġa al-ʿāmmiyya* and the term "l'arabe usuel" echoes other common terms for *ʿāmmiyya*, such as *al-dāriǧa*, and colloquial *il-ʿādī*. On the other hand, as is demonstrated and argued by Doss, the early Arabists' conception of dialectal varieties is a very general one; differences are deemed slight and sometimes negligible, and the pedagogical texts produced for learners are dialogues mixing both standard and various dialect features. I assume that this mixed character of the constructed dialogues is the reason why Doss, in the first part of her 2015 contribution claims that "l'arabe vulgaire" of the early orientalists corresponds to "arabe moyen" or "arabe mixte" (and *ʿarabiyya wusṭā/wasīṭa)*—while it apparently refers to the spoken vernacular dialect(s) (Doss, 2015, p. 1). "Searching for a common way of writing (*un écrit commun*) would be a challenge for the orientalists in their trying to cope with (tâtonnement pour) finding a common language while they obviously noted variations of register, of regional varieties and even of situation, or context of discourse" (2012b, p. 196). However, Doss suggests that "this also could reflect actual written practices, that is, that mixed or Middle Arabic could have constituted a standard, although non-codified, norm of writing much more widely spread than suspected, in the period preceding the Nahda" (2012a, pp. 131-132, my translation) and as such could have served as a model for the early orientalists. Madiha Doss here is in the front line of recent research.

Al-luġa al-wasīṭa / luġa wusṭā – Intermediate Forms of the Language

This takes us into the conceptual challenges presented by manifestations of Arabic which do not (largely) conform to the standard norm of *al-ʿarabiyya / al-fuṣḥā* nor stay within the limits of everyday vernacular, or colloquial, usage, but where the speaker or writer—to varying degrees—combine features from both varieties. As a field of research, Middle Arabic studies is traditionally concerned with pre-modern and early modern written texts, often texts composed by Jewish or Christian Arabic-speaking writers for their communities (e.g. Blau, 1981; den Heijer, 2012). It is assumed that as non-Muslims they did not feel, to the same degree as for Muslim writers, the pressure to write in correct, normative *ʿarabiyya*, and thus more freely made use of grammatical structures and vocabulary from their spoken vernacular. As has been amply demonstrated, however, Middle Arabic was a register also used by Muslim writers, either because of careless writing or incompetence, or probably just as much as a less formal style deliberately used for less formal genres and contexts (Lentin, 2008, 2012).

The Arabic term for "Middle Arabic", as used (introduced?) by Madiha Doss is *al-ʿarabiyya al-wasīṭa* (Doss, 1997, p. 149; Doss, Davies, 2013), and this is the Arabic term adopted by the International Association for the Study of Middle Arabic and Mixed Arabic (AIMA)—comparable to the term for the Middle Ages, i.e. *al-ʿaṣr al-wasīṭ* (also *al-qurūn/al-ʿuṣūr al-wusṭā*). In Badawī (1973) however, we find the alternative *al-ʿarabiyya al-wusṭā*. Badawī in fact comes up with an interesting terminological distinction: the "Middle Arabic" of the medieval mixed texts (with reference *inter alia* to Blau's work on Judaeo-Arabic) is called *al-ʿarabiyya al-wusṭā*, while he labels the modern intermediate forms *luġa wusṭā* (Badawī, 1973, p. 67). This term is also used by Doss in the 1997 article, writing about the Egyptian reformer and journalist ʿAbdallāh al-Nadīm (d. 1896), known to have used the Egyptian vernacular alongside *fuṣḥā* in his journals in order to reach the common, illiterate people: "There are also some paragraphs *(fuṣūl)* in which the two levels, the elevated and the vernacular *(al-faṣīḥ wa-l-ʿāmmī)*, are mixed *(yaḫtaliṭu fīhā)*, which we could consider as (belonging to) *al-luġa al-wusṭā*" (Doss, 1997, p. 146). It is not clear to me to what degree the distinction between the two terms used in the article is principled and premeditated.

Al-luġa al-wusṭā, however, is a multifaceted concept. It became well known to anglophone Arabists through Charles Ferguson's seminal article "Diglossia" (1959), where he used this Arabic term to render his concept of "unstable intermediate forms of the language". In Ferguson's definition of the concept it clearly has a colloquial morpho-phonological base, but has much *fuṣḥā* vocabulary and is influenced by some syntactical features as well (Ferguson, 1959, p. 332). When I searched in various Arabic modern sources for the use of *luġa wusṭā* (Mejdell, 2011) I found, however, that the term was most often used to refer to a less elevated register of the written, standard language, not *fuṣḥā* style (but still *faṣīḥa*), for instance the language of the written media *(luġat al-ṣaḥāfa)*, or the simplified language of literary dialogues, such as in Nagīb Mahfūẓ. Badawī refers to the playwright Faraḥ Anṭūn (d. 1922) using a kind of language described as neither *fuṣḥā* nor *ʿāmmiyya*, but rather *al-fuṣḥā al-muḫaffafa* (*fuṣḥā* "light") or *al-ʿāmmiyya al-mušriqa* ("radiant/bright" *ʿāmmiyya*) (Badawī, 1973, pp. 69-70) and a recent online source typically explains that *luġa wusṭā*, while basically used by the media, follows two currents: one which is a simplified, but correct Arabic *(ʿarabiyya salīma)*, the other an elevated colloquial/vernacular *(ʿāmmiyya muhaḏḏaba)* "which is able to rise to the level of *al-ʿarabiyya al-wusṭā*" (Mejdell, 2011).

Doss and Davies explicitly aim at excluding from their anthology texts that are not "pure" *ʿāmmiyya* (besides being intended by their authors as such). How difficult it can be to keep categories "clean" and "pure", however, is demonstrated by the inclusion of a text by Ṣabrī ʿUthmān, who explicitly refers to the language form of his writing as *al-luġa al-wusṭā aw al-ṯāliṯa* (Doss, Davies, 2013, pp. 28, 128).

The terminological and conceptual challenges are not less demanding on the Western sociolinguistic front, and there is no end to the labels we find to represent various manifestations of these contemporary "intermediate forms of the language" (Ferguson's very smart, and neutral, notion), such as: Educated Arabic, Educated Spoken Arabic, Inter-Arabic, mixed Arabic, Mittelarabisch, Mischsprache, l'arabe médian, troisième variété.

In an early, insightful contribution discussing the range of varieties used on Egyptian TV, Madiha Doss hesitates between the terms "l'arabe littéraire parlé" ("spoken literary Arabic") and "le dialecte élevé" ("elevated colloquial Arabic") for "une production orale spontanée constituée de traits du dialecte et de la langue littéraire" ("spontaneous oral production with features of dialect and literary language") (Doss, 1987, p. 63, n. 1). She refers to the distinction in Maurice Salib's (formerly teacher at The American University in Cairo) work between "Spoken Literary Arabic" and "Educated Cairene Arabic", and that the distinction is problematic to uphold from a linguistic perspective, as even in a single utterance a speaker may pass between one level and another (1987, p. 72). Most models representing the totality of registers in spoken Arabic have terminological problems with identifying the transition from "basically standard" to "basically vernacular". Badawī's (1973) model is a continuum with levels *(mustawayāt)* consisting of gradually decreasing and increasing amounts of features from *fuṣḥā* and *ʿāmmiyya* respectively; the middle part of the continuum he labels *ʿāmmiyyat al-muṯaqqafīn,* in principle with equal representation of the two basic varieties. However, the label *ʿāmmiyya* does suggest that the vernacular somehow is perceived to predominate in the mix… The "pluriglossic" model of Joseph Dichy does not solve the problem by simply stating that "l'arabe moyen de type 1" is the product of regional L [vernacular] syntagms being inserted into sentences "dont la syntaxe relève globalement l'arabe littéraire parlé" and "l'arabe moyen de type 2" a product of inserting standard syntagms into sentences "dont la syntaxe relève globalement du parler régional du locuteur" (Dichy, 1994, pp. 28-29). When later researchers took over the code-switching paradigm, the same problem surfaced when one should decide which of the two codes involved was to be defined as the matrix variety. In my work I have come to prefer "mixed styles", as it gives the right connotations of *register* variation and is wide enough to handle considerable genre and text type variation, and both code-switching and -mixing strategies. On the other hand, the concept "mixed styles" is also so wide that it has to be focused and specified for each case study.

Final Comments

Metalinguistic concepts and labels are tools to describe, distinguish and interpret linguistic practices and products. The diverse manifestations of Arabic: spoken and written, standard and vernacular, formal and informal; the language with all its stylistic levels and regional varieties is represented by a range of concepts and labels through which its users—and observers—try to make order and make sense of its heterogeneity. As we have seen some examples of above, from the work of Madiha Doss and others, such concepts and labels tend to reflect linguistic attitudes and values of the society and the individuals who coin them and promote them.

Bibliographical References

Badawī, El-Saïd M., *Mustawayāt al-luġa al-ʿarabiyya al-muʿāṣira fī Miṣr*, Dār al-Maʿārif, Cairo, 1973.

Blau, Joshua, *The Emergence and Linguistic Background of Judaeo-Arabic: A Study of the Origins of Middle Arabic*, Oxford University Press, London, 1965 (1st ed.); Ben-Zvi Institute, Jerusalem, 1981 (2nd ed.).

Den Heijer, Johannes, "On Language and Religious Identity: The Case of Middle Arabic, with Special Reference to the Christian Arab Communities in the Medieval Arab East", in Mejdell, Gunvor & Edzard, Lutz (eds.), *High vs. Low and Mixed Varieties. Status, Norms and Functions across Time and Languages, Harrassowitz,* Wiesbaden, 2012, pp. 53-87.

Dichy, Joseph, "La pluriglossie de l'arabe", *BEO* 46, 1994, pp. 19-42.

Diem, Werner, *Hochsprache und Dialekt im* Arabischen, Franz Steiner GMBH, Wiesbaden, 1974.

Doss, Madiha, "Les variétés linguistiques en usage à la télévision égyptienne", *Bulletin du CEDEJ* 21, 1987, pp. 63-74.

—, [Dūs, M.], "al-ʿĀmmiyya al-miṣriyya ʿinda ʿAbdallāh al-Nadīm", *Qaḍāyā fikriyya* 17-18, 1997 [special issue on *Luġatunā al-ʿarabiyya fī maʿrakat al-ḥaḍāra*], pp. 145-150.

—, "A Reading of Savary's Grammar in the Context of the Growing French Influence in North Africa and The East Mediterranean", in Ibrahim, Nasser Ahmed (ed.), *Objectivity and Subjectivity in the Historiography of Egypt. In Honour of Nelly Hanna*, Cairo, General Egyptian Book Organization, 2012a, pp. 110-136.

—, "Une tradition didactique appliquée à l'arabe. Les dialogues Pétis de La Croix - Savary", in den Heijer, Johannes *et al.* (eds.), *Autour de la langue arabe. Études présentées à Jaques Grand'Henry à l'occasion de son 70e anniversaire*, Publications de l'Institut orientaliste de *Louvain 61, Université catholique de Louvain,* Peeters, Leuven, 2012b, pp. 189-206.

—, "Apparition du concept d'arabe vulgaire", in Rachid, Amina & Mobarak, Salma (eds.), *Débuts en comparaison*, Publisud, Paris, 2015, pp. 199-208 (Draft version consulted by me).

—, "Notes on Dialect Research in Egypt" (Draft version), Forthcoming.

Doss, Madiha & Davies, Humphrey [Dūs, M., Dayfīs, H.] (eds.), *al-ʿĀmmiyya al-miṣriyya al-maktūba*, Cairo, 2013.

Ferguson, Charles A., "Diglossia", *Word* 15, 1959, pp. 325-340.

Lenṭin, Jérôme, *Encyclopedia of Arabic Language and Linguistics*, s.v. "Middle Arabic", vol. 3, pp. 215-224, Brill, Leyde, Boston, 2008.

—, "Reflections on Middle Arabic", in Mejdell, Gunvor & Lutz, Edzard (eds.), *High vs. Low and Mixed Varieties, Harrassowitz,* Wiesbaden, 2012, pp. 32-52.

Mejdell, Gunvor, *Encyclopedia of Arabic Language and Linguistics Online*, s.v. "Lugha Wusṭā", 2011.

—, *Encyclopedia of Arabic Language and Linguistics Online*, s.v. "Lahja", 2018.

Catherine Miller
Aix Marseille Université, CNRS, Iremam, Aix-en-Provence

Passage du français à la *dārija*

Trois versions de la pièce *Il/Houwa* de Driss Ksikes

Préliminaire

Cet article se veut un très modeste hommage aux travaux de Madiha Doss sur l'écrit dialectal en Égypte et sur le rôle des traducteurs depuis le XIXe siècle. Comparée à l'Égypte, la production écrite en arabe marocain (appelé *dārija* au Maroc) reste peu développée, même si elle s'amplifie notablement depuis le début des années 2000. J'ai choisi ici un texte théâtral marocain contemporain passé par plusieurs versions du français à l'arabe marocain. Ce passage du français à l'arabe dans le contexte artistique marocain des années 2000 symbolise les débats et prises de position qui ont animé les milieux artistiques, médiatiques et intellectuels marocains concernant la place respective des langues au Maroc mais également la place et le rôle de la création artistique.

Le texte choisi est celui de la pièce *Il/Houwa*[1] écrite par Driss Ksikes et présentée pour la première fois en octobre 2008 par la troupe du Dabateatr à la salle Bahnini (espace culturel du ministère de la Culture) à Rabat. Les critiques de journaux et un prix gagné au XIe Festival national de théâtre de Meknès en juillet 2009 indiquaient que cette pièce était considérée par certains comme un événement dans le paysage théâtral marocain. De 2009 à 2012, une résidence du Dabateatr à l'Institut français de Rabat intitulée le *Dabateatr citoyen* a connu un succès croissant, devenant l'un des événements culturels marquants et incontournables de la capitale marocaine

1. La transcription respecte l'orthographe francophone qui a été choisie par l'auteur lui-même et qui apparaît dans les dossiers de presse. Même chose pour l'hebdomadaire *Nichane* qui n'est jamais transcrit *Nishân* au Maroc.

(Miller, Abou El Aazm, 2014). La majorité des spectacles issus d'ateliers d'écriture animés par Ksikes ou produits par de jeunes troupes invitées étaient en *dārija*. Une deuxième pièce, *180 degrés* de Driss Ksikes, en partie issue de ces ateliers, a été montée par le Dabateatr et présentée au Théâtre national Mohamed V de Rabat en octobre 2010, obtenant un vif succès auprès du public et de la critique. Le texte a également deux versions en arabe et en français. Une troisième pièce a été traduite par Ksikes. Il s'agit de *Pas de Mémoire, Mémoire de pas* écrite et jouée une première fois en français à l'Institut français de Rabat en 1999 puis présentée en arabe marocain sous le titre *Goulou* au Théâtre national Mohamed V de Rabat, avec une mise en scène d'Imane Zerouali le 19 mars 2012.

Entre 2008 et 2012, le travail engagé par Ksikes et le Dabateatr a donc connu une visibilité importante et leurs choix, tant linguistiques que dramaturgiques, pouvaient être considérés comme les marqueurs d'une nouvelle expression théâtrale au Maroc. À partir de 2013, la collaboration entre Ksikes et le Dabateatr s'est relâchée. Le Dabateatr a poursuivi ses créations en *dārija*, en particulier autour de textes de Jaouad Essounani (*Hadda, Hassan lKliché*) directement écrits en arabe marocain. Ksikes, de son côté, semble renouer avec ses partenariats francophones. Il a écrit une pièce en français *N'enterrez pas trop vite Big Brother* mise en scène par Catherine Marnas de la Compagnie Parnas et dont la première a été présentée à la Friche la Belle de Mai à Marseille le 26 novembre 2013.

Cet article témoigne donc d'une expérience singulière. Il ne sera pas question ici d'évaluer le réel degré d'innovation de la pièce *Il/Houwa*, que ce soit sur le plan linguistique ou sur celui de la mise en scène, mais plutôt de rendre compte d'une rencontre, d'un contexte et de s'interroger sur les raisons qui ont poussé un auteur qui jusque-là écrivait ses romans et ses pièces en français à passer à l'arabe marocain. J'ai eu la chance que Ksikes me permette d'accéder aux différentes versions écrites et encore non publiées du texte en français et en arabe, me donnant ainsi la possibilité de les comparer[2]. L'intérêt de cette démarche de traduction à laquelle s'est livré Ksikes tient au fait qu'elle s'inscrit dans un mouvement apparu dans les années 2000 visant à promouvoir une langue marocaine moderne dans

2. Je remercie infiniment Driss Ksikes de m'avoir donné trois versions de sa pièce. Toute erreur d'interprétation et d'analyse est mienne bien entendu. La publication en français de la pièce a été faite par la maison d'édition Marsam en 2011.

un contexte de renouveau culturel et d'ouverture économique et politique (Caubet, 2007 ; Elinson, 2013 ; Miller, 2015). L'arabe marocain est depuis les années 1930 présent dans le domaine théâtral, en particulier dans la comédie, mais le théâtre est, à côté de la littérature et du journalisme, l'un des lieux où s'expérimentent de nouvelles formes d'écritures.

Il/Houwa et la place du théâtre sur la scène culturelle marocaine des années 2000

Si le théâtre marocain fut, dans les années 1960-1970, au cœur des mobilisations artistiques, sociales et politiques[3], il apparaissait dans les années 2000 en déclin et en retrait du renouvellement qui marquait la scène musicale, les arts plastiques et le cinéma marocains[4]. Malgré une politique de soutien public en faveur des jeunes troupes initiée à partir de 1998, le théâtre marocain du début des années 2000 est principalement un théâtre de divertissement, diffusé par la télévision, et on constate l'absence de pièces d'auteur (particulièrement en arabe), le désintérêt des spectateurs et le manque d'innovation (Belghali, 2010). À la suite du démantèlement du théâtre amateur dans les années 1980 et de la fermeture de plusieurs salles de théâtre, les troupes manquent cruellement de lieux et de soutien. Dans les articles de presse ou les documentaires consacrés au renouveau culturel du Maroc (connu sous le nom de *nayda* à partir de 2005), on ne trouve pas, jusqu'en 2009, de jeunes metteurs en scène ou d'écrivains de théâtre mentionnés comme des exemples du « Maroc qui bouge ». C'est ce que la journaliste Maria Daïf du journal *Telquel*, bien introduite dans ces milieux culturels, exprime de façon relativement lapidaire (*Telquel*, 27 juin-3 juillet 2009, p. 80) :

> Nayda a déferlé sur la musique, le cinéma, la mode et les arts plastiques [...] Le théâtre, lui, reste à la traîne. Dans les années 1970, c'était sans conteste l'expression artistique phare. Pièces militantes, comédies et malhamate

3. Pour le rôle fédérateur du théâtre entre scène, musique et engagement politique dans les années 1960-1970, voir Touzani, 2003 ; Ouzri, 1997 ; Ikken, 2006.
4. Pour une étude de ce renouveau culturel, voir le film documentaire *Casanayda !* écrit par Dominique Caubet et réalisé par Farida Belyazid et Abderrahim Mettour, Sygma Production, Casablanca, 2007.

> [« épopées »] avaient le vent en poupe. Puis plus rien. Le propos s'est figé et les grandes figures des planches sont les mêmes depuis les années 1960. La crise perdure et l'effet Nayda n'y change rien. Ces dix dernières années le théâtre n'a pas fait de remous. [...] On retiendra juste ça : le théâtre ne va pas bien.

Cependant un renouveau théâtral se fait sentir au milieu des années 2000, particulièrement autour de jeunes troupes créées par des jeunes lauréats de l'Institut supérieur d'art dramatique et d'animation culturelle (ISADAC) de Rabat, établi en 1986 (Miller, Abou El Aazm, 2014). On citera ainsi, pour la région Rabat-Casablanca, la troupe du Dabateatr créée en 2004-2005 par Jaouad Essounani ; Daha-Wassa créée en 2006 par Ahmed Hammoud ; N.J : (Nous Jouons pour les arts) créée par Ghassan El Hakim en 2006 ; la Compagnie Kaktus créée en 2010 par Aïcha Ayoub et Kimberley Jeitz, etc., mais aussi le Théâtre Aquarium de Naima Zitan ou le Théâtre nomade de Mohammed El Hassouni, qui sont plus inscrits dans une démarche de théâtre social. La plupart de ces troupes sont proches des acteurs de la « nouvelle scène » musicale et cinématographique [5]. Soutenues principalement par des instituts culturels européens mais aussi par quelques initiatives privées comme la Fondation des Arts vivants du publiciste Noureddine Ayouch, ces troupes revendiquent un théâtre engagé, un art total en interaction avec le public, qui fassent réfléchir et réagir. Cette nouvelle génération refuse de se laisser enfermer dans les sempiternelles valeurs patrimoniales arabo-musulmanes qui ont dominé le champ culturel marocain pendant des décennies. Elle veut s'ouvrir et s'ancrer dans la contemporanéité de la société marocaine perçue comme éminemment plurielle. Beaucoup de ces troupes ont commencé par des adaptations en arabe marocain de textes modernes comme *La Jeune fille et la mort* d'Ariel Dorfman (*Chamâa* du Dabateatr en 2004), *Trois nuits avec Madox* de Matei Visniec (Daha-Wassa en 2010) ou Ionesco (*L'fhamator* par la troupe Nous Jouons pour les arts en 2010). L'adaptation en arabe marocain de pièces de théâtre européennes remonte, là encore, aux années 1930 et surtout 1950-1960 et avait

5. Autour des promotions de l'ISADAC et du réalisateur et producteur de films Nabil Ayouch, on trouve un réseau de jeunes ou moins jeunes gens comme Hicham Lasri, Said Bey, Amine Ennaji, Amal Ayouch, etc., considérés comme des figures de la nouvelle scène cinématographique qui ont tous collaboré avec Jaouad Essounani et le Dabateatr (Miller, Abou El Aazm, 2014).

principalement concerné la comédie, mais pas seulement, puisqu'une grande figure du théâtre marocain, Tayeb Saddiki, a adapté dans les années 1960 des pièces de Gogol (1957 et 1970), Aristophane (1959), Ben Johnson (1960), Ionesco (1963), Beckett (1962), etc., dans un registre marocain soutenu (Langone, 2006). Mais à la différence d'un Saddiki, les jeunes dramaturges des années 2000 refusent de reproduire une *dārija* poétique marquée par la tradition du *zajal* ou une *dārija* littéraire se rapprochant du classique, et optent pour ce qu'ils appellent une *dārija* contemporaine, proche de la langue quotidienne où le *code-switching* avec le français est souvent très présent.

Dans ce contexte, l'expérience de la pièce *Il/Houwa* me semble emblématique pour plusieurs raisons.

1. Il s'agit d'une pièce littéraire et dramatique (et non d'une comédie) dont la première version a été écrite en français avant de connaître plusieurs versions successives en vue de sa représentation au Maroc. Du texte français à la performance théâtrale nous pouvons ainsi percevoir le travail de « mise en *dārija* ».
2. Son auteur est une personnalité intellectuelle relativement connue au Maroc : écrivain, chercheur, il est aussi journaliste et spécialiste des médias. C'est en tant que journaliste qu'il a fait partie des pionniers qui se sont publiquement prononcés en faveur d'une valorisation de la *dārija* au Maroc. Il y a développé un discours très construit sur le rôle et la place de la *dārija* dans la société marocaine.
3. Le texte français est de facture contemporaine relativement universelle dans la lignée de grands auteurs du XXe siècle comme Beckett et la mise en scène *Il/Houwa* se veut et relève d'une expérimentation qui participe à la création d'un théâtre marocain moderne et engagé où les choix linguistiques sont dûment pensés et réfléchis.

Toute la communication et les dossiers de presse qui ont accompagné la sortie de la pièce insistent sur le côté expérimental, transgressif, novateur, défendant un « théâtre alternatif » et en phase avec un mouvement culturel plus large :

> « IL », c'est un mélange de mots, de langues, d'énergies et de publics, un melting-pot de ces artistes qui font bouger la scène culturelle marocaine. Cette expérience prometteuse réunit ainsi des symboles d'une nouvelle

génération, d'un Maroc créatif, pour donner une certaine visibilité au théâtre marocain, à l'intérieur et à l'extérieur des frontières du pays.

Au-delà de ce désir de s'inscrire dans une dynamique de renouvellement culturel et social, l'expérience de *Il/Houwa* est née de la rencontre de deux personnalités :

– Driss Ksikes, plus connu au Maroc comme intellectuel proche des élites progressistes francophones marocaines, en quête d'un public plus large et de nouvelles expériences ;

– Jaouad Essounani, metteur en scène et directeur du Dabateatr, proche de la nouvelle génération des jeunes artistes marocains en quête de partenariat intellectuel pour ses projets de renouvellement du théâtre marocain.

Driss Ksikes et Jouad Essounani
Itinéraires, œuvres et choix de langue[6]

Itinéraires

Parfaitement plurilingue, Ksikes a reçu une scolarisation trilingue arabe, français et anglais dans le système public (car il appartient à la génération qui n'a pas connu l'arabisation de l'enseignement public). Au lycée il a suivi une formation littéraire et anglophone et a obtenu une maîtrise de littérature anglaise et un diplôme de traduction arabe-anglais-français. À partir de 1992-1993, il abandonne les études supérieures et devient critique littéraire dans des journaux francophones marocains (*Libération*, *Le Journal*). Il devient ensuite rédacteur en chef de l'hebdomadaire marocain *Telquel* de 2001 à septembre 2006 et de sa version arabophone *Nichane* pendant cinq mois, de septembre 2006 à janvier 2007. Il est actuellement directeur de rédaction de la revue *Economia* et directeur du Centre d'études sociales, économiques et managériales (CESEM) de Rabat, centre de recherche dépendant d'une grande école privée, l'Institut des hautes études de management (HEM). À 40 ans en 2009, Ksikes a donc déjà de nombreuses activités à

6. Cette section se base sur une première interview avec Ksikes en mai 2009 à Rabat, une seconde interview en juin 2013 en Avignon, et des lectures dans des dossiers de presse.

son actif et bénéficie d'une reconnaissance tant nationale qu'internationale et même d'une brève notice sur Wikipédia[7].

En 2014 il est cité par l'hebdomadaire *Jeune Afrique* parmi les « 50 qui font le Maroc en 2014 »[8].

Depuis 2007-2008 il est également lié aux cercles intellectuels et artistiques de la ville de Marseille et de la région PACA. Il a participé à plusieurs numéros de la revue *Pensée de Midi* (Actes Sud, Arles) : nº 23 – *Tanger, ville frontière* ; nº 24-25, *Le mépris*, en 2008. Il a collaboré à un ouvrage collectif : *Les médias en Méditerranée* (Actes Sud, Arles, 2009). Il est également l'initiateur depuis juin 2009 des Rencontres d'Ibn Rochd de Rabat, qui se veulent le pendant marocain des Rencontres d'Averroès qui se déroulent tous les ans à Marseille. Il est régulièrement invité par les institutions culturelles marseillaises, comme ce fut le cas le 23 mars 2015 au Mucem, à l'occasion de la publication de son nouveau récit *L'homme descend du silence* (Al Manar, Paris, 2015).

Journaliste et intellectuel engagé, Ksikes est également écrivain et dramaturge. Neveu du dramaturge marocain Nabil Lahlou qui l'a fortement influencé dans sa jeunesse, Ksikes considère que le théâtre est sa passion, car « le théâtre est le seul lieu dans le monde qui te permet de voir des êtres vivants sur scène, de te faire toucher l'essentiel ». L'ensemble de son œuvre théâtrale s'inscrit dans une tradition du théâtre de l'absurde. Son intérêt pour le théâtre passe par deux phases : une phase exploratoire (1996-2000), interrompue pendant sa carrière de journaliste, et une phase d'approfondissement, qu'il situe à partir de 2007 et où il décide de consacrer plus de temps au théâtre. Ses premières pièces ont été mises en scène et jouées dans un contexte de théâtre amateur à l'Institut français de Rabat, avec sa femme Iman Zerouali comme actrice principale. Son œuvre théâtrale a fait l'objet d'études littéraires comme celle de Khaled Zekri (2008). Il a été le concepteur de la version marocaine du « Bocal agité », une expérience de théâtre d'improvisation en collaboration avec Gare au Théâtre (Vitry-sur-Seine) et l'Institut français de Rabat en 2007. Il a également participé au lancement de la « Fondation des Arts vivants » du publiciste, mécène et amateur de théâtre Noureddine Ayouch. C'est en 2007, via la Fondation et l'expérience du Bocal agité que Ksikes découvre le travail de Jaouad Essounani, qui le séduit.

7. https://fr.wikipedia.org/wiki/Driss_Ksikes
8. http://www.jeuneafrique.com/134924/culture/les-50-qui-font-le-maroc-driss-ksik-s/

Né à Séfrou en 1978, Jaouad Essounani a dix ans de moins que Ksikes et un tout autre itinéraire. Issu de l'enseignement public arabophone, il a été dès l'école primaire initié au théâtre dans sa ville natale par le biais d'une troupe amateur se produisant à la Maison des jeunes de sa ville. Il intègre non sans difficulté l'ISADAC en 1999 et y fera trois rencontres décisives qui marqueront son engagement théâtral : Richard Brunel, Fadel Jaïbi et Peter Brook. Révolté et en rupture avec les milieux théâtraux marocains, il fonde en 2004-2005 sa propre compagnie, Dabateatr, avec des jeunes condisciples de l'ISADAC et la volonté de s'engager dans un projet théâtral total où « le théâtre n'est pas que le spectacle mais un ancrage dans la société, la territorialité ». Il veut vivre du théâtre et pour le théâtre, ce qui n'est pas une mince gageure au Maroc. Ses premières créations comme *Crashland* en 2004, *Chamäa* en 2005 créée dans le contexte de l'instance Équité et Réconciliation, *Kosmoprophètes* et *D'hommages* en 2007 vont asseoir la réputation de la compagnie auprès de nombreux jeunes artistes qui viendront travailler avec lui à un moment ou un autre. Entre 2005 et 2009, Essounani effectue plusieurs séjours en Europe où il travaille avec Peter Brook à Paris, Harold Pinter à Londres. Puis il choisit de revenir au Maroc pour développer ses projets d'animation culturelle et théâtrale. Car il inscrit dès le départ son projet dans une démarche collective et non pas individuelle, voulant allier création artistique et animation culturelle en fédérant les initiatives autour de son projet ACCAL « pour promouvoir une Action culturelle, citoyenne, artistique, libre ». Il pratique un théâtre-performance mêlant théâtre, musique, danse et improvisation. Dès ses premières créations, la *dārija* est très présente, même si Essounani peut aussi présenter le même spectacle dans une version française et arabe. Ainsi, il présente avec sa troupe *La jeune fille et la mort* d'Ariel Dorfman en français au Goethe-Institut à Rabat le 5 décembre 2004 et en *dārija* à la salle Bahnini le 15 décembre 2004. Moins connu médiatiquement que Ksikes en 2008, Essounani n'en développe pas moins un discours très politique sur la place du théâtre dans la cité et la volonté d'inscrire le théâtre dans une action collective et un territoire urbain. Comme l'indique le texte de la charte de la compagnie : « Dabateatr porte dans ses gênes le souci politique d'être connecté à l'actuel et au réel à partir d'une recherche esthétique permanente. » La rencontre avec Ksikes confortera la dimension politique et intellectuelle de sa démarche mais confrontera sa troupe à un texte que beaucoup ont jugé difficile à comprendre et à transposer sur scène.

Œuvres et choix linguistiques : l'expérience Nichane

Ksikes pratique l'écriture depuis 1990-1991, sous forme de romans, nouvelles et pièces de théâtre. Toutes ses œuvres publiées l'ont été en français. On y trouve à la date de 2015 six pièces de théâtre, deux nouvelles et deux romans (voir bibliographie). Plurilingue, Ksikes a, comme beaucoup d'écrivains et intellectuels marocains, un rapport privilégié, voire intime, avec la langue française qu'il a décrit dans son premier roman *Ma boîte noire* et qu'il rappelle dans l'interview de 2009 :

> La première langue à laquelle j'ai pensé mon écriture est le français, langue de la passion, langue que je maîtrise le mieux parce que j'ai un rapport très particulier avec les mots en français.

De ce fait il entretient des relations serrées avec les institutions culturelles françaises au Maroc comme en France. Interrogé sur ses pratiques d'écriture et ses modèles d'inspiration littéraire, Ksikes revendique clairement son attirance vers les grands noms de la littérature occidentale du XXe siècle : James Joyce, Faulkner, Céline, Brecht et surtout Beckett, pour le théâtre : « Le côté absurde, bien sûr, mais aussi parce que Beckett a une écriture de théâtre comme une symphonie, le silence et les paroles ont la même valeur. » À l'inverse « j'ai eu très peu de coups de cœur chez les Arabes, sincèrement même si j'ai beaucoup lu, mon seul coup de cœur c'est Tayeb Salih et aussi Edward Saïd, les gens qui ont essayé de comprendre, au-delà du jugement, la gestion du rapport Orient-Occident, les gens qui ont essayé de comprendre l'âme humaine et qui n'ont pas été dans l'identité, l'identité ne m'intéresse pas, c'est l'humain ».

C'est son activité de journaliste qui va l'amener à écrire et prendre position en faveur de l'arabe marocain. Selon ses dires, quand il devient rédacteur en chef de l'hebdomadaire *Telquel* en 2001, il est l'un des premiers à penser qu'il faudrait étendre l'expérience de *Telquel* au lectorat arabisant afin d'en élargir l'audience. *Telquel* est alors un hebdomadaire progressiste qui se pique de décrire le « Maroc tel qu'il est » et d'aborder les sujets tabous. Nommé rédacteur en chef de la version arabophone de *Telquel*, *Nichane*, en septembre 2006, Ksikes précise dans son premier éditorial que la langue de *Nichane* sera une « lange arabe simple, de son époque et de son lieu, dégagée d'effets rhétoriques et avec un parfum marocain » :

> نيشان ستكتب بلغة زمانهة عربية سهلة خالية من العبارات البديعية و لغة مكانهة أي فيها نفحة مغربية.

Son idée n'est pas de faire un mensuel écrit uniquement en *dārija* mais de « circonscrire la *dārija* dans un moule arabe car la *dārija* est inscrite dans le continuum de la langue ». Il voulait participer à la création d'une langue arabe moderne, allier audace et esprit critique. Cette expérience journalistique – qui n'a duré que douze semaines pour Ksikes à cause de l'affaire des caricatures[9] – est importante car elle permet de comprendre les choix de Ksikes en matière d'écriture et de transposition théâtrale. Elle montre aussi que chez Ksikes l'utilisation de la *dārija* s'inscrit dans une démarche très réfléchie sur le rôle qu'elle peut avoir dans l'expression écrite et orale. Il décrit ainsi le projet linguistique de *Nichane* :

> Je visais un lectorat arabophone bilingue réceptif à de nouvelles formes, de nouvelles valeurs. La forme crée le contenu et le langage était un élément fondamental dans laquelle on était dans la décrispation de l'identité, mais pas comme une fin en soi. Je voulais faire une sorte de *Rôz el-Youssef* marocain où la *dārija* intervient à trois niveaux : a) exprimer quelque chose qui émotionnellement ne passe pas par la langue savante, b) traduire quelque chose qui sociologiquement est plus représentatif, c) permettre une économie de moyen. Je voulais montrer que l'arabe peut être une langue économe contrairement aux stéréotypes qu'on colporte. L'arabe n'est pas forcément une langue redondante, la rhétorique arabe n'est pas forcément dans la réitération.

Concernant le rôle de *Nichane* dans la valorisation de la *dārija* il précise :

> Nous savons que nous n'allons pas créer la *dārija* aujourd'hui, nous n'allons pas faire de la *dārija* une langue écrite alors qu'elle n'est pas encore codifiée mais nous allons accompagner le mouvement qui est d'arriver à la langue marocaine et nous allons peut-être forcer le mouvement de l'histoire car nous sommes dans les médias. Le projet était d'arriver à un projet clair de codification, transcription de standardisation au niveau des transcriptions [...]

9. La publication du numéro 91 de *Nichane* (9-15 décembre 2006) avec un dossier consacré aux blagues marocaines a provoqué une véritable tempête politico-médiatique avec fermeture temporaire du journal et procès de Ksikes et de la journaliste Sanaa Elaji. Cet événement a été largement rapporté dans la presse marocaine. Voir, par exemple, le site de *Telquel* : http://www.telquel-online.com/ et celui de *Aujourd'hui le Maroc*, http://www.aujourdhui.ma/aufildesjours-details51153.html ; voir également Aguade, 2012, et Cohen, 2011.

Ce projet de codification de la *dārija* n'implique cependant pas pour lui une autonomisation de la *dārija*, en tout cas dans l'écrit journalistique :

> La question de la *dārija* ne doit pas être posée indépendamment de l'arabe. La *dārija* pensée comme entité autonome, on fait l'affaire de qui ? Il n'y aurait pas de lecteurs suffisants au niveau de l'écrit cela ne porterait pas très loin car la *dārija* est toujours une forme dépréciée de la transmission du savoir. *Au niveau littéraire cela aurait un sens de travailler sur l'arabe marocain pour mieux saisir le réel*, pas pour créer l'île Maroc, on est déjà trop insulaire. *La question de la* dārija *a un sens dans l'oralité, dans l'espace théâtral, elle a un sens parfait*. En Égypte, le marché de l'écrit est grand, chez eux il y a des structures institutionnelles qui ont réglé la question à l'oral. Au Maroc, on est encore à régler la question de l'oral. On ne peut pas faire tout en même temps. Il faut d'abord régler à l'oral cette compréhension de soi pour qu'elle fonctionne ensuite à l'écrit [...]

À partir d'une telle réflexion sur le rôle de la *dārija* au niveau littéraire, on comprend que Ksikes ait eu envie de voir certaines de ses pièces mises en scène en *dārija* :

> Au fil du temps, quelque chose s'est passé dans ma tête. Au niveau théâtral, je suis très intéressé par le métissage. C'est peut-être la conscience de ce qui se fait autour de moi, de comprendre que nous sommes dans une phase historique de métissage et que le métissage n'est pas assez mis en valeur chez nous. Personnellement, je pensais que la *dārija* était un moyen de traiter cela au théâtre.

L'opportunité de ce passage à la *dārija* lui a été apportée par le Dabateatr, lui permettant ainsi de sortir du public francophone restreint, de confronter ses textes à l'épreuve du public et de les rendre, comme il le reconnaît, moins désincarnés : « Une pièce doit vivre, l'écriture doit être mise à l'épreuve du corps du comédien et doit évoluer. » Les versions successives du texte témoignent de cette volonté de « faire vivre » le texte de *Il/Houwa* en le transposant de la page écrite à l'oralité de la scène.

Le contenu de la pièce *Il/Houwa*

Ksikes considère *Il/Houwa* comme « [s]a première tentative de [s]'exprimer par le théâtre sur une question fortement politique ». La pièce est un réquisitoire contre la dictature, la répression policière, l'injustice sociale, la pauvreté, l'obscurantisme et, surtout, la manipulation des gens par les médias. Elle met en scène sept personnages :

– six Uterriens (3 hommes et 3 femmes) désignés comme Uterrien 1, 2, 3 et Uterrienne 1, 2, 3 qui vivent dans un espace clos, souterrain (Uterrus, sous la terre) et dont on ne connaîtra la vie que par bribes ;

– un messager (ILAN) qui vient par intervalle leur apporter les messages de IL (Huwa), dont on ne connaît ni le nom, ni le visage.

Le synopsis de la pièce est présenté comme suit dans le dossier de presse.

> Un groupe de personnes invariablement courbées, dits Uterriens, longtemps opprimés, s'en sortant à peine, vivent hors du temps, sans aucune connexion au monde, sous la houlette d'un maître à penser invisible, connu sous le prénom d'IL. Ils ne savent pas comment en sortir et comment y vivre. Ils ne savent si c'est une prison, si c'est un exil, si la vie est ainsi faite, et si hors d'Uterrus, c'est meilleur.
>
> • IL est un mystère. Ils le connaissent à travers son messager, connu sous l'éponyme de La voix. IL leur fait comprendre que l'un ou l'une d'entre eux possède la clé au fond de lui mais ne s'en rend pas compte. IL les invite alors, durant six jours (les six jours de la Genèse) à tenter, chacun à sa manière, de trouver l'issue. Le but étant qu'ils présentent devant IL, le jour des intercessions, le spectacle des Uterriens.
>
> • Avant d'atterrir chez les terriens, ils doivent apprendre par cœur des phrases toutes faites, tout droit tombées du ciel. Elles doivent être gravées dans leur tête et récitées sans la moindre fausse note. Le spectacle qu'ils doivent préparer devra être donné devant IL, le jour des intercessions.
>
> • Dans un premier temps, ils se mettent à reproduire la violence télévisuelle, journalistique, la mimer, et sans transition, la machine se détraque. Face à la lumière, ils se mettent à raconter la violence ordinaire qu'ils subissent tous les jours, de la belle-mère, du voisin, du chef d'entreprise, de l'oncle barbu, des sous-fifres de IL, du temps qui les écrase,

des regards malveillants, etc. Leur obsession est de cesser d'avoir le dos courbé et de se redresser. Après l'épisode de la lumière télévisuelle, vient celui de l'identité, puis celui de la marginalité. À chaque fois, ils explorent les pistes pouvant les aider à quitter cet Uterrus de la terre qui les avilit.

• Les divergences commencent à se faire ressentir. Une fois embarqués dans leur délire, ils deviennent incontrôlables. Chacun en fait trop à sa façon. Tous ont envie d'en découdre. Envie de révolution ? Même pas. Envies de guerre, envie de fric, envie de s'en aller. Ils ne voient pas l'issue.

Chaque Uterrien incarne un personnage-stéréotype social :

• Uterrien 1. Vendeur d'eau, autrefois enseignant, intello, il parle toutes les langues, prétend tout savoir et distille au compte-gouttes ses frustrations.

• Uterrien 2. Joueur de dames, retraité, ex-fonctionnaire de la police. Son frère a subi la loi du fouet, mais il n'y pouvait rien. Il se sent lâche.

• Uterrien 3. Ex-chef des Uterriens déchu, fils d'imam, il passe son temps à monter et descendre l'échelle et à essayer de refaire son retard.

• Uterrienne 1. Musicienne, fille de militaire tué au front par les adorateurs d'IL, qu'il était censé défendre, elle parle en syllabes, très peu. Elle s'acharne sur sa guitare pour prouver qu'elle existe.

• Uterrienne 2. Pute par intermittence, serveuse dans un café chic, où se retrouvent les investisseurs qui spéculent sur Uterrus. Elle rumine le viol initial dont elle porte les stigmates.

• Uterrienne 3. Avocate, en mal de clients, elle se transforme en voyante. Elle ne se sépare (presque) jamais de sa boule.

Rien dans le texte n'indique un pays ou une région particulière. La pièce s'inscrit dans un théâtre humaniste à portée universelle d'inspiration beckettienne. Elle est teintée de doute, d'ironie, de désenchantement, les personnages restent enfermés dans leur cercle souterrain (imaginaire ou réel) et IL, l'incarnation des dominants tout-puissants continue à les manipuler *via* son messager. De nombreuses allusions font cependant référence au Maroc, aux années de plomb (disparitions, torture), à la pression morale et conservatrice, aux frustrations sexuelles. Le ton général est donc plutôt lucide et assez noir, pour ne pas dire désespéré. Le style d'écriture est mordant, incisif, direct et parfois cru (avec des termes sexuels comme « bite »). Aucun folklorisme, aucune tentative de faire « local ».

Du texte écrit à la représentation théâtrale

La pièce *Il/Houwa* a été jouée pour la première fois en octobre 2008 à la salle Bahnini (2 soirées). Elle a ensuite été jouée à Casablanca, à Constantine en Algérie et a gagné le grand prix du Festival à la 11e édition du Festival international de théâtre de Meknès le 10 juillet 2009 (ex aequo avec *L'fhamator* de la troupe *Nahnou Nalab lil founoun*/N.J.) et le grand prix de la mise en scène.

Elle a ensuite été rejouée en octobre 2009 au Théâtre national Mohamed V de Rabat. Le public nombreux incluait les amis des acteurs, chaleureusement applaudis, en particulier l'acteur Amine Ennaji. En 2010, elle a été présentée au Festival de Ramallah en Palestine et a également tourné en province (Larache, Agadir, en novembre 2010) où elle a attiré un public très important. Elle a également été jouée, en français, à Marseille en décembre 2010.

La version française initiale

Le manuscrit de la première version (61 p. en format A4) est en français et inclut 10 petites incises en arabe écrit en caractères latins (orthographe française) avec quelques chiffres (7, 3) pour noter les caractères spécifiques de la langue arabe (ح ,ع) popularisés par la pratique sms/Internet (e-*dārija*). Ces quelques incises sont traduites par l'auteur en note en bas de page. Deux phrases sont en arabe littéraire, le reste est en *dārija*. Certaines incises sont des phrases complètes, d'autres des mots insérés dans la phrase française. Le texte est donc parfaitement compréhensible pour un public francophone, même monolingue et les quelques insertions en *dārija* ne font que mettre un petit peu de 'marocanité' avec quelques mots « emblématiques » comme *walou*, *shouf*, *itoub* (expression récente et branchée) et deux sentences en *fuṣḥā*, comme on peut le voir dans les exemples suivants, p. 8 et p. 10 :

p. 8

> • **Uterrien 3.** *(L'ignore et s'éclaire le gosier)*
> *Bismillahi Arrahmani Arrahim, Sayidati Sadati,*
> ***Inna lhayat Fi Uterrus, hada lbaladi l'amine*** [1]...
> *(Il gesticule. Mais on ne l'entend pas)*

• **Uterrien 1.** Ici, c'est le bordel. Il n'y a pas de chef à bord.
Impossible de se reposer, impossible de quitter.
J'ai compris, il y a longtemps, que ceci est une prison.

• **Uterrienne 3.** J'ai souvent eu la même impression, avec ce mur qui nous écrase. Je vais remettre ma toge d'avocate et aller défendre nos droits inaliénables à l'air frais.

• **Uterrien 2.** Et notre droit à passer par-dessus le mur.

• **Uterrienne 2.** Je sais que ça ne servira à rien mais demande quand même la porte de sortie.

• **Uterrienne 1.** Ou une issue de secours. Tout est bon à prendre.

• **Uterrien 1.** (*Ironique*)
Ou le droit à grossir le petit trou dans le mur, qu'on puisse passer à travers.

• **Uterrien 2.** (*Ironique aussi*)
Ils ont bien dit qu'Uterrus est pourri. Alors, qu'ils agrandissent ce trou. En longueur ou en largeur, à leur guise.

• **Uterrien 3.** Encore faut-il qu'on soit dans une prison. Il nous faut juste trouver la porte. On est peut être perdu dans un labyrinthe.

1. Au nom de Dieu, le Clément le Miséricordieux. Mesdames et Messieurs, la vie dans Uterrus, ce pays protégé des cieux.

p. 10

• **Uterrien 1.** Écoutez-moi à votre tour. Il me reste quatre-vingt-dix-sept doses d'eau pour effacer les traces de la colère sur les murs d'Uterrus. Ça n'arrête jamais. Dites à IL qu'on n'a plus le temps de plaisanter, que les tags se multiplient. Des tags d'attaque. Pays de merde. ***Wa tal'ouna fi ras***[2]. Des tags de plus en plus noirs, de plus en plus épais. Je n'ai plus assez d'eau pour effacer les traces.

• **Uterrienne 3.** Quand j'étais avocate, j'avais deux clientes par jour. Avec la voyance, j'ai triplé la mise. Je vis mieux et je déprime plus. Les gens me racontent leurs rêves. Dites à IL que tous veulent partir. Quitter. Se tirer. ***Nmchiou, l'hib, b3id, mor lbit***[3].

• **Uterrienne 2.** Au café, ils viennent chercher de l'argent ou en parler. Dites à IL que rien ne peut plus les assouvir, qu'ils sont affamés. T'as gagné ? ***Chhal? Çafi***[4] !

• **Uterrienne 3.** (*Elle s'échauffe. Tous la poussent à reprendre la parole*) J'ai envie parfois de redevenir avocate mais je sais que ça ne sert à rien. Dites à IL, quand même, que nous avons besoin de savoir un peu plus sur ce qui nous arrive. Pourquoi nous avons eu du jour au lendemain les dos courbés ?

• **Uterrien 1.** Oui, je n'en peux plus de supporter cette bosse. Je rate souvent la mesure. Je dois me cambrer pour ne pas verser de l'eau par terre. C'est épuisant.

2. On en a ras-le-bol de ces gens.
3. On part, là-bas, loin, derrière le mur.
4. Tu as gagné ? Combien ? C'est tout ?

L'ensemble des expressions en arabe relevées dans la version initiale se distribue comme suit[10] :

p. 8	(Uterrien 3)	*Bismillahi Arrahmani Arrahim, Sayidati Sadati,* *Inna lhayat Fi Uterrus, hada lbaladi l'amine*
p. 10	(Uterrien 1)	Pays de merde. *Wa tal'ouna fi ras*
p. 10	(Utérrienne 3)	Dites à IL que tous veulent partir. Quitter. Se tirer. *Nmchiou, l'hih, b3id, mor lhit*
p. 10	(Uterrienne 2)	T'as gagné ? *Chhal ? Çafi ?*
p. 13	(Uterrien 3)	*Wa ida zulzilati l'ardu zilzalaha…*
	(Uterrien 2)	Je vous ai toujours dit qu'avec ce séisme, il vaut mieux travailler sur des surfaces dures. *Koul, nfakh.* Ou c'est noir, ou c'est blanc. Rien de plus rassurant.
p. 21	(Uterrien 3)	*ytoub alik ya Mohamed*
p. 32	(Uterrien 3)	« sans lumière nous ne verrons que dalle, *walou* »
p. 38	(Uterrien 2)	*n3am ya sidi*
p. 46	(chant)	*w l'madi fat w l'madi fat*

10. Pour les traductions de l'arabe des passages cités ci-après, voir pour la p. 8 la note 1 (encadré p. 205), pour la p. 10 les notes 2, 3, 4 (encadré p. 206). Ceux de la p. 13 sont traduits respectivement par « Et si la terre subissait le grand tremblement » (citation coranique) et « Bouffe le pion… pourquoi tu ne l'as pas bouffé ? » et celui de la p. 21 « Bravo, Mohamed ». La traduction des pages 38 à 53 ne figure pas dans la version initiale.

p. 51 (Uterrien 3) « *akhouya, chouf* »
p. 53 (Uterrien 3) *seb7an Allah w l7amdou lillah*

La majorité de ces phrases en arabe ont disparu dans l'édition en français de la pièce chez Marsam en 2011. Dans cette première version, il semble difficile de parler du « métissage » cher à Ksikes. En dehors des parodies de formules religieuses (p. 8, 53), les quelques mots et expressions en *dārija* apparaissent vraiment comme des tags. Il est à noter que c'est tout à fait le même procédé qui a été repris par Ksikes dans son texte de 2013, *N'enterrez pas trop vite Big Brother*. On perçoit que le texte a été écrit pour une audience francophone, que celle-ci soit au Maroc ou à l'étranger.

La deuxième version : introduction de la dārija

La deuxième version (66 pages) inclut 105 passages en arabe allant de tirades entières à des mots insérés dans le texte français. Ces passages en arabe, qui représentent à peu près un quart de la pièce, sont écrits en caractères latins/e-*dārija*. Tous les passages arabes sont traduits en français dans des notes de bas de page (les traductions en note apparaissent ici entre parenthèses). Ksikes justifie l'utilisation des caractères latins/e-*dārija* par une simple facilité de clavier et non par choix idéologique (par rapport aux caractères arabes). Il sait très bien écrire l'arabe, mais plutôt à la main et, sur un clavier d'ordinateur, il tape plus vite en caractères latins qu'en caractères arabes.

On relève 5 tirades en *fuṣḥā*, 100 passages en *dārija* « normal, moyen » et quelques expressions plus injurieuses.

– Les cinq tirades en *fuṣḥā* sont des parodies, soit du langage de la justice (U3 avocate), soit du langage des médias :

p. 13

Uterrienne 3. En perdant la boule, je ne peux plus prédire l'avenir. Tant pis, je repartirai me battre dans les tribunaux, même si c'est perdu d'avance.

(*Effets de manche*)

Wa innahou mina llazim ala mahkamatikoum al mouwaqqara an tajida wassilatan lihalli hadihi lqadiyya llati istaassat ala ljamii…

(« Votre auguste cour est sommée de trouver un moyen pour résoudre cet épineux dossier que personne n'a su aborder »).

p. 24

Uterrienne 2. *3oulima min massadir mawthou9a anna 9uwat l'amn atla9ati annar 3ala lmoutadahirin wa assalat doumou3ahoum wa tafarra9u kha'ibin yajurruna dhouyoula l7asrati wa l'assa wa yal3anouna jadda abi addawlati llati a3tathum l'i7ssassa yawman annahum ya3ichouna fi amnin wa aman. Namourrou l'ana ila aalami arriyada wa tahdidan ila ramyi ljamarat.*

(« Nous apprenons, de source sûre, que les forces de l'ordre ont tiré sur les manifestants et les ont laissés en pleurs. Ces derniers se sont dispersés, déçus, se morfondant, et injuriant cet État qui leur a donné un jour l'illusion d'y vivre en paix. Passons à la page sportive et précisément à la lapidation de Satan. »)

p. 25

Uterrien 3. *Iktachfat 9ouwat l'amn l'amirikia bil Iraq rajoulane youdaji3ou zawjatahou bissawtin 3alin fi 7ayyin mou7afid fa atla9at 3alayhima annar. In lam taf3al ka'nat l9ouwat assounia wa chiiya satoudahimou lbayta wa ta tawalla l'amra wa tdhaba ila ljamii wa tarfaa llatif wa tachunnaha 7arbaa bila hawada 3ala ljami3. Wa fi mawdouiin dhi sila, awrada tah9i9oun li hay'ati atibbai 3ilmi annafs anna 57 % mina annissai fi l'3alami l3'arabi wal islami la yajidna ldhattan fi moumarassati ljinsi ma3a azwajihin.*

(« Les GI's américains ont découvert un homme faisant l'amour bruyamment à sa femme dans un quartier conservateur de Bagdad. [Ils les ont abattus sur le champ]. Sinon, les milices chiites et sunnites allaient enfoncer la porte et s'en occuper puis aller à la mosquée et mener une bataille sans merci contre tous. En lien toujours avec ce sujet, une étude menée par l'ordre des psychanalystes a révélé que 57 % des femmes arabo-musulmanes ne trouvent aucun plaisir à copuler avec leurs maris. »)

p. 63 Un long passage en français qui se clôture par une phrase en *fuṣḥā* :

Uterrienne 1. Je crois que votre défaut, vous les avocats est que vous prenez tout à la lettre. Vous pensez même à écrire des lettres à IL. Je passe mon temps à lui signifier par des notes de musique toute la tristesse que je ressens d'être une Uterrienne délaissée. ***La 7ayat liman tounadi*** (« Cause toujours. »)

p. 64

Uterrienne 3. (*Lisant sa feuille toute seule, comme si elle était au tribunal*) … le fait de me retrouver entre vos mains me laisse sans voix. Alors, voyez-vous, notre situation d'Uterriens est intenable… ***Wa lakoum wassi3ou annadar.***

(« On s'en remet à votre jugement. »)

Uterrien 2. (*Il sautille de joie*)

Wa ntahati lmoubara bi faouzin mousta7a9 lilla3ib addawli Uterrien 2.

(« Et le match se termine par une victoire méritée du joueur international, Uterrien 2. »)

Quelques passages mixtes *fuṣḥā*/*dārija*, comme p. 64, où Uterienne 2 reprend la fin de la tirade d'Uterrien 3 :

Uterrienne 2. (*Présentant le plateau*)

Machroubat. Bnitat. Wa lakoum wassi3ou annadar.

(« Des boissons. Des fillettes. On s'en remet à votre jugement. »)

– 100 passages en *dārija* ou en français-*dārija* qui reflètent tout à fait la langue quotidienne :

p. 60

Uterrien 2. Ne l'écoute pas trop. La réalité, c'est quoi la réalité ? Nous sommes ce que nos supérieurs veulent bien qu'on soit. ***Men nhar lli 3tawni la retraite men lbouliss, mab9itch 3aref lach tansla7. 9bel, kent tanwsal lbirou, tanchouf smiyti mektouba, zouj w lla tlata dlewra9 ma nektab. Chi tilifone mezroub men chef.***

(*Il l'imite*)

Wa finek a dak lme3gaz ? Jema3 rassek. Lblad ma9louba w nta machi hna. Lwe9t taydouz w tan douwzouha 3lihoum. Ma tat fekker, la fl7it la f telfaza. Arak lzerwata. W men li tat sali, arak lchrab. W l7ayat dayza.

(« Depuis le jour où ils m'ont mis à la retraite de la police, je ne sais plus à quoi je sers. Avant, j'arrivais au bureau, je voyais mon nom écrit, deux ou trois feuilles pour écrire. Puis un téléphone du chef.

« Où es-tu flemmard ? Grouille-toi. Le pays est sens dessus dessous et toi, tu es ailleurs. Le temps passe et on leur fait passer un sale moment. Tu ne penses ni au mur ni à la télévision. Tu cognes. Et quand tu finis, tu passes boire. Ainsi va la vie. »)

On relève l'emploi d'injures (*mqawda*, *qoḥba*), très courantes dans la langue parlée mais plus rares dans les textes littéraires :

p. 10 *blad* ***mqaouda****. Wa tal'ouna fi ras*
(Un pays « de merde » et on en a ras-le-bol de ces gens)

p. 39 *Melli taygoulou* ***ould lqohba***
(Quand ils disent « fils de pute »)

p. 40 *Wllit b7al mwi,* ***qa7ba***
(J'ai suivi la voie de ma mère. Je suis devenu « une pute », à mon tour)

p. 41 *Wa lakin kanou tay3aytou liha f derb ghir* ***l9ohba****.*
(Mais tout le monde dans le quartier l'appelait « la pute »)

p. 61 *W kanou hadi ykounou* ***3andek rkabi*** *bach tawqaf w tahdar m3ah ?*
(Et tu allais « avoir les couilles » pour te mettre debout et parler à IL en face ?)

On relève également des passages plus poétiques, mais toujours très économes et simples, qui rappellent ce que dit Ksikes dans son interview : la langue arabe n'est pas forcément redondante et ronflante. Ces passages témoignent toujours d'une parole « qui se libère », qui dit la réalité, face aux passages en *fuṣḥā* qui reflètent la « langue de bois » des médias. On peut se demander cependant si certaines images comme « les paroles qui creusent leur sillon » traduites par *Lklam ta-ytḥfar fik m3a lwaqt* sont facilement compréhensibles en *dārija* ou si ce sont des transpositions d'images de la langue française.

p. 41

Uterrienne 3 (*Le dos redressé, dos au public*)

Ba mcha, gaja. Lhih, biid, 3and Lhit. Ba3ouh. Nsawh. W mwi, ma 3mmerha ma nsatou. Wa lakin, ta7ed ma kan 3arf belli ba 3andou m'ra. Wella ga3 chi bant. Melli weslat lkhbar dialou ghber wella ghebberouh, mwi kant tatbki khezna, f lkouzina. Ma kant tatkhebbi 3liya walou. Mabqatch tatqarrab l rjal. Wa lakin kanou tay3aytou liha f derb ghir « l9ohba ». ***Lklam tay thfar fik m3a lwaqt****. Melli wellit mou7amiyya kent bagha ndafa3 3liha. Sa3a t3ettalt w ba mat w maqdernach nbkiw 3lih. W mchit tandafa3 3la lbandiya. Mi ma dart ta 3ib. Llah yr7amha.*

(*Elle se retourne et repart, le dos courbé*)

(« Mon père est allé s'engager, là-bas, loin, près du mur. Ils l'ont vendu, oublié. Ma mère ne l'a jamais oublié. Mais personne n'a su qu'il avait une femme, encore moins une fille. Quand on a su qu'il a disparu ou qu'on l'a fait disparaître, ma mère pleurait en silence, dans la cuisine. Elle n'avait pas de secret pour moi. Elle ne touchait plus aux hommes. Mais tout le monde dans le quartier l'appelait "la pute". Les mots creusent des sillons en nous avec le temps. Quand je suis devenue avocate, j'ai voulu la défendre. Mais j'ai tardé, mon père est mort et on n'a pas pu le pleurer. Je suis alors allée défendre les bandits. Ma mère n'a rien fait de mal. Que Dieu ait son âme. »)

p. 48-49

Uterrien 1

Nta t3allemti bzerba tgoul n3am sidi, w tskout. Nti t3allemti tjma3 lflouss bllil w t7dar rrass bach dkhoul f sbah bekri, min wara'i hijab. W nta 3titiha lslloum, tal3, habt. Mabqach 3andek lwaqt tchouf rask f lmraya. W nti, 3yiti ma tghouwti f lma7kama, akhert'ha welli ti tatbi3 w tchri f lmousta9bal wakha ma9ach3a walou.

(*Il s'adresse à Uterrienne 1 perchée en haut de l'échelle*)

W n'ti 3aycha b'l7ourqa dial bak, lli ghabrouh. Fhmtiw daba? Dherna t9awess bketrat skat. ***Lklam thejjar. Tklwet. Wqef f selsoul w 7bess lina attanaffous.*** *Melli bghina nhadrou, mab9a yddiha fina had. Koulchi wella dayha ghir f letfaza.*

(« Toi, tu as vite appris à dire "Oui, seigneur" et te taire. Toi, tu as appris à amasser l'argent la nuit et à rentrer de bon matin, sous un voile. Et toi, tu n'as pas cessé de gravir les marches de l'échelle, vers le haut, vers le bas. Tu n'as plus le temps de te regarder dans un miroir. Et toi, tu as eu beau gueuler dans le tribunal, tu as fini par devenir une marchande de l'espoir même si tu n'y vois pas clair.

« Et toi, tu vis avec la brûlure de ton père disparu. Vous avez compris, maintenant ? Nos dos se sont courbés à force de silence. La parole s'est coagulée. Elle s'est transformée en pierre inerte. Nous l'avons avalée de travers. Elle bloque notre respiration. Quand on a voulu parler, plus personne ne portait de l'intérêt à nos mots. Tout le monde regardait la télévision. »)

L'alternance de passages en *fuṣḥā*, de *dārija* quotidienne, voire vulgaire, de *dārija* plus poétique, voire métaphorique (*lklam tḥejjar*) et de passages en français (qui restent majoritaires) contribue au style spécifique de Ksikes et participe certainement de ce « métissage » dont il se réclame. L'écriture en caractères latins permet de passer sans difficulté d'une langue à l'autre mais la lecture n'en est pas toujours aisée. Si l'écriture des passages français est totalement standard, la graphie des passages en arabe demeure non codifiée, alternant entre chiffres et lettres.

Ainsi le / ق / est écrit /9/ ou /q/. De même le ح est rendu par /h/ ou /7/ ; le و par /ou/ ou /w/ et le ي par /i/ ou /y/.

p. 2

Uterrien 2 *Tlata derbat f* ***da99a****. Hal Tasma3uni ?*
(Trois coups en un seul. Qui dit mieux ?)

Uterrien 1 *Tmnia w ts3in* ***m3alqa***
(Quatre-vingt-dix-neuf cuillères)

Le petit extrait suivant (p. 54) illustre bien cette alternance de la graphie (*lharb* vs *l7arb et tay7arb; bqina* vs *mab9inach; hna* vs *7na; zouinich* vs *mwalfinch*, etc.).

Uterrien 1

Sm3ouni. 7na lmouchkil dialna bayn. Ma bghina ngajiw f lharb ma bghina ndirou moudaharat. Bqina bin w bin. B3e9elna w talfin. L3alam koullou daba cha3l. Lli tay7arb b slah, lli blflouss, lli bddin, lli b qellat l7ya. W hna bqina l wast, ma3arfinch wach darouri nt7arbou bach n3ichou. Daz 3lina lwa9t, ban fina, mab9inach tan banou. Chtiw daba wakha ndouzou f telfaza, w radio, w 7ta internet, may choufna 7ad. Ma tan chebhou lhad. W ma zouininch bach ytlaftou lina. Lmouhim lkhourja bayna. L7arb wella lmoudahara. Wa la kin 7na ma mwalfinch.

(« Écoutez-moi. Notre problème est clair. Nous n'avons voulu ni aller en guerre ni manifester contre. Nous sommes restés entre les deux, raisonnables et perdus. Tout le monde est embrasé. Tout le monde se bat, qui par les armes, qui par l'argent, qui par la religion, qui par le manque de pudeur. Nous sommes piégés au milieu, incapables de savoir s'il faut se battre pour vivre. Le temps est passé, ça se voit, personne ne nous voit plus. Vous savez, même si on passait à la télé, à la radio, et même Internet, personne ne nous verra. Nous ne ressemblons à personne d'autre. Nous ne sommes même pas beaux pour qu'ils se retournent et nous regardent. Voilà, l'issue est claire : se battre ou manifester. Mais nous n'avons pas l'habitude. »)

Il y a de très rares passages qui reprennent l'écriture SMS contractée des jeunes comme ci-dessous (p. 56) avec l'exemple de *k7* pour « cassette ; K7 »

Uterrien 3
Chouf, a Mohamed, dir b7al yla kayn chi match d'lkoura. Dir hadik lk7 lli 3la balek
(Fais comme s'il y avait un match de foot. Mets la fameuse cassette que tu connais.)

Au niveau grammatical on remarque que Ksikes utilise toujours la particule verbale *ta-* et non pas *ka-* (considérée comme plus pan-dialectale et comme une forme plus koïnique au Maroc). La particule verbale et la marque de personne sont parfois séparées de la base verbale (*tan hmaq* = *tanḥmaq* « j'adore), ce qui rend au départ la lecture un peu difficile.

p. 10
Uterrien 2. *Ana, tan hmaq 3la Uterrus* (Moi, j'adore Uterrus). On s'y sent comme des bons à rien, puis soudain, il y a un séisme. La terre se fissure, puis recolle ses morceaux, mais nous restons les mêmes. On bouge sans changer. C'est amusant.
Uterrien 1. *Tanb9aw 7na houma 7na, 7etta tan 9entou min riousna.*
(On reste tellement nous-mêmes qu'on finit par s'ennuyer).

p. 52
Uterrienne 2. *Ana, b7al lli tatchoufou twila. Melli kent tanrja3 bllil, menbaad chi qsara khalijiyya, kent tan tghetta blhijab w tan dir rassi qsiwra bach may3rafnich l3ssass f dlam. Men baad, mab9ach lazem ntkhebbaa, wa lakin waleft t9wissa.*
(Je suis, comme vous voyez, grande de taille. Quand je revenais tard après une soirée arabique, il me fallait me faire petite et me draper d'un voile pour que le gardien ne me reconnaisse pas dans l'obscurité. Après, je n'avais plus besoin de me dissimuler. Mais j'ai pris le pli.)

Cette graphie, avec ses alternances de graphèmes pour un même son, son découpage syllabique a-systématique, l'absence de consonne géminée est très représentative de l'usage informel et spontané que l'on peut voir sur Internet. S'agissant d'un document à usage interne au théâtre et non publié il n'y a aucune obligation de codifier la graphie, même si on peut s'étonner un peu que Ksikes n'essaye pas de s'auto-imposer des normes graphiques.

Celles-ci sont beaucoup plus systématiques dans le texte arabe en graphie arabe, même si on relève encore de nombreuses inconséquences.

La troisième version

La troisième version est écrite en graphie arabe. Elle a été écrite à la main par Ksikes puis tapée à la machine. Cette version est destinée à l'interprétation des comédiens qui préféraient lire la pièce en graphie arabe, car ils la trouvent plus lisible et facile. Ici le texte arabe domine et les passages en français (128) représentent un tiers du texte. Les parties en arabe ne sont plus traduites par des notes et cette version s'adresse clairement à des arabophones (bilingues) qui n'ont pas besoin de traduction pour comprendre le texte. Les passages en *fuṣḥā* sont un peu plus nombreux que dans la version arabe en caractères latins, en particulier dans le cas du personnage Ilan (le messager) qui ne parle plus qu'en arabe. Le reste est en *dārija* avec la même alternance de passages en *dārija* quotidienne et de passages en *dārija* plus littéraire.

Sur le plan de la graphie, on constate que la graphie arabe est beaucoup plus régulière et systématique que la graphie latine ; elle est aussi beaucoup plus conservatrice puisqu'elle garde les consonnes étymologiques de l'arabe littéraire et non pas les réalisations dialectales (cf. ظ = d). La particule verbale du présent qui était *ta-* dans la version en caractères latins (et qui relève d'un usage plutôt de vieux parler citadin) devient *ka-* (usage urbain) dans la version en caractères arabes et est attachée à la forme verbale :

انا بحال اللي كتشوفو طويلة. مللي كنت كنرجع من بعد شي قسارة خليجية كنت كنتغطى بالحجاب وكندير راسي قصيورة باش ما يعرفنيش العساس ف الظلام. من بعد ما بقاش لازم نتخبى، ولكن والفت التقويسة

Ana, b7al lli tatchoufou twila. Melli kent tanrja3 bllil, menbaad chi qsara khalijiyya, kent tan tghetta blhijab w tan dir rassi qsiwra bach may3rafnich l3ssass f dlam. Men baad, mab9ach lazem ntkhebbaa, wa lakin waleft t9wissa.

(Je suis, comme vous voyez, grande de taille. Quand je revenais tard après une soirée arabique, il me fallait me faire petite et me draper d'un voile pour que le gardien ne me reconnaisse pas dans l'obscurité. Après, je n'avais plus besoin de me dissimuler. Mais j'ai pris le pli.)

Par rapport aux deux versions précédentes, on constate quelques coupures et des remaniements dans le texte. Des tournures un peu crues en français sont traduites de façon un peu plus métaphorique, pour garder le sens mais ne pas être trop frontales. Ces coupures et ces reformulations mettent en lumière les limites de ce qui est dicible sur une scène théâtrale marocaine, sachant que ce qui peut éventuellement passer en version française deviendra scandaleux en arabe, et encore plus en *dārija*, comme l'a montré la douloureuse expérience de *Nichane*.

Un exemple de coupure dans le texte original concerne 18 répliques (p. 39-40, version 2) qui ont totalement disparu de la version en graphie arabe. Ce passage mêle étroitement religion et sexualité et risquait de choquer.

Uterrien 3	Tu veux dire que toutes nos mères étaient des putes ?
Uterrienne 2	C'est un hasard, mais c'est comme ça.
Uterrien 1	*Khellini nfser lik. Melli taygoulou ould lqohba. Lmouchkil machi f l'oum wa lakin f l'ould* [11].
Uterrienne 1	*Wella l'bent* [12].
Uterrien 3	*L imam tay goul « qate3 ydou men yed allah »* [13]
Uterrienne 2	Ça revient en même. C'est parce que nos mères ont forniqué sans l'accord de Dieu, qu'elles n'entretiennent plus de lien avec le ciel.
Uterrien 3	Je traduis, elles n'ont plus le paradis sous la plante des pieds.
Uterrienne 2	Dommage collatéral : leurs fils ou filles, sont déconnectés.
Uterrienne 1	Et malheureux.
Uterrienne 2	Pas forcément. On peut être déconnecté ou *bikheeer* [14].
Uterrienne 1	Mais comment ça se fait que tu te la coules douce, toi ?

11. Laisse-moi t'expliquer, quand ils disent « fils de pute », ils n'en veulent pas à la mère mais au fils…

12. Ou à la fille.

13. L'imam dirait : « C'est quelqu'un qui a coupé les ponts avec Dieu. »

14. Dans sa peau.

Uterrienne 2	*Wllit b7al mwi, qa7ba. W men ba3d, tla3t grad. Wa hakada l'ayyam* [15].
Uterrienne 1	Et à ton avis, nous devrions tous devenir des putains comme nos mères pour nous en sortir ?
Uterrienne 2	Il vous faudrait juste ne plus avoir honte d'être des fils de putes. Tu verras. Vous n'aurez plus le dos courbé.
Uterrien 3	Comme si on expulsait une bouchée de pain avalée de travers, c'est ça ?
Uterrienne 2	Ou un mauvais souvenir.
Uterrienne 1	Mais on ne crache pas son passé comme on cracherait un caillou de sang. Parfois, on a du mal.
Uterrienne 2	Joue le jeu et tu verras.

Une grande partie de ce passage a été également reformulée dans l'édition publiée chez Marsam en 2011.

Un exemple de reformulation est relevé p. 35-36 (version 2) où un passage particulièrement « offensif » sur la religion et le sexe (entièrement en français) est transposé dans des termes moins crus. Ainsi, « changer de religion » devient « changer de peau » (غادي تبدل الجلدة) ou « traverser la mer » (هو تقطع البحر) ; « se convertir » devient « voyager » (كتسافر) ; « ta bite est la clef » devient « la serrure est sous le slip » (الساروت تحت السليب) ; « le sexe » devient *al-ḥabbân* (الحبّان).

Certains de ces changements ont été intégrés dans la version française publiée chez Marsam.

Uterrienne 1	Et toi, tu y penses, au ciel ? – أنت كتفكر شي مرات ف شنو كاين الفوق؟
Uterrien 1	Restons-en à la télé. Tu y crois ? – خلينا غير هنا مع التلفزة . كتق بهم
Uterrienne 1	Je zappe. Je zappe.

15. J'ai suivi la voie de ma mère. Je suis devenue une pute, à mon tour. Après, j'ai gravi les échelons. Ainsi va la vie.

Uterrien 1	Tu fais comme si tu changeais de **religion** ou comme si tu changeais de protège slip ? وملي كتزابي كتدير بحال إلا غادي تبدل الجلدة ديالك والا غير بحال ايلا غادي تبدل السليب ؟
Uterrienne 1	Non, comme si je changeais de trottoir. – لا بحال ايلا غادي نقطع الطريق وصافي
Uterrien 1	Ce n'est pas toujours facile de traverser. – القطيع ما شي ديما ساهل
Uterrienne 1	Mais il est encore plus difficile de **changer de religion**[16]. اللي صعيب هو تقطع البحر. الشي الآخر كيف والو
Uterrien 1	Quelle différence ? – شنو الفرق؟
Uterrienne 1	Quand tu zappes, tu regardes autrement. **Quand tu te convertis**, tu es vu autrement[17]. ملي كتزابي، كتشوف شوفة اخرى. وملي كتسافر كيشوفو فيك شوفة اخرى
Uterrien 1	واش جاب السفر للهضرة؟
Uterrienne 1	جا مع الهضرة
Uterrien 1	Tu as peur du regard des autres ? – وقول لي كتخاف من الشوفة د الناس؟
Uterrienne 1	J'ai l'habitude. Ils me voient comme une fille à part. Un mystère ambulant. والفت كيشوفوني بحال شي بنت من نوع اخر. لغز ماشي على زوج رجلين.
Uterrien 1	Et tu voudrais garder le mystère intact. C'est ça ? Tu ne voudrais pas qu'ils voient ton slip. وتبغي اللغز يبقى كيف هو ما يفكّو حد. ما تبغيش يطلّو على السليب ديالك. ياك؟

16. Dans la version éditée chez Marsam, on trouve en français : « Il est surtout difficile de traverser la mer. »
17. Dans la version éditée chez Marsam : « Quand tu voyages tu es vu par les gens autrement. »

Uterrienne 1	Si. Je ne suis ni une nonne ni une chaste gardée. Mais je voudrais qu'ils m'écoutent, une fois, qu'ils apprécient la voix de mon âme et qu'ils oublient, un moment, les rondeurs de mon corps. وعلاش لا. أنا ماشي كاهنة وما شي عزبة محمية. ولكن بغيت شي مرة يسمعوني، يتصنتو لصوت الروح ديالي. وينساوا غير شوية د الوقت هاذ الغلاف المدور اللي كيلف ذاتي.
Uterrien 1	Quoi que tu fasses, le slip est le trou de la serrure d'où on jette un coup d'œil sur ton âme. ما عندك ما تدير. السليب هو التقبة ديال الساروت منين كنطلّو على الروح ديالك
Uterrienne 1	Alors, toi tu penses **que ta bite est la clé**? هي بالنسبة ليك الساروت تحت السليب
Uterrien 1	Je ne crois pas trop aux paroles d'Ilan mais je suis prêt à croire **que le sexe nous tirera d'affaire.** أنا ما كنتيقش بزاف بالهضرة ديال ايلان، ولكن انا متيقن باللي الحل هو الحبّان باش نخرجو من Uterrus.

La représentation théâtrale

La représentation a été enregistrée en novembre 2009 au Théâtre Mohamed V de Rabat. Les acteurs reproduisaient assez fidèlement le texte écrit, quelques répliques supplémentaires étant traduites en arabe ou surtout des fins de phrases. La mise en scène était résolument moderne et très sobre (scène noire, jouant beaucoup plus sur les éclairages que sur les décors). La personnification des caractères les rendait par contre beaucoup plus « marocains », par les habits en particulier (djellabah pour certains d'entre eux).

Le côté ironique m'a semblé beaucoup plus perceptible que dans la version écrite. Le contraste entre les passages en *fuṣḥā* (la voix d'Ilan, la parodie des médias, l'appel religieux) prononcés de façon caricaturale et très emphatique et les passages en *dārija* est beaucoup plus marqué dans la version orale que dans la version écrite. Dans la version orale non seulement l'emphase extrême ridiculise les passages en *fuṣḥā* mais les acteurs font des jeux de mots, répétant le même mot sous des formes différentes comme dans le cas de « six » où l'acteur enchaîne *settatoun settati, sta* provoquant l'hilarité du public en renforçant le côté ridicule de la prononciation classicisante.

Des expressions, des mots rendent les passages en *dārija* moins littéraires. Ainsi « clandestins » traduit par *muhājir sirrī* (migrant caché) devient *ḥarrāga* dans la version orale. Dans le tableau 3, où l'un des Uterriens s'adresse à un régisseur de télévision, Mohamed est devenu Simo, donnant au passage une tonalité beaucoup plus « jeune » et marocaine.

Jaouad Essounani a toujours pratiqué un théâtre en *dārija* mais il considère que la collaboration avec Ksikes a amené les acteurs à une nouvelle pratique de la *dārija*, la première étant plus spontanée et « populaire » (c'est celle que l'on retrouve dans certaines scènes improvisées par les acteurs du Dabateatr dans le cadre du Dabateatr citoyen), la deuxième étant plus construite et littéraire (c'est celle que l'on retrouve dans la pièce *Il/Houwa* et dans *180 degrés*).

Les acteurs de la troupe ont cependant un sentiment plus que mitigé concernant l'adaptation théâtrale des textes de Ksikes.

> On a commencé à répéter en 2008. C'était un texte qui nous paraissait absurde, on n'y comprenait rien. Et on se disait : « mais pourquoi travailler un texte pareil ?! » On avait peur. D'habitude, on travaillait des textes de théâtre universel ou bien des textes qu'écrivait Jaouad. Les textes de Driss, pour les lire, ils sont extraordinaires, philosophiques, mais sur scène : ils sont difficiles. L'idée est plus importante que le personnage. [...] C'était une expérience intéressante. (Imane Reghay, entretien 6 juillet 2012).

Conclusion

La pièce *Il/Houwa* et la représentation qui en a été donnée par le Dabateatr relèvent d'un théâtre littéraire, qui laisse peu de place à l'improvisation, très prisée par les jeunes acteurs sortis de l'ISADAC. Le passage de la version 1 (française) à la version 3 (caractères arabes) et à sa mise en scène se traduit par un léger glissement du un peu moins « universel » vers le un peu plus « local », *i.e.* marocain mais sans céder aucunement à la folklorisation. On note également un gommage des propos les plus litigieux (sexe et religion) dans la version finale en arabe destinée aux comédiens afin d'éviter les foudres de la censure ou les attaques de conservateurs. La distribution des langues (français/*fuṣḥā*/*dārija*) est intéressante.

Par rapport à la complémentarité français-arabe, on sent que Ksikes veut brouiller les frontières conventionnelles dans le sens qu'il traduit en arabe aussi bien des passages flirtant avec les tabous (sexualité en particulier) que des passages plus anodins. L'expression de la sexualité n'est donc plus exclusivement réservée à la langue française. Et, en cela, la pièce frôle les limites du « dicible », comme on peut le remarquer à la réaction du public qui a tendance à masquer sa gêne par le rire dès que des termes ou expressions considérés comme « crus » ou « vulgaires » sont prononcés en arabe marocain par des acteurs. La distribution entre *fuṣḥā/dārija* reste relativement conventionnelle (la *fuṣḥā* pour transcrire le caractère officiel, langue de bois) mais l'échelle des valeurs est inversée puisque les personnages parlant en *fuṣḥā* apparaissent toujours un peu ridicules.

Comme déjà souligné, l'idée d'adapter/traduire des textes de théâtre en *dārija* n'est pas nouvelle au Maroc. La singularité de *Il/Houwa* se manifeste dans le désir de traduire un texte éminemment grave, un peu désespéré, de style brechtien, et de le faire dans une *dārija* qui emprunte très peu à l'arabe *fuṣḥā*. Cette démarche n'est pas unique et on la retrouve dans l'ensemble des adaptations proposées par les jeunes troupes citées plus haut. On perçoit donc bien, à travers ces exemples, la volonté de parvenir à créer une *dārija* littéraire moderne dont la syntaxe et le lexique empruntent très peu à l'arabe *fuṣḥā*. À l'inverse de ce qu'on observe pour les articles de presse, la *dārija* chez Ksikes n'est pas « encapsulée » dans la *fuṣḥā*. L'arabe *fuṣḥā* est traité à l'égal du français, comme un code autonome, que l'on insère éventuellement mais dans une pratique de *code-switching*. Cette absence d'imbrication étroite entre *dārija* et *fuṣḥā* fait que le texte de *Il/Houwa* se distingue nettement d'autres adaptations théâtrales en *dārija* de textes littéraires comme celle par exemple proposée par Mourad Alami d'une pièce allemande de G.E. Lessing, *Nathan le Sage* (Alami, 2010).

Si l'on peut penser que c'est bien le souci de retransmettre l'oralité qui a ici animé Ksikes, on constate que son écriture théâtrale n'a également rien à voir avec celle de la majorité des pièces en arabe dialectal marocain, caractérisées par l'emploi d'une *dārija* un peu ancienne ou parfois orientalisante, qui ont fait les beaux jours de la comédie marocaine.

La popularité grandissante du théâtre de Ksikes-Dabateatr (le public était beaucoup plus nombreux à la première de *180 degrés* en 2010 qu'à celle de *Il/Houwa* en 2008 et incluait de nombreuses personnalités du Who's Who culturel rbâti, et les représentations en décembre 2010 de

Il/Houwa à Agadir ont fait salle comble) pourrait laisser penser que cette *dārija* littéraire moderne trouve son public, au moins dans l'axe urbain Rabat-Casa. Quelques échos glanés ici et là de réactions de spectateurs révèlent cependant que cette *dārija* est considérée comme parfois « un peu difficile à comprendre et un peu artificielle ». Il ne faut donc pas sous-estimer le phénomène de mode médiatique car de 2010 à 2012 le Dabateatr a bénéficié d'une bonne couverture médiatique dans les journaux et les radios marocains. C'est peut-être plus les thèmes traités (aliénation, soumission, diktat des médias) qui attirent les gens que la langue elle-même car, comme le rappelle souvent Ksikes lui-même, le théâtre ce n'est pas la simple transposition d'un texte mais une alchimie entre des mots et des voix, des corps, des musiques et une mise en scène. Et les textes de Ksikes ont largement bénéficié de la qualité des mises en scène de Jaouad Essounani.

Que restera-t-il de ces représentations dans la mémoire des spectateurs et critiques marocains dans une dizaine ou vingtaine d'années ? Les versions arabes de *Il/Houwa*, de *180 degrés* et de *Goulou* n'ont pas été publiées et seules restent les éditions en français. Ksikes aura-t-il réellement imprimé son empreinte et participé à l'émergence d'une nouvelle langue théâtrale ? Il est beaucoup trop tôt pour le dire. Mais dans tous les cas, le travail sur la langue de Ksikes et les performances des acteurs du Dabateatr s'inscrivent dans une dynamique que l'on relève dans de nombreux autres pays arabes : sortir du divertissement, faire reculer les tabous linguistiques et sociaux, mais aussi ne pas s'enfermer dans un théâtre de pur militantisme politique comme ce fut le cas dans les années 1960-1970 et s'intéresser avant tout à l'expression du Moi, incluant l'expression de la sexualité.

Références bibliographiques

Aguadé, Jordi, « Monarquía, dialecto e insolencia en Marruecos: el caso *Nichane* » *in* Meouak, Mohamed, Sánchez, Pablo & Vicente, Ángeles (éd.), *De los manuscritos medievales a internet: la presencia del arabe vernaculo en las fuentes escritas*, Universidad de Zaragoza, Saragosse, 2012, p. 441-464.

Alami, Mourad, محبة الحكمة كنز Adaptation de *Nathan le Sage* de Gotthold Ephraim Lessing, Édition du Bouregreg, Rabat, 2010.

Belghali, Mouna, « À quand la Nayda dans le théâtre contemporain ? », *Le Magazine littéraire du Maroc* (*MLM*), 3-4, 2010, p. 97-98.

Caubet, Dominique, « Génération darija ! », *Estudios de Dialectología Norteafricana y Andalusí* 9, 2007, p. 233-243.

Cohen, Anouk, « La langue du silence dans le Maroc urbain contemporain », *Revue de l'histoire des religions* 2, 2011, p. 245-263.

Elinson, Alexander A., « Dārija and Changing Writing Practices in Morocco », *IJMES* 45, 4, 2013, p. 715-730.

Ikken, Aïssa, *Le jeune, le théâtre et le ministre*, Boukili Édition, Kénitra, 2006.

Langone, Angela D., « Jeux linguistiques et nouveau style dans la masrahiyya *an-Naqsha*, écrite par at-Tayyab as-Saddiqi » *in* Mejri, Salah (éd.), *L'arabe dialectal : enquêtes, descriptions, interprétations. Actes d'Aida 6, Mélanges offerts au Professeur Taïeb Baccouche*, Cahiers du CERES 13, CERES, Tunis, 2006, p. 243-261.

Miller, Catherine, « Des passeurs individuels au mouvement linguistique : itinéraires de quelques traducteurs au Maroc » *in* Achour-Kallel, Myriam (éd.), *Le social par le langage, La parole au quotidien*, IRMC/Karthala, Paris, 2015, p. 203-232.

Miller, Catherine & Abou El Aazm Selwa, « Le Dabateatr citoyen 2009-2013 : un nouveau théâtre dans la ville ? » *in* Miliani, Hadj & Chachou, Ibtissem (éd.), *Présence de nouvelles scènes culturelles en Méditerranée : du Global au Local*, 21-22 octobre 2013, Mostaganem, 2014, p. 27-50.

Ouzri, Abdelwahed, *Le théâtre au Maroc, structures et tendances*, Éditions Toubkal, Casablanca, 1997.

Touzani, Amina, *La culture et la politique culturelle au Maroc*, La Croisée des chemins, Casablanca, 2003.

Zekri, Khalid, « Entre éthique et philosophie, l'écriture selon Driss Ksikes », *Revue de littérature Afrique-Caraïbe* 170, 2008, p. 87-89.

Filmographie

Caubet, Dominique & Belyazid, Farida, *Casanayda !*, Sygma Production, Casablanca, 2007.

Œuvres publiées de Driss Ksikes

Nouvelles

« En attendant Simo », *Telquel*, supplément littéraire, 2003.
« Un mur, deux mers » in *El Immenso Estrecho*, Kailas Edición, Espagne, 2006.

Romans

Ma boîte noire, Le Grand Souffle Éditions, Paris, 2006.
L'homme descend du silence, Al Manar, Paris, 2014.

Théâtre

Pas de Mémoire, Mémoire de pas, EDDIF, Casablanca, 1999.
Pomme noire suivi de *Zoltan le tout-puissant*, Éditions La Gare, Ivry, 2007.
Le Saint des Incertains, Éditions Marsam, Rabat, 2000.
IL, Éditions Marsam, Rabat, 2011.
N'enterrez pas trop vite Big Brother, Riveneuve Éditions, Paris, 2013.
180 degrés, Presses universitaires de Bordeaux, Bordeaux, 2014.

S'ajoutent d'autres textes de pièces non publiés comme *Jeux masqués* (1992), *Le bal des bourreaux*, 1994.

Arlette Roth
CNRS

Syntaxe affective et visée stylistique

La contribution de Madiha Doss aux *Mélanges David Cohen* (2003, p. 191-201), un de nos maîtres communs, s'intitulait « Forms of Reported Speech in Arabic Within the Perspective of Diglossia and Oral Writing ». Pour lui faire écho, en contrepoint, ces observations sur les marqueurs du discours direct rapporté dans une variété dialectale arabe périphérique et cataloguée au nombre des langues « menacées » souhaiteraient introduire, dans cette configuration spécifique, à la problématique de la syntaxe dite « affective ». Ces Notes se veulent surtout un témoignage de ma longue et indéfectible amitié et de mon profond respect pour tout ce que Madiha incarne, intellectuellement et humainement.

Contextes et dynamiques

L'enquête linguistique descriptive entreprise en 1972-1973[1] dans le village même de Kormakiti (Chypre) a porté prioritairement sur les usages de locuteurs reconnus dans la communauté villageoise pour avoir la pleine maîtrise de la pratique du parler. Ils étaient la référence en tant que « full speakers ». Les notions de « bon usage » et de « faute » avaient cours. L'arabe était la langue parlée entre soi. Dans les espaces ouverts, les locuteurs de moindre maîtrise (« semi-speakers ») s'abstenaient de prendre la parole en arabe ou

1. Le parler arabe de Kormakiti est l'ultime avatar d'une projection ancienne de variétés dialectales du Proche-Orient qui aurait débuté au VIIIe siècle et s'est poursuivie, avec un pic migratoire certain sous le règne des Lusignan (1191-1489). Elle s'est interrompue à la conquête de l'île par les Ottomans en 1571.

s'y essayaient par plaisanterie et bifurquaient vers l'emploi du grec dès le premier emprunt lexical effectué à cette langue. Il n'y avait quasiment jamais de retour à l'arabe, ni chez les premiers, ni chez les seconds. À ce stade, on ne pouvait donc parler d'alternance codique (« code-switching ») mais uniquement de changement de code. Il obéissait sans doute à la recherche de l'efficacité, mais c'était aussi un geste de « courtoisie » qui s'exprimait dans un usage linguistique qui offre également deux formes d'impératif, l'un impérieux et l'autre atténué et dit « courtois ».

En ce temps-là déjà, la transmission du parler n'était plus unanimement pratiquée. Un enseignement primaire officiel en langue grecque était assuré au village, la suite du cursus s'effectuant à Nicosie. Un service de cars privé propre à la communauté assurait les jours ouvrables un transport quotidien des écoliers et des villageois actifs dans la capitale.

Les parents se montraient dans leur majorité, tous groupes sociaux confondus, très soucieux de l'avenir de leurs enfants. Face à la scolarisation en grec, ils entendaient éviter un effet perturbateur à leurs yeux que l'emploi du parler pourrait entraîner sur cet apprentissage, en retardant ainsi l'assimilation économique et sociale à la communauté grecque majoritaire. C'était un idéal très largement partagé. L'assimilation linguistique au profit du grec s'était déjà fortement engagée dans les trois autres villages maronites, tous géographiquement situés comme Kormakiti dans le nord de l'île. Dans un cinquième village, Kambily, également situé dans le nord et autrefois habité par des Maronites, on disait que déjà à la fin du XIXe siècle l'usage de l'arabe y avait disparu et que l'assimilation linguistique s'était réalisée au profit du turc. Des réminiscences d'un passé localement partagé avec des Maronites y subsistaient en 1972.

Kormakiti occupait la position géographique la plus excentrée et le peuplement y était homogène. Le sentiment identitaire de l'ensemble des Maronites chypriotes se fondait alors principalement sur la spécificité religieuse. La pratique de l'arabe donnait cependant un cachet et un lustre particuliers au village de Kormakiti, qui s'en montrait fier. Il se racontait même que des hommes ayant épousé autrefois des femmes maronites étrangères au village leur en avaient imposé l'apprentissage.

Concurremment, les villageois bilingues ouverts sur l'extérieur étaient préoccupés d'être crédités d'une compétence en grec chypriote égale à celles des grécophones natifs. Dans leurs contacts avec les autres Chypriotes, ils se montraient soucieux que rien dans leur pratique du grec ne révèle leurs particularismes.

Dans les échanges linguistiques quotidiens au village, une relation « diglossique » (voire marginalement pluri-glossique pouvant inclure au niveau purement lexical des emprunts au turc chypriote) s'établissait au gré des contacts, en fonction de la maîtrise des différents codes, selon les lieux de rencontre et la composition des auditoires. Elle conservait un caractère mouvant au plan des comportements individuels. Elle englobait une variété dialectale arabe en récession, diversement affectée dans ses systèmes et sous-systèmes linguistiques, relevant exclusivement de l'oral, d'une part[2], et un large spectre, potentiellement utilisable, d'emplois oraux et écrits dans différents registres du grec, d'autre part. Le déséquilibre devenait de plus en plus flagrant avec la multiplication des déplacements et des contacts internes ou externes au village.

L'invasion des troupes turques en 1973 et la partition de l'île qui en résulta, avec le départ de la majorité des villageois de Kormakiti et celui des autres habitants des villages maronites, leur dispersion et leur réinstallation dans les quartiers dévolus aux réfugiés dans les différents centres urbains du sud de l'île constituèrent une circonstance lourdement aggravante dans le processus d'éviction du parler menant à l'extinction.

Les « anecdotes personnelles »

Les productions langagières composant le corpus utilisé ici ont été enregistrées sur le vif au village de Kormakiti en 1972 et 1973, dans un café tenant aussi lieu d'épicerie. C'était un lieu de rencontre fréquenté où l'on s'attardait pour bavarder, échanger des nouvelles et faire quelques achats, en particulier lors du passage des commerçants ambulants qui y faisaient halte. Les textes alors recueillis ont été notés et traduits sur place.

La conversation générale portait volontiers sur quelques aspects jugés marquants de la vie au village autrefois. Sollicitées par des villageoises plus jeunes, quelques vieilles dames de milieu populaire traditionnel furent invitées à livrer leurs témoignages et leurs expériences. Elles le firent dans de courts récits narrés à la première personne du singulier. Ils illustraient quelques thèmes récurrents devenus emblématiques de cette époque, qu'elles

2. Il faut préciser qu'il n'y avait pas de littérature orale spécifique, dans le registre de l'arabe, qui aurait pu servir d'appui.

jugeaient par ailleurs totalement révolue. Certaines tenaient à opposer à ces temps anciens si difficiles, une prospérité nouvelle, caractérisée, disaient-elles, par le fait que les hommes trouvaient facilement du travail et gagnaient de l'argent qu'ils rapportaient dans les familles au village.

J'ai utilisé la désignation « anecdotes personnelles » pour nommer ces brefs récits essentiellement parce qu'ils étaient introduits par le verbe « dire », conjugué à la première personne du singulier. Les locutrices narratrices prenaient en charge à la fois l'introduction au discours direct rapporté (dorénavant DDR) en disant « je » et continuaient dans cette optique en organisant l'agencement de l'ensemble des dialogues rapportés et réactivés, dans leur forme et leur contenu, dans un emboîtement parfois complexe. L'auditoire féminin en connaissait la thématique générale et même les péripéties. Sa présence en cautionnait en quelque sorte l'exactitude et la véracité.

Deux « types » d'anecdotes personnelles

Dans l'ensemble du corpus féminin exploré, on a pu relever deux types d'anecdotes féminines dites personnelles. Ces dernières peuvent être distinguées principalement en référence à la stratégie communicative des locutrices narratrices, incluant l'élaboration formelle et la visée stylistique.

Un critère externe distingue les deux types au plan purement sociolinguistique. Il oppose les productions de locutrices narratrices villageoises du milieu traditionnel relativement âgées à celles de locutrices narratrices plus jeunes et exposées aux contacts. En raison de l'accent mis spécifiquement sur la syntaxe dite affective, le choix s'est fixé sur le répertoire des aînées. Mais il a paru utile d'esquisser une comparaison et de chercher sur quels points et comment ces deux groupes contrastaient.

Le premier contraste entre les deux groupes concernait le poids respectif du narratif et du discursif. Ainsi chez les jeunes femmes, la narration dominait, avec des inclusions de DDR en nombre plutôt restreint. Chez les villageoises du milieu traditionnel, la répartition tendait à s'inverser. La part des DDR prévalait et s'accompagnait juste de quelques éléments narratifs indispensables à l'élaboration et à la compréhension de l'intrigue.

Le deuxième contraste portait sur la stratégie communicative des locutrices narratrices. On relevait un récit plus ou moins formalisé et conventionnel au plan rhétorique chez les jeunes femmes, face à une mise en scène fortement dramatisée et non codifiée du vécu chez les dames âgées du milieu traditionnel.

Le troisième trait distinctif résidait dans le choix entre distanciation et implication. On relevait une manière de distanciation parfois empreinte d'ironie critique chez les jeunes narratrices, s'accompagnant de la présentation de types sociaux figés, dans une optique qui visait avant tout à plaire et à divertir. Les locutrices âgées du milieu traditionnel, pour leur part, « habitaient » littéralement leurs récits et exprimaient avec force leurs souffrances et leur révolte, face à leur auditoire parfois pris à témoin. On a pu vérifier que cette stratégie visant à émouvoir usait des mêmes procédés dans l'expression de la joie. On était avec elles dans le registre de l'intensité émotionnelle à faire partager *vs* la distanciation critique relevée chez les femmes plus jeunes, dont le but était d'amuser.

Le quatrième et dernier contraste résidait dans l'élaboration stylistique. Les anecdotes de type nettement narratif intégrant quelques séquences discursives réalisaient un agencement rhétorique relativement codé, impliquant une brève « formule » d'introduction figée figurant généralement dans tout ce qui s'annonçait comme récit ou conte, chez les femmes comme chez les hommes. L'épilogue s'inscrivait chez les femmes âgées en général dans le fil du récit, laissé à leur appréciation. Chez les plus jeunes, sa présence semblait requise et coïncidait quasiment toujours avec une formule de type sentencieux (cf. ex. 6 ou 7).

Rhétorique et/ou syntaxe affective

Les incipit

La formule initiale typique des récits chez les jeunes villageoises se limitait à une brève formule : (1) *exte trik* « une fois ». Avec le même sens et la même fonction dans le même contexte, une réalisation mixte combinait l'article arabe et une forme nominale équivalente empruntée au turc chypriote : (2) *exen* **sefér**[3]. Cette introduction était utilisée par les jeunes femmes et par les hommes en général.

3. L'emploi de cette forme nettement identifiée dans le parler par les locuteurs comme un mot turc pose la question de son statut dans la description du parler. Elle concerne

Les anecdotes chez les villageoises du milieu traditionnel se détachaient de la conversation sans transition marquée. On pouvait tout au plus trouver des indicateurs temporels vagues fonctionnant comme embrayeurs : (3) *exte láyle* « un soir » ou (4) *exen xar* « un jour », voire une simple exclamation ou une invocation :

(5) … *kanišarxítni xalfu* **mánamu**[4] *exte layle kumna nússulayl ruxna…*
… il me traînait derrière lui, bonne Mère ! Une nuit nous nous sommes levés à minuit, nous sommes partis…

Les épilogues

Les épilogues différaient. Ils s'inscrivaient de façon générale chez les femmes dans le fil de l'histoire. Les villageoises âgées utilisaient régulièrement une formule finale, souvent une expression d'une grande banalité dans le discours quotidien, exprimant fatalisme, réalisme ou résignation. Dite sur un certain ton, dans un autre contexte, sous une forme interrogative en usant du conditionnel irréel et accompagnée d'une mimique appropriée, cette même tournure pouvait valoir pour une interrogation quasi existentielle, sans destinataire ciblé :

(6) *aš ta-isúr* « que peut-il en advenir ? » qui pouvait s'entendre dans le contexte comme « advienne que pourra : j'en accepte l'augure. »
Particule interrogative *aš* suivie du relateur *ta* « que » et de la forme nue de l'inaccompli du verbe impersonnel *sar, pisúr* « arriver », au subjonctif sous la dépendance de *aš.*

un certain nombre de formes utilisées apparemment plus fréquemment que d'autres dans l'usage du vocabulaire courant. Les corpus sont en nombre trop restreint pour que des calculs de fréquence soient pertinents. Newton (1964) avait suggéré que pour que les emprunts soient considérés comme faisant partie intégrante du parler « arabo-grec » considéré, une proportion de 50 % d'occurrences devrait être observée dans le lexique de base. Cette proportion n'a jamais été atteinte dans les textes dus aux « full speakers » à l'époque concernée. Mais le vocabulaire de base comportait des emprunts dans tous les secteurs.

4. Les termes notés en gras et en romain sont des emprunts au grec.

(7) *aš kuntantsái*? « Qu'aurions-nous pu faire (d'autre) ? »
Particule interrogative *aš*, suivie de la particule verbale *kun-* marqueur tout à la fois de l'irréel et du passé, pour le verbe « faire » conjugué au subjonctif passé, le mode subjonctif étant régi par la particule *aš*.

Cette formule pouvait fonctionner dans une conversation ou un récit comme une simple marque d'enchaînement, comme elle pouvait souligner une interrogation finale douloureuse et quasi existentielle [5].

Quand elle marquait la fin de l'anecdote, la formule pouvait être renforcée par l'emploi de l'exclamation (8) *ndámma* « c'est fini ! », parfois suivie de l'ordre donné assez vivement par l'assistance d'éteindre l'enregistreur : (9) **klíseto** « ferme-le ! »

Dans une anecdote plaisante, narrant un vol commis dans l'enfance par deux fillettes, la narratrice qui fut l'une des héroïnes raconte l'histoire. Interrogée par la mère soupçonneuse, elle avait tenté d'écarter ses soupçons par un gros mensonge. La mère n'avait pas été dupe. Elle a assigné ainsi sa propre conclusion à l'histoire, comme le rapporte la narratrice devenue adulte :

(10) *pitsái marxúma úmmi* « elle s'exclame, ma défunte mère »
Litt. elle-fait défunte mère-de-moi

(11) **a panayámu lalí** « ah ! sainte Vierge ! », dit-elle
Litt. particule exclamative : (a) + invocation : Vierge-de-moi elle-dit (présent du verbe grec « dire ») [6]

5. Dans le trinôme proposé par Peter (1997, p. 367-371) auquel il est fait référence dans la suite de l'analyse, l'auteur rappelle, dans l'héritage de l'École de Prague, les notions « d'utilisation *automatisée* [...] et d'utilisation *actualisée* [...] des moyens de langue ». Stylistiquement, on peut considérer que le mode affectif contribuait à l'effet d'actualisation.
6. C'est l'unique exemple qui, dans cet échantillon, fait mentir la règle prévalant dans tous les autres corpus relevés à la même époque, qui voulait que l'équivalent de « dire » introduisant le DDR soit nécessairement un verbe arabe. L'usage de cette forme **lalí** est extrêmement fréquent dans les contes populaires en chypriote grec publiés par Newton (1972). Ce dernier traduit par le présent (*he says*), ce qui inscrit la forme dans l'instance du discours, comme

(12) *mísket móxxa u pitsái* « elle s'est pris la tête entre les mains et s'exclame »
Litt. elle-a-pris tête-de-elle et elle fait

(13) **panayámu** *fatas éxen* **klefti** *efku xnáyn* **klefties** « sainte Vierge ! Un voleur est mort [le mari], il en reste deux [ses filles] ! »
Litt. vierge-de-moi a-crevé un voleur sont-restés deux voleurs

Récit et/ou mise en scène ?

Les anecdotes recueillies chez les dames âgées participait d'une mise en scène qui pouvait être fortement dramatisée, et où le vécu individuel était donné à voir et à entendre souvent par l'irruption d'une forme au présent dans une séquence narrative à l'accompli. Elle pouvait se traduire par « (et) voilà que ... »

(14) *xost l-***avlútša** ya *ɛása tampsek* **ya** *xápl tamsek [...] aš tantsái alok [...] pkyímpsek ... pifáylet li-xmir*
« dans la rigole (d'irrigation), ou tu prends le bâton ou la corde. Que faire alors ? [...] le voilà qui prend... qui lâche les ânes »[7]
Litt. dans la rigole ou bien un-bâton que-tu-prennes ou une-corde que-tu-prennes [...] quoi que-nous-devions-faire alors [...] il prend... il-lâche les ânes
La forme *tampsek* au subjonctif présent est régie par l'adversatif *ya... ya*[8]. Le subjonctif présent *tantsai* est régi par l'interrogatif *aš*.

Ces anecdotes intégraient un bon nombre de séquences discursives dans un montage dialogique. Elles renvoyaient au vécu. Elles comportaient quelques éléments narratifs succincts. Ils se limitaient généralement à la

j'ai aussi choisi de le faire. Borg (1985) dans ses Textes traduit *he said*, ce qui a pour effet de resituer l'anecdote dans la perspective narrative et historique.

7. On pourrait suggérer ici une convergence avec la notion « d'expressivité mimésique » relative à la fonction de « présentification » proposée par Legallois et François. L'effet expressif est amplifié dans l'anecdote considérée ici, du fait qu'on se trouve en pure oralité.

8. Borg (1985, p. 191 n. 9) considère que l'adversatif *ya... ya* appartient au dialecte grec chypriote. Il mentionne qu'il a des correspondants dans les lexiques d'arabe oriental. Le fait que l'usage de cet adversatif détermine l'emploi du subjonctif est de toute façon conforme ici à la syntaxe du grec.

mention des déplacements et des activités des « personnages » se mouvant dans un espace connu de tous, incluant le village, le bord de mer à peine distant où se faisaient les pique-niques festifs liés à certaines célébrations religieuses, les jardins potagers ou fruitiers, les champs où l'on cultivait ou faisait paître le troupeau, où on récoltait les caroubes, où on fabriquait du charbon de bois, champs dont les noms sont mentionnés, ou encore au village, le café : (15) *k*-**kafene**, terme grec accompagné de l'article arabe *l-* assimilé à la consonne initiale. On y bavardait côté femmes et on y disputait des parties de dominos côté vieux messieurs. Bref toute une topographie où s'inscrivaient des parcours liés au labeur et aux moments plus festifs.

Mais ce qui distinguait les réalisations entre générations c'était surtout le degré d'investissement affectif. Face à une distanciation critique teintée d'ironie, créatrice de stéréotypes plaisants, chez les femmes jeunes, on notait chez les dames âgées du milieu traditionnel l'implication affective parfois intense dans l'expression de la plainte et de la révolte face à la pauvreté, la dureté de la vie, l'infirmité, la souffrance physique, la paresse du mari, sa rudesse, voire sa violence. Après l'évocation et la dénonciation de toutes ces épreuves, c'était pourtant une locution usuelle exprimant la résignation qui servait de clôture à l'anecdote. Parfois l'auditoire pouvait être pris à témoin, avec l'emploi de la formule interrogative suivante, sans destinataire vraiment ciblé :

(16) *pittilεápi ínti ma* **pelló** *? má pitsai* « est-ce que tu joues toi avec un fou ? Tu ne le fais pas » (Il s'agit du mari)

(17) *pittilεápi ínti ma s-sáεilke má pitsai s-sáεilke e vešxe* « est-ce que tu joues toi avec la pauvreté ? Tu ne le fais pas ! La pauvreté est cruelle ! »[9]

L'emploi de la 2ᵉ p. f.s. était un emploi générique qui englobait toute la gent féminine présente.

9. Le choix de ce qualificatif renvoyant à la racine *WḤŠ a posé problème. Dans le parler, d'après les usages relevés, la racine est polysémique, oscillant entre des notions de souillure, d'impureté et de sauvagerie (Borg, 2004, p. 460). C'est dans ce dernier sens que cet énoncé a été commenté sur place par un connaisseur de l'arabe en général.

La « manière » de ce groupe de locutrices narratrices villageoises du milieu traditionnel peut être utilement confrontée au trinôme « Affectivité, expressivité, valeur stylistique », proposé par Peter (1997, p. 367-371), dans le sillage de l'école de Prague, mais surtout en référence à Bally. Peter reprend la notion de syntaxe affective repérée dans les premiers travaux de Bally mais critique le fait que ce dernier n'ait pas clairement défini les notions d'« affectivité » et d'« expressivité », selon lui[10].

Quelques aspects du fonctionnement grammatical et discursif du verbe « dire » et de ses équivalents dans l'introduction au DDR

Dans les échantillons textuels retenus sous le nom d'anecdotes personnelles pour leur forte tonalité affective chez les dames du milieu traditionnel, il importe de considérer l'ensemble propositionnel. Il est constitué, d'une part, par la séquence où figure l'emploi du verbe « dire », qui se trouve être le marqueur par excellence du DDR lorsque le verbe intègre par suffixation pronominale ou ajout d'une forme nominale la mention de l'allocutaire, et, d'autre part, du message introduit. L'une des séquences de l'ensemble correspond à un énoncé incomplet mais, sauf cas particulier ou interruption, elle a vocation à être suivie de l'énoncé qui permet au tout de faire sens. La séquence qui correspond au message renvoie à l'énonciation originelle réactivée. Limitée à elle-même, elle a un sens mais elle est décontextualisée. Les deux parties – l'usage du verbe « dire » suivi du message – sont donc totalement interdépendantes.

Le verbe « dire » dans la proposition introductive au DDR était conjugué, par ordre de fréquence, principalement au présent, dans une mesure moindre à l'imparfait, et beaucoup plus rarement à l'accompli. Dans l'ordre neutre, un bref arrêt et le maintien de la voix sur une tonalité haute signalaient l'introduction au DDR. C'était le procédé attendu et le plus banal.

Mais le verbe « dire » pouvait également suivre le DDR et fonctionner comme une ponctuation. Il pouvait aussi l'encadrer et souligner, sans

10. Cette exigence trouve une réponse circonstanciée et théoriquement ample, qui rend compte de l'évolution de cette problématique, dans l'ouvrage récemment publié par Curea (2015).

ambiguïté, qui parlait à qui. Enfin, il pouvait être omis. Ce sont autant de traits qui concouraient à définir la stratégie communicative des locutrices narratrices et leur style. Toutes ces figures pouvaient coexister et participaient de la variation stylistique.

Voici quelques exemples d'ellipses du verbe « dire » dans un enchaînement rapide de répliques[11]. Les séquences ont été numérotées et traduites une à une :

(18) *rax* **pos…** *kanteimpsek* **šervóli** *laka l-ɛáfa ntárra anyá l-ɛáfa pisái*
« Il est allé que (joncteur grec ici apparemment inapproprié)… il était sur le point d'attraper une gerbe, il a trouvé le serpent. Il a fait un bond. Le voilà le serpent ! Il s'exclame »

(19) **istera** *fízɛe* **a panyámu inta** *ɛáfa*
« Puis il a eu peur : ah ! Bonne Mère ! Quel serpent ! »

(20) **istera** *ma ɛalei ma fkaem ful*
« Désormais, je m'en moque ! Je ne ramasserai plus de fèves ! »

(21) *xammel* **re pelle** *xammel* **aformoloas** (*sic*) *int ta la atsai šoɛol*
« Ramasse espèce de fou ! Ramasse ! (Ce sont) des prétextes pour ne plus rien faire ! »

(22) **pale** *rax teipmsek* **šervóli**
« À nouveau il est allé prendre une gerbe »

(23) *oxre ɛafa oxre ɛafa* **pkyon** *ma kanyistɛa xok il-ful*
« Un autre serpent ! Un autre serpent ! À nouveau il ne touchait plus aux fèves ! »

(24) *lakaytu l-***oppo** *telak* **pkyon** *ma ɛalek ma itšil ful parra*
« Tu l'as trouvé ton prétexte (litt. ta colline) tu n'en as plus rien à faire d'arracher des fèves »

11. Cet échange dialogique portant sur les effets de l'absence du verbe « dire », ici muni du pronom personnel suffixé désignant l'allocutaire, évoque ce que Henkin (2010, p. 16) désigne comme le « ping-pong dialogue ».

Dans cette série d'exemples, il n'y a pas d'emploi d'un verbe équivalent au verbe « dire à », qui pose un interlocuteur. Pour l'ensemble des répliques, seule la reconstruction du sens global permet d'assigner à chacun des deux locuteurs ses prises de parole. L'absence de la mention du verbe « dire à » montre *a contrario* le rôle important qu'il joue dans la structuration du texte.

Les exemples qui suivent présentent deux réactions de protestation et non de soumission à la fatalité :

(25) **pu** *tekáf mnyéššar fkullu užaεat*[12] *íti aška*
« Qu'il soit maudit ! Je lui dis : ma main me fait mal ! (ô) combien ! »
Litt. Qu'il soit maudit[13] je-dis (présent)-à-lui me fait mal (accompli du verbe *vižεe* à la 3ᵉ f.s. main-de-moi combien

Par le recours à une imprécation, cet exemple exprime une véritable colère chez la locutrice narratrice face à un actant extérieur qui, l'entendant se plaindre, ose lui donner des conseils pour qu'elle trouve des alternatives pour dépasser son handicap et avancer néanmoins dans sa tâche. Le pauvre croyait pourtant bien faire ! Elle n'a retenu que l'incitation à poursuivre coûte que coûte son travail, malgré sa souffrance.

Une autre protestation moins violente surgit chez un mari contre son épouse, qui use d'un traitement à ses yeux discriminant à son égard, en favorisant son frère. Il s'agit de se lever tôt de bon matin.

12. Alors que tous les exemples de l'emploi du verbe *vižεe* cités par Borg (2004, p. 458) sont au présent, la forme utilisée dans ce texte par la locutrice narratrice est conjuguée à l'accompli, alors qu'il s'agit bien d'une douleur éprouvée sur le moment, voire chronique, mais à son paroxysme. La sélection de l'accompli semble ici inhabituelle, ce qui pourrait se relier à la nature du verbe et à son appartenance à la classe formelle des verbes déponents-internes (Roth, 2003-2005).

13. La traduction proposée sur place pour cette forme verbo-nominale semble être un équivalent abstrait pour une expression plus imagée ou concrète, évoquant l'abandon, la décrépitude, la ruine, le dessèchement, à rapprocher des racines 'ṮR et NŠR (cf. Borg, 2004, p. 442) qui souligne l'originalité de ce lexème, sans équivalent connu dans le domaine dialectal arabe et renvoie à l'araméen, au syriaque et à l'hébreu). Ce que l'on peut ajouter, c'est qu'il était très employé et que ce pourrait être un mot-thème.

La locutrice narratrice dit :

(26) *kanisaílni* : *kwillu l-úo, kwillu l-úo, kwillu l-úo kullu l-ána piṯkul*
«Il me disait (le mari), dis-le-à-lui ! Dis-le-à-lui ! Dis-le-à-lui ! Tout (ce que tu dis) c'est à moi (que) tu (le) dis !»
Litt. totalité-de-lui à-moi tu dis

Elle lui répond d'une manière assez spécieuse :

(27) *fkúllu ana kóm alok tapáxkillak l-ínt teísmaεa u tekúm- u v-úo fkullu*
«Je lui réponds moi : lève-toi maintenant que je te parle à toi pour qu'il entende et se lève lui aussi ! Je lui dis»[14]

Le mari lui répond en lui reprochant :

(28) *lúo pittípziεi aṯkwillu*
«À-lui tu as peur de lui dire !»
Litt. à-lui tu (f.s.) as-peur que-tu dises-à lui

Dans l'opposition entre le traitement réservé au mari et celui du frère, en position tous deux d'actants topicalisés et mis en parallèle, le trait ironique était souligné et l'assistance y réagissait en riant.

Au plan lexical, la forme verbale la plus couramment employée était le verbe *kal, pikúl* suivi de la préposition *l(i)* «à» et du pronom suffixé désignant l'allocutaire. La mention de l'allocutaire était absolument nécessaire car c'est elle qui définissait l'appartenance au discours. Dans le registre de l'anecdote personnelle, la locutrice narratrice dit souvent «je» pour introduire ce qui vaut pour le message et elle organise aussi à son gré l'échange dialogique rapporté incluant ses interventions et celles de ses partenaires. On relève principalement les échanges dialogués en je → > lui / il → moi et il → elle, elle → lui, quand d'autres personnages sont introduits.

14. En français populaire parlé, avec les mêmes ingrédients que ceux utilisés ici, on pourrait trouver : «"lève-toi !" que j'y dis».

Le verbe *kal*, *pikúl* peut avoir marginalement des équivalents qui expriment des nuances au plan discursif ou au plan aspectivo-temporel. Ainsi au présent, la forme *psai* sans mention d'allocutaire « je dis », litt. « je fais », relève de l'auto-discours et vaut pour « je me dis (à ou en moi-même) ». La forme *pisái* « il fait », « il dit » n'inclut pas la mention de l'allocutaire. C'est une prise de parole à la cantonade. Le verbe *pisái* peut s'accompagner d'un déictique : *akke* « ainsi » ou de *akke v-akke* « ainsi de suite, etc. » Le verbe « faire » au sens de « dire » ne se relève qu'au présent.

Un emploi de *pikunni* /*pikul-ni*, variante *pikwinni* « il me dit » (au présent), jouant de l'opposition aspectivo-temporelle, a été relevé, repris aussitôt en (29) *kanyiptánni* « il me disait », litt. « il commençait (à parler) à moi ». L'emploi de l'imparfait exprimait en reprise l'itératif ou l'inscription dans la durée et de façon plus générale, le non perfectif.

Dans une autre anecdote, on a relevé des verbes spécialisés comme (30) *xka*, *pkyaxki* « raconter » ou (31) *sael*, *pisael* « interroger » munis de la mention pronominale désignant l'allocutaire, comme équivalents du verbe « dire ».

Ainsi, les usages pouvant valoir pour « dire » peuvent correspondre à un verbe désémantisé ou à un verbe spécialisé, ce dernier muni de la mention pronominale désignant l'allocutaire.

Le point essentiel à souligner, c'est que nommer l'acte de « dire » requérait quasiment toujours l'emploi d'un verbe relevant du lexique arabe[15].

Variations aspectivo-temporelles

Il convient dans cet examen – comme on l'a déjà mentionné ci-dessus – de prendre en compte l'ensemble propositionnel constitué par la séquence contenant le verbe « dire » et celle correspondant aux messages réactivés et référés au temps de leur énonciation originelle. Les marqueurs du DDR se répartissaient dans les deux parties, introduction et DDR, et les co-marqueurs du DDR se distribuaient généreusement dans les messages réactivés, par la présence d'impératifs, d'apostrophes, d'exclamations, d'imprécations, etc.

15. Cette remarque est valable dans mes propres corpus postérieurs que j'ai pu consulter sur ce point et dans les *Textes* de Borg. La seule exception figure dans l'exemple cité ici en (11).

1. Dans les textes retenus comme échantillons d'anecdotes personnelles dans le milieu féminin traditionnel, c'était la forme à la 1re personne du présent *fkúl-l-ul (-al-on)* munie du pronom suffixé marquant l'allocutaire qui accompagnait le plus fréquemment le DDR :

(32) *fkullu mpsek il-ɛása u l-xápl* « Je lui dis (présent) : "Prends le bâton et la corde !" »

2. On trouvait aussi l'emploi de « dire » à l'imparfait. Avec la mention pronominale ou nominale des allocutaires, l'usage de l'imparfait indiquait le plus souvent l'itération, la continuation et plus généralement le non accompli fortement souligné :

(33) *kunkullon kúmu xok kunkullon*
« Je leur disais : "Levez-vous" je leur disais. »
kúm B. *kunkáimu*
« Lève-toi ! B (prénom du mari) je le faisais se lever. »
P. *má kunkaimu*
« P (prénom du frère) je ne le faisais pas lever. »

On pouvait trouver *kunkull* utilisé seul en reprise, sans allocutaire. Cet emploi semblait destiné à perpétuer le fait qu'il y avait eu message. Il n'était pas répété. L'imparfait signifiait alors la mise en réserve par l'emploi du passé non révolu.

(34)	*kuntsáel*	*áynu ípni*	*má raytúx*
	« Je demandais (sans cesse)	où-(est) mon fils ?	Vous ne l'avez pas vu ? »

(35)	*óxar*	*kanikullúnni*		*kišɛúx*
	« D'aucuns	me disaient	(qu')	ils l'avaient vu »

(36)	*óxar*	*kanikullúnni*	*má kišnáx*
	« D'autres	me disaient	nous ne l'avons pas vu »

Dans l'instance du discours, l'accompli prend la valeur d'un parfait.

(37)	*kanikulúllu v-innen*	*avá axxulá-l-***varakkya oti** *fíyya árnep*
	« Ils lui disaient eux-aussi	le-voici l'endroit dans les bois où il y a un lièvre »
	Litt. Ils-disaient-à-lui aussi-eux	déict. + 3e m.s. endroit précis des bois que il-y-a un-lièvre

oti introduit d'ordinaire une complétive en expansion au verbe « dire ».

En conclusion à l'examen portant sur la valeur sémantique de la séquence correspondant au verbe « dire » introduisant le DDR à l'imparfait, on peut suggérer que la perspective du passé non révolu entraînant en quelque sorte la mise en réserve du message, son non-accomplissement au sens de destruction, pouvait valoir pour cette génération de femmes, comme une métaphore de leur sentiment face à un passé qui n'est plus, non dépassé et non dépassable.

3. On a relevé de rares occurrences de l'emploi de l'accompli *kal* avec une valeur de parfait, muni de pronoms personnels suffixés susceptibles d'introduire au discours, direct ou indirect rapporté ou fonctionnant seul comme une simple particule d'enchaînement.

Dans un juron marquant une vigoureuse protestation :

(38) *ṯkyáole kal má-iṯkulunni enne fáεi kal…*
« Au Diable ! dit-il. Vous ne m'avez pas dit (que) ce sont des serpents ! dit-il… »
invocation exclamative + verbe « dire à l'ac. + nég. *ma* régissant la forme nue de l'inac. + pr. suffixe de 1re p.s. [parataxe] + copule 3e p. pl. à fonction prédicative + forme nominale pl. à l'état indéfini + accompli *kal*. Les deux mentions du verbe *kal* ont la valeur d'un parfait.

(suite) :

(39) ... *kultúnni* **oti** *o arnep kal*
... « Vous m'avez dit que c'est un lièvre, dit-il »
accompli +*l (à)* + pr.suf. 1re p.s. + que + copule (3e m.s.) à fonction prédicative + nom m.s. à l'état indéfini + verbe *kal* à l'ac. à valeur de parfait. Il n'y a pas de concordance des temps dans ce contexte.

Dans l'instance du discours, vers laquelle oriente la présence du pronom suffixé mentionnant l'allocutaire, on peut hésiter à interpréter *kal* comme un introducteur de discours indirect rapporté ou comme une simple ponctuation. S'il s'agit d'une introduction au discours, la mention de *kal* n'est pas nécessaire. Si c'est la réaffirmation de la prévalence de la perspective narrative, c'est une ponctuation.

Quelques remarques sur le style et la portée expressive des emprunts

Les locutrices narratrices villageoises des deux groupes considérés appartenaient toutes à l'ensemble des « full speakers » et des bilingues. Le pourcentage moyen des emprunts dans les textes pris en compte ne dépassait pas les 10 % et se situait entre 3,5 %, avec un pic isolé à 14 % compris dans la moyenne. Cette moyenne est inférieure à celle relevée dans les textes masculins en général, mais celle-ci dépassait rarement 15 %, à cette époque. La moyenne générale tend à s'élever dans les textes de Borg mais elle ne dépasse pas 35 %.

Les termes grecs empruntés à l'arabe chypriote ne l'étaient pas par choix. Si, dans l'enquête lexicale, les locuteurs avaient le temps de trouver ou de créer des équivalents aux mots qui manquaient dans le stock lexical arabe de base, la contrainte de l'enchaînement dans le récit ne leur en laissait pas le loisir. Il y avait rarement un choix possible entre un terme arabe et un emprunt au grec. Il s'agissait donc d'emprunts par nécessité, par « manque ». Cette notion est controversée mais il apparaît que par rapport à certains stades dans le contact linguistique et certaines situations de communication, la notion de manque puisse être retenue.

Ces emprunts obligés prenaient néanmoins leur part dans la sélection et le traitement des procédés de mise en évidence expressive, en particulier celui de la répétition de motifs clés. Cela s'opérait le plus souvent par le biais d'énoncés mixtes, au niveau des lexèmes, comme le directionnel **iša** *xok* (« tout droit en-haut »), ou des syntagmes nominaux mixtes comme dans la construction en parallèle *éxen* **klefti** […] *xnáyn* **klefties** (cf. exemple 13) ou encore pour des mots clés utilisés comme mots-phrases expressifs dans les exemples suivants :

(40) *amma xáva xáva pikúnni*
« Mais quel vent ! Quel vent ! », il me dit (présent) »
Litt. mais vent ! vent !

(41) *úo kanyítros u kantsúr* **tulúpes, tulúpes**
« Il était en train de vanner et cela devenait des pelotes, des pelotes ! »

(42) *mpsíki li-***tšatáli** *mpsíki li-***tšatáli** mpsíki li-**tšatáli**
« Prends la fourche ! » « Prends la fourche ! » « Prends la fourche ! »

Vers une conclusion ?

Cet essai a tenté de reprendre le trinôme proposé par Peter (1997), non pas au niveau théorique, mais au ras de textes susceptibles d'illustrer quelques élaborations stylistiques concrètes dans une situation de contact linguistique débouchant sur un risque d'extinction de l'usage concerné.

Une des particularités de cet exercice a confirmé que l'obsolescence linguistique n'anesthésiait pas chez les locutrices narratrices le souci d'élaborer un style apte à rendre compte de la vigueur de leur ressenti. Ce trait ne caractérisait pas uniquement leur milieu dans la micro-culture concernée, mais les comparaisons sur des points précis attestaient chez elles du besoin très vif de se créer un style personnel.

J'ai été frappée de constater de façon générale à l'époque concernée que dans les séances d'enquête dans le milieu villageois populaire relativement ouvert, il régnait le plus souvent une animation joyeuse autour de nos échanges, regroupant locuteurs et narrateurs et narratrices de bonne maîtrise et des *semi-speakers*. Elle marquait aussi leur position face à leur idiome villageois. Il n'y avait alors ni mépris ni début de folklorisation et encore moins de discours militant. Juste de la bonne humeur. À l'expression si souvent citée de Dorian (1978), qu'une langue menacée peut disparaître morphologiquement « bottes aux pieds », on pourrait ajouter mais « avec toujours vivant, dans la tête et le cœur, un besoin de style ».

Références bibliographiques

Borg, Alexander, *Cypriot Arabic: A Historical and Comparative Investigation into the Phonology and Morphology of the Arabic Vernacular Spoken by the Maronites of Kormakiti Village in the Kyrenia District of North-Western Cyprus*, Franz Steiner Verlag, Wiesbaden, 1985.

—, *A Comparative Glossary of Cypriot Maronite Arabic (Arabic-English)*, Brill, Leyde, Boston, 2004.

Curea, Anamaria, *Entre expression et expressivité : l'école linguistique de Genève de 1900 à 1940. Charles Bally, Albert Sechehaye, Henri Frei*, ENS Éditions, Lyon, 2015.

Dorian, Nancy, « The Fate of Morphological Complexity in Language Death: Evidence From East Sutherland Gaelic », *Language* 54, 3, 1978, p. 590-609.

Doss, Madiha, « Forms of Reported Speach in Arabic Within the Perspective of Diglossia and Oral Writing » *in* Lentin, Jérôme & Lonnet, Antoine (éd.), *Mélanges David Cohen*, Maisonneuve et Larose, Paris, 2003, p. 191-201.

Henkin, Roni, *Negev Arabic: Dialectal, Sociolinguistic and Stylistic Variation*, Harrassowitz, Wiesbaden, 2010.

Legallois, Dominique & François, Jacques, « Définition et illustration de la notion d'expressivité en linguistique » *in* Le Querler, Nicole, Neveu, Franck & Roussel, Emmanuelle (éd.), *Relations, connexions, dépendances. Hommage au professeur Claude Guimier*, Presses universitaires de Rennes, Rennes, 2012, p. 197-222.

Newton, Brian, « An Arabic-Greek Dialect », *Word* 20, 3, Supplement, 1964, p. 43-52.

—, *Cypriot Greek: Its Phonology and Inflections*, Mouton, La Haye, Paris, 1972.

Peter, Mihály, « Affectivité, expressivité, valeur stylistique » *in* Perrot, Jean (éd.), *Polyphonie pour Iván Fónagy*, L'Harmattan, Paris, 1997, p. 367-372.

Roth, Arlette, « "Déponents-internes" et "moyen" dans le parler arabe de Kormakiti (Chypre) », *Matériaux arabes et sudarabiques*, nouvelle série 11, 2003-2005, p. 53-70.

Tsitsipis, Lukas D., *A Linguistic Anthropology of Praxis and Language: Arvanítika (Albanian) and Greek in Contact*, Clarendon Press, Oxford, 1998 (1re éd.) ; 2006 (2e éd.).

Varnava, Andrekos, Coureas, Nicholas & Elia, Marina (éd.), *The Minorities of Cyprus: Development Patterns and the Identity of the Internal-Exclusion*, Cambridge Scholars Publishing, Cambridge, 2009.

Malak Rouchdy & Reem Saad
The American University in Cairo

Beyond the University Gates

The Story of the Free Social Science Knowledge Circle

Independent study groups and intellectual exchange circles operating beyond the confines of universities and academic institutions have long existed on the Egyptian cultural and intellectual scene. One of the best known examples of this rarely highlighted phenomenon was the formation of the Cairo Linguist Group, founded by Madiha Doss and Catherine Miller in the early 1990s. The perpetuation of such circles in the following years could be seen as an attempt to bring academic knowledge into public space at times when Egyptian academia is constricted within university gates and restricted by security, political and economic regulations; thus, excluding a whole range of interlocutors and limiting the ability of academic disciplines to engage a wider public.

The need to bridge the gap between academic fields, particularly social science, on the one hand, and the public space, on the other, is a question that has been the subject of continuous discussions among a number of prominent academic scholars whose concern was to engage their knowledge with those who were at the base of its production and reproduction in public space. As Michael Burawoy put it, in his presidential address to the American Sociological Association in 2004: "We have spent a century building professional knowledge, translating common sense into science, so that now, we are more than ready to embark on a systematic back-translation, taking knowledge back to those from whom it came, making public issues out of private troubles, and thus regenerating sociology's moral fibre." (Burawoy, 2005, p. 5)

While acknowledging that social science, the subject of our concern, is not a unified body but is rather constituted of a multiplicity of disciplines with specific specialisations and methodological approaches that encompass various interests and territorialities, we also believe that what they have in common is their constant dialogues with each other and with a variety of changing realities. Social science is not isolated from societies, and cannot develop without constant conversations and dialogues with its subject matters, i.e. social actors, for it informs and is informed by these interactions.

It is within this framework that this article will share our experience, as anthropologist and sociologist, with a group of Egyptian youth at a critical historical moment: after the subsiding of the revolutionary euphoria and before the rise of counter-revolutionary efforts to reverse the spirit of change and hope.

The beginning of our story started with an email sent to Reem Saad in late 2012 by a person we did not know, who expressed the desire to learn anthropology, and asked whether Reem would be ready to introduce her to anthropology, together with a group of friends with a similar interest. We were both interested and intrigued by this invitation, not least because it spoke to our long-standing interest in taking our academic knowledge beyond the gates of our university.

It was during the month of March 2013, in Mohamed Mahmud Street, the historical site of intense clashes between protesters and the police forces in downtown Cairo, and in the midst of escalating political protests under President Morsi and the Muslim Brotherhood regime, that we met young women and men who were in their late twenties, at Mesaha Foundation for Community Development. There, we discovered a world or a part of the post-revolution world, that perhaps we knew was there but we had no tangible evidence of its existence.

Mesaha is an association/cooperative/co-working space furnished and prepared as a location and a space to accommodate the youth initiatives that mushroomed post-2011. Mesaha is housed in a big flat of an old building in Abdin quarter. We met, at that moment, when the revolutionary spirit was still hopeful but rightfully very worried and apprehensive of the future. These were the "good" days when we were standing at the brink of the abyss but we had not started sliding into it yet. There were feelings of danger, yet hope was distinctly present. Sitting in a room with coloured wooden simple chairs in a double circle, the twenty-something young people started to introduce themselves and, upon our request, to each tell us why they thought they wanted to learn anthropology. It was a mixed group in their twenties and thirties, they were not "the usual suspects" as in the relatively known politically active young people and there were no familiar faces. They were coming from various backgrounds: law, commerce, political science, chemistry, and engineering students; some were employed, as IT's, pharmacists and accountants; others were freelancer photographers and artists. Significantly, there was also a handful of dropouts—those who enrolled in universities and left before finishing. They were very bright looking, intelligent, and determined dropouts whose unapologetic look remains unforgettable; it was one of those scenes that will always be among the most telling ones of this experience.

Through our discussions, during the first session, we tried to understand their concerns and the nature of the questions they raised and shared. Perhaps inadvertently, we also addressed fundamental issues that scholars have long reflected upon, as the spirit of the discussion echoed Burawoy's words: "The questions—'knowledge for whom?' and 'knowledge for what?'—define the fundamental character of our discipline" (Burawoy, 2005, p. 11). They had questions for which they needed answers, and resources around them did not offer them the possibility of addressing these questions. In reality, their questions could not have easy answers, neither in the available avenues of formal education in which they were involved, nor in the existing cultural venues to which they had access. In a way, they wanted to create/ customize a learning opportunity to pursue their knowledge quest. Their questions revolved around their relationships as individuals with society at large, with the revolution, with the political scene, with authority, with God, and indeed with the cosmos; and there was a vague idea that perhaps anthropology would help them. We listened, we interacted, and gradually we found ourselves immersed in the passionate atmosphere that filled the room—at once warm and serious, and above all determined.

Eagerly, we agreed to join in this adventure.

In order to be able to address the variety of questions and concerns they had, we thought it was necessary to redirect their request from focusing exclusively on anthropology as a discipline, to expanding our scope and work within the broader framework of critical social science. We had no plans of putting down a curriculum as they had initially suggested; but with the nature of the interactions and the diversity of the group, we decided to rely on a flexible format of learning in which themes under discussion in each session would inform us about the types of readings and the main themes to be addressed in the following session. In this manner, there were no conditions for attendance and there were no restrictions regarding participation. Rather, we thought of an interactive and participatory approach to learning in which all parties would decide collectively on the material and the content to be covered in the following sessions.

We decided to start with two readings in English language that would address the kinds of questions they were raising: the relationship between the individual and society in times of change. These were: "What is Enlightenment?" by Immanuel Kant (1784), and Michel Foucault's critique to Kant, "What is Enlightenment" (1984).

At first, we thought that the English language would constitute a barrier in our approach, as most of them had no English linguistic proficiency, but to overcome this issue, we agreed to form reading groups that would comprise those who had English language skills and who would help those who did not read English.

A month later, we met again, and to our surprise most of them were present and new ones joined; the majority had prepared the reading material as planned and we embarked, for two hours and a half, on very interesting and challenging debates that reflected their concerns and took us into a deeper theoretical discussion about modernity, freedom, humanism and change.

From then on we have been meeting every other Tuesday at six o'clock to discuss a topic based on the readings sent in advance. The next topic always emerged from the debates of the previous session, as mentioned earlier. The discussions always started from the readings and then diverted to connect with the current concerns of the group; invariably, the debates were shaped by the wider developments taking place around us, and by their personal experiences in times of change. Members of the group were mostly active in various youth initiatives and public activities. Their concerns and questions always combined large theoretical/existential questions with very specific practical dilemmas they were facing in their work and activities on the ground. For example, a group of them was working on an informal experiment in "local governments" in low-income Cairo neighbourhoods. They were concerned about the role of the state in society, more particularly, they were interested to know how they could perform functions and roles that are normally conducted by the state, and questions such as: how to organize bread distribution, how to manage street cleaning, and how to create specialised local groups that could organise the everyday life, all these questions where on the agenda. From this discussion, a series of fundamental questions where put on the table, such as what is the nature of the state? What is the relationship between the state, society and civil society? Could a society exist without a state and how would it be organised? As such, we decided that the concept of the state would be the topic of discussion in our following session, and readings were given accordingly. Similarly, the heated discussions we had around the state in the following meeting led them, at the end of the session, to ask us to address the different forms of domination between different social categories and the state led us to read about power. The topics and the subjects under discussion flowed one after the other, and followed the rhythm of change that was surrounding us. The group too changed over time; some of those who started with us dropped out and others joined, and the group always maintained the diversity of its participants. Throughout the first two years of our adventure, many colleagues and friends joined us. Some were academics specialising in different disciplines and fields that included: political science, law, linguistics, history, development studies, while others where non-academics who were in the fields of cinema and arts. In some of the sessions we invited colleagues, who reside in different parts of the world and who specialise in particular areas that we were discussing, to join us on Skype, and with our meagre technological equipment we were able to hold fascinating debates with them. The group felt that it was able to transcend time and borders, and that transnational learning is not only possible but also doable.

The size of the group in each session grew from an average of 15 to about 25 participants in three years, with some sessions attended by over 40 participants. The increase in the number of attendants depended largely on the topic under discussion; the more the topic seemed relevant to them, the more attendance we had. We received many inquiries about the group, and we were often asked about the nature of this learning experience. Until then, we had no identification. We had no webpage, and we did not even have a name. The information about us was transmitted orally among people in similar circles who had heard about our activity. At some point we wanted to create a Facebook page to facilitate communication and it was only at this point that we were faced with the task of labelling this experiment, and we chose to call it the Free Social Science Knowledge Circle, the key word here being **Free**.

In what ways is this experiment free? And why is it that this activity is not just another study group? First, it is free in the most obvious monetary sense: no fees are required or received. It is free because there are no obligations or requirements for attendance; there is no registration and there are no constraints, neither moral nor material. Perhaps the only obligation is that we (the instructors) are committed to send the readings beforehand and be prepared and present at each session. But most of all it is "Free" in the spirit in which it is conceived and in the manner in which it operates. Freedom of expression, freedom of sharing and exchanging are the *sine qua non* condition in our practice. It is also "Free" in that it echoes the main revolutionary demand and motto: Freedom. And Revolution is always present with us.

As much as this experiment was sought by the youth, it was also needed by us: as social scientists with formal affiliations, we were always seeking to go beyond the AUC (The American University in Cairo) gates; we always aspired to have a public role, and we wanted to engage and relate to wider circles of academics as well as intellectuals. We believed in the important role critical social science could play at this juncture, and we thought that we could contribute in its transmission among the new generation that was shaping contemporary times. In many ways, we consider ourselves part of a trend of academics, which seeks to transmit a type of social science that is engaged with current political and social processes, and is in constant conversation with the emerging young social actors. This is a trend that distinguishes itself from the mainstream social science that is put at the service of the establishment. Similarly, we strongly believe that the development of social science in Egypt could not take place as long as it is gated within university walls, particularly that the best higher education in social science, in Egypt, is offered within the gates of the invincible fortress of AUC; an establishment that is not accessible to the vast majority given its unaffordable fees and its guarded gates, among other practices of exclusion.

We consider ourselves as part of a category of what could be seen as public or engaged academics and intellectuals whose members are continuously reaching out to each other and slowly creating or hoping to create an alternative knowledge infrastructure. This applies to professors at Cairo University, and national universities at large, some have founded circles for knowledge production, exchanges and dissemination, such as the Cairo

Linguist Group, and the Women and Memory Forum, who also organize training methods courses for junior faculty or NGOs trying to bolster their activist/development work through social science quality training.

Today, we are increasingly witnessing the emergence of initiatives responding to the growing demands for alternative knowledge tracks. The demand is expressed mainly by young people who are dissatisfied with the quality of education offered in formal institutions, and have decided to tailor and customize their knowledge track. Their quest is not only about knowledge seeking, but also about paving alternative routes away from the formal traditional education, legitimizing and valorising unconventional paths.

For example, CILAS (Cairo Institute for Liberal Arts and Sciences) is a recent institute that offers a new platform for learning. This project has a different approach to learning than the Free Social Science Knowledge Circle but remains complementary. CILAS is organised around the structure of academic sets of courses with requirements, prerequisites, semester course load, and tuition fees. Although they offer organized curriculum, they do not offer a diploma. This is pointing to a shift in the value of higher education and its credentials. Until recently a university certificate was highly regarded, and represented a form of social mobility in the Egyptian society. Today, young people are fighting credentialism and demonstrating, the hard way, that what they are seeking is not just knowledge but also a shift in the value of the education as a commodity. The resolution in the eyes of the dropouts was telling us that these young people are ready to pay a high price for giving up the much cherished *šahāda* (certificate) in order to help devalue it, while valuing the alternative free quest. Beyond the gates of the university, knowledge flows; it is not hindered by borders or restricted by markets. This knowledge quest is about dislodging the tight grip of institutions and all that it stands for, but mostly it is a strong statement for the freedom of knowledge and for liberty.

Bibliographical References

Burawoy, Michael, "For Public Sociology", *American Sociological Review* 70, February 2005, pp. 4-28.

Foucault, Michel, "What is Enlightenment?" [Qu'est-ce que les Lumières ?], in Rabinow, Paul (ed.), *The Foucault Reader*, Pantheon Books, New York, 1984, pp. 32-50.

Kant, Immanuel, "What is Enlightenment?", *The Art of Theory: Conversations in Political Philosophy*; http://www.artoftheory.com/what-is-enlightenment_immanuel-kant/

Manfred Woidich
University of Amsterdam

On Some Intensifiers in Egyptian Arabic Slang

Introduction

Intensifiers are "elements that are used with other expressions to indicate an intensification of the meaning denoted by the expression they modify" (Bussmann, 1996), or in a broader sense, "any device that scales a quality, whether up or down or somewhere between the two" (Bolinger, 1972, p. 17). There is a number of possibilities in language that serve this purpose and make it possible to describe how strong or weak a quality is or how strongly an action is performed. Excluding devices such as intonation and stress, word order, reduplication, verbal constructions and other syntactic devices, the present article seeks to deal with what are called "intensifiers" in Bussmann's sense, sometimes subgrouped as emphasizers and amplifiers, which belong to the much wider group of degree adverbs or particles (Hentschel, 1998, p. 119; Claudi, 2006, p. 350).

This paper will examine a number of such intensifiers in Egyptian Arabic in the broader sense, limiting itself to devices that scale a quality up, i.e. "boosters" in the sense of Bolinger and of the more established items, we shall study a number of newer ones as manifested in written contributions in social media on the Internet such as Facebook and Twitter, and in others. The intention is to trace these back to the semantic domains which they derive from and to check, if possible, the degree of grammaticalization they have undergone. The latter will be determined by looking at the distribution of an item in order to see whether it is limited to certain collocations which reflect its semantic origin. By this means we can determine to what extent it has undergone "bleaching", i.e., it has left its semantic source domain and can be used with other referents usually not associated with this domain. Moreover, we shall have a look at the syntax of these items in order to see how they behave with respect to position towards the element they modify and with respect to definiteness when referring to a definite noun phrase. This will show us whether they have joined the established group of intensifier adverbs such as *'awi* and *xāliṣ* or not.

Though not written by a native speaker of Egyptian Arabic and therefore, admittedly, of limited insight regarding recent linguistic developments, I nevertheless hope that this paper will be of some interest to our dear friend and colleague Madiha Doss who has penned so many valuable studies on phraseological and syntactical issues of her native language.*

Intensifiers in Egyptian Arabic

'awi, xāliṣ, mōt, bi gadd, ṣaḥīḥ, bi lḥēl, bi lkull, wāṣil[1]

Let us first have a look at some basic terms used as intensifiers which are in common use and not associated with youth slang and social media. These are above all the well-known items *'awi/gawi/gawēy*[2] and *xāliṣ*, both common in standard and in rural Egyptian alike. Others, more usual in rural areas, include *bi lḥēl, bi lkull* and *wāṣil*. As these serve not only as intensifiers for adjectives, but for verbs and phrases as well, we can rightly classify them as intensifying adverbs.

The two most common items in Standard Egyptian Arabic, *'awi* and *xāliṣ*, are partly interchangeable, since *kuwayyis 'awi* and *kuwayyis xāliṣ* both mean the same, i.e., "very good". The semantic source domain of *'awi* is the notion "strength, force, power" as represented by the root √*qwy*. This is a

* My sincere thanks go to Adel Abdel Moneim and a group of Egyptian students of the Netherlands-Flemish Institute in Cairo, who drew my attention to this topic, produced some of the examples, and discussed them with me early in December 2014. Furthermore, I am very grateful to Daniel Rolph, who not only painstakingly copy-edited this paper, but also provided me with most welcome and insightful remarks and questions. Needless to say, all inadequacies and misinterpretations are mine.

1. For *yāma* as an intensifier/quantifier see Woidich (2013a, pp. 385-387).

2. Depending on the dialect: *gawi/gūwi* in /g/-speaking areas such as Upper Egypt, and the eastern and western parts of the Delta, for details see BW2, map 6. *gawēy/'awēy* can be heard in Dakhla Oasis.

very common semantic domain for the derivation of intensifiers, attested in Classical Arabic as well.[3] The origin of *xāliṣ* is quite different, as it goes back to the semantic domain "pureness", the root √*xlṣ* meaning "pure" as in *dahab xāliṣ* "pure gold", also a common source for intensifiers, cf. German *rein* in *er weiß rein gar nichts* (he does not know anything at all),[4] *rein formal gesehen* (from a purely formal perspective), or *purely* in English. As to syntactic questions, both *'awi* and *xāliṣ* always follow the item they modify and remain without article when this item is determined as in *il'as'ila kkitīr 'awi* "the very many questions" (Woidich, 2006, p. 236, 4.3.5.5.a).[5]

As stated above, *xāliṣ* and *'awi* are interchangeable, but only to a certain degree, not completely. It is not the place here to dwell on this topic, suffice it to say that in phrases containing negation the scope of *xāliṣ* would include negation, whereas *'awi* would not include negation: (*miš ḥilwa*) *xāliṣ* "not nice at all" vs. *miš* (*ḥilwa 'awi*) "not very nice".

The brackets indicate the different scopes of *'awi* and *xāliṣ*. This boils down to the fact that *xāliṣ* may serve as an intensifier for negational phrases of this type, but not *'awi*.[6] Accordingly, the two items have to be translated differently here into English or German: *xāliṣ* "at all (*überhaupt*, *gar*)", *'awi* "very (*sehr*)". Moreover, it seems that *'awi*, in contrast to *xāliṣ*, presupposes a gradable notion as a referent, e.g., it is possible to say *nisitha xāliṣ* "I forgot her completely" but not ∌ *nisitha 'awi*.

mōt

Very much in use as an intensifier is *mōt* "death" as in *itkasaftî mōt* "I was terribly embarrassed", *ga'ān mōt* "terribly hungry", *mōt* "terribly" is certainly not a recent addition to the Egyptian Arabic lexicon as it is attested in Bayram al-Tūnsī's *is Sayyid wi Mṛātu f Maṣr: d-ana nāzil 'alayya bardî mōt* "I have caught a terrible cold" (SMM 17,5, appeared in 1925). It is

3. Cf. Feodorov (2000, p. 102ff) for the root √*šdd* in Classical Arabic, for "power and violence" in German see Claudi (2006, p. 357).
4. Not in Claudi (2006).
5. The example *iṣṣufiyya ttu'āl 'awi* quoted there should be translated as "the very heavy going Sufis".
6. Cf. the examples taken from my database: *ma-tib'āš mitwaffa'a 'awi* "it isn't widely available", but *ma-tib'āš mitwaffa'a xāliṣ* "isn't available at all", or *ma-baṛafš asū' 'awi* "I can't drive very well (I am a bad driver)" (Internet), to *ma-baṛafš asū' xāliṣ* "I can't drive at all".

listed in HB as such and is in no way offensive to anyone, in contrast to some of the newer and more trendy expressions. It abounds today on the Internet, apparently due to its emotional content. Its origin is the hyperbolic use of the noun *mōt* "death"[7] with subsequent grammaticalization and reinterpretation as an adverb of degree which goes with the usual semantic bleaching and abstraction. Since death is terrifying for human beings, *mōt* can be adequately rendered by *terribly* in English, or *schrecklich* in German, which function as intensifiers in the same way, see Claudi (2006).[8] The examples cited below still show the occurrence of *mōt* in appropriate contexts which can be associated with the notion "death" and which are the starting point of the development: *ana xayfa mōt min ilmakān da* "I'm terribly afraid of this place", *xaḍḍini mōt* "he scared me to death" (HB), *hatkūn gaʿāna mōt* "she will be terribly hungry", *ana taʿbāna mōt* "I'm dead tired"[9] (HB), *kānit bitġīr mōt maʿa Lōza* "she was terribly jealous of Lōza", *šaklu muʾrif mōt* "it looks terribly disgusting".[10]

On the other hand, we find contexts which have nothing to do with notions of "death" or "fright" but where *mōt*, nevertheless, functions as an intensifier. Examples include[11]: *ḥilwa mōt zayy issukkaṛ* "extremely nice (girl)", *dammak xafīf mōt* "you're really funny", *di bintⁱ ṣarīḥa mōt* "she's an extremely frank girl", *nukat gamda mōt* "hilarious jokes", *muzza ṭaḥnⁱ gamda mōt* "a real cutie, a real hottie", *gaybīn muraʾba muzza mōt mōt mōt fimtiḥān iddīn* "they brought a real hottie to invigilate at the religious studies exams", and with a verb *baḥibbak mōt* "I'm crazy about you". Even expressions such as *mirsī mōt* "thank you so much" appear in chats on the Internet. *mōt* invariably follows its referent.

7. Not uncommon in other languages as well, cf. German *todtraurig, todkrank,* English *dead wrong, in deadly earnest,* Swedish *dödsjuk* "fatally ill", but not as grammaticalized as in Egyptian Arabic. For instance, *ḥilwa mōt* cannot be rendered with ⊅ *todschön* in German, rather with *unheimlich schön* or *wunderschön.*

8. The verb *māt, yimūt* "to die" in general expresses extremely strong feelings: *biymūt fi ḥāga* "he's crazy about it", *bamūt min iggūʿ* "I'm starving", etc. (DBWoi), and similarly *yimawwit min iddiḥk* "to kill (one) with laughter" (HB). Claudi (2006, p. 356) gives "fright and disgust" as a source for German intensifiers, but there is no example for *tod/tot.*

9. Compare German/English *todmüde, todkrank* (dead tired, fatally ill) and even *todschick* (drop-dead gorgeous), and *sich totlachen* (to laugh oneself to death).

10. If not otherwise indicated all examples are taken from the Internet.

11. I do not know if this is the case in other Arabic dialects as well. *ḥilwa ktīr mōt* "very, very nice" appears on a Palestinian website. Ulrich Seeger (p.c.) attributes this to Egyptian influence, maybe more common in southern Palestine and Gaza than in the northern areas.

It is clear that *mōt* was first used in appropriate contexts as given above, but underwent bleaching, i.e. reinterpretation as an intensifying item, and was subsequently extended to contexts not associated with feelings of terror and horror conveyed by the notion "death". Since *mōt* follows definite noun phrases without taking the article itself and occurs with verbs, it belongs to the class of intensifying adverbials: *ilbanāt ilḥilwa mōt* "the terribly nice girls", *zi'ilti mōt minnu* "I got terribly angry at him".

mōz, literally "bananas", functions as a euphemistic variant of *mōt*, and appears only as an intensifier for *gāmid – filmi gāmid mōz* ("a smaching film", *nukat gamda mōz* ("hilarious jokes"); cf. below *nēk* and its variant *kēk*.

bi gadd

In Cairene Arabic *bi gadd* literally means "in earnest" as in *inta btitkallim bi gadd?* "do you really mean what you say?" (HB s.v. *gadd*), i.e. "are you in earnest?". This is the only meaning we find in this dictionary, but, rather often, and increasingly so in modern slang, *bi gadd* appears as an intensifying phrase meaning "really" or "seriously". First and foremost in the appropriate contexts such as concernedness, fear, or sickness, as in *law bitḥibbaha wi bitxāf 'alēha b gaddi yib'a tidxul ilbēt min bābu* "if you love her and seriously worry about her, you should talk to her directly", *lākin illi kān yiganninha b gaddi kānu 'yāl iṛṛab'* "what drove her really crazy, were the children of the compound" (KAF 49,1), *kull wāḥid ti'ib bi gadd* "everybody is really tired".

Emphasis of a speaker on being in earnest and serious about a quality or process invites the inference of the hearer that these must be present in a high degree.[12] It therefore comes as no surprise that *bi gadd* can be found quite often in contexts where it reveals an intensifying meaning such as "really, indeed, seriously": *di b gaddi safāla!* "that's really mean!", *kān 'ā'id gambi wāḥid ṣa'īdi bassi ṣa'īdi b gadd* "a Ṣa'īdi was sitting next to me, a Ṣa'īdi through and through", *'amalti b gadd illi 'alayya* "I really did all I had to", *ti'daṛ tuṭlub dilivri min 'ayyi makān wi byiwṣallak bi sur'a b gadd* "you can ask for delivery from anywhere, and it arrives really fast", *nifsi b gadd il'ixwān ilmuslimīn yimsiku lḥukm* "I really hope the Muslim Brotherhood comes to power" (TAK 92,4), *hatūb ilmaṛṛādi b gadd* "this time I really will give

12. For this semantic mechanism see Bolinger (1972, p. 94ff.) on the English intensifier *truly*.

up and repent", *ana b gaddi̊ b gaddi̊ mitšakkira* "I really am so grateful", *xallāni zhi'ti̊ b gadd* "it really exasperated me" (AYY 124), *li'anni b gaddi̊ gaṛṛabti̊ w šuft ilfar'* "because I seriously tried and saw the difference", *ḥagāt bi gaddi̊ 'āxir ḥalāwa* "really wonderful things", *kalāmak bi gaddi̊ rayyaḥni* "your words really put my mind at ease", *humma b gaddi̊ yistahlu ykūnu fi lqimma* "they really deserve to be at the top", *ana b gaddi̊ ḥāsis inni̊ Baṛakāt biyāxud munaššiṭāt* "I really get the feeling that Barakāt takes dope".

As the examples show, *bi gadd* may be placed in a pre-modifying or post-modifying position towards the element it modifies. This movability contrasts with intensifiers such as *'awi*, *xāliṣ* or *mōt*, which invariably follow the modified element, and can be attributed to its origin as a statement of the speakers about the seriousness of what they are going to say. *bi gadd* is originally a "speech act adverbial" or "stance adverbial", a type of adverbial that "make explicit the attitude with which SP/W claims to utter or write what follows" (Traugott-Dasher, 2005, p. 155), and could as such take a sentence initial position as in *bi gadd iḥtaramt issitti̊ di giddan* "really, I respected this lady very much". As other elements such as expletive pronouns may also be put into an advanced position for emphasis, cf. *ana b gaddi̊ miḥtāṛ giddan giddan* "I really am very, very confused", *bi gadd* moves inwards into the centre of the sentence into a position close to an element that could be intensified, thus inviting a reinterpretion as an intensifying adverbial. Once reinterpreted, it acquires features from other members of the group such as *'awi*, *xāliṣ*, and could be moved into a post-modifying position; see the examples above. It can even receive an additional intensifier: *šē ġarīb bi gaddi̊ 'awi* "a really very strange thing".

bi gadd still appears quite often as a stance adverbial, as in *ā̦ bi gaddi̊ šuġli̊ ḥilw* "yes, truly a fine piece of work", *bassi̊ b gadd intu agmal* "but you truly are more beautiful", *bi gadd fi lmuntada da t'aṛṛaft ʿala afḍal nās* "really, in this chat I met some great people", *bi gadd ana basʿur bi kkalām da* "I truly believe this", *bi gaddi̊ ḥāga gamīla giddan* "seriously, it was really great".

ṣaḥīḥ

Of a similar type are intensifiers that go back to a pragmatic marker, i.e., a "speech act adverbial" or "stance adverbial", expressing strong commitment of the speaker to the proposition. Emphasis on the real presence of a quality or process invites the inference that these must be present in a high degree; see *bi gadd* above. Here we have *ṣaḥīḥ* and *bi ṣaḥīḥ*, which both hark back to the root √*ṣḥḥ* in the meaning "to prove true, to be certain, sure". In certain cases, in particular when placed after an adjective or a predicate, they can be understood as intensifying those, and no longer as pragmatic markers commenting on the proposition as a whole.

In an initial or medial position in the sentence, *ṣaḥīḥ* may still function as a pragmatic marker or "stance adverbial", often with a concessive notion and followed by a *lākin* or *innama* "but" as in *ana ṣaḥīḥ waḥda sittiͦ lākin a'wa min mīt ṛāgil* "it's true I am a woman, but (I am) stronger than a hundred men" (ARA 144)[13]: *il'insān ṣaḥīḥ no'ēn* "there are indeed two types of people", *hiyya ṣaḥīḥ sum'iti wiḥša fi ḥkayt innisa* "it's true my reputation concerning women is bad", *Wagdi ṣaḥīḥ 'addim isti'altu?* "is it true that Wagdi has handed in his resignation?".

But in other cases *ṣaḥīḥ*, or *bi ṣaḥīḥ*, follows its adjective or noun, revealing a limited scope and referring merely to a certain part of the sentence: *lākin yimkin yikūn ga'ān ṣaḥīḥ* "but maybe he is really hungry", *da nta xīxa b ṣaḥīḥ* "you're a real wimp", *ba'it gamīla ṣaḥīḥ* "she became really beautiful", *manẓar yi'aṭṭa' il'albiͦ b ṣaḥīḥ* "a really heart-breaking sight" (BAHN 13, 11), *in kuntiͦ ṣaḥbi ṣaḥīḥ* "if you are really my friend", *iza kuntiͦ bitḥibbini b ṣaḥīḥ kunt iggawwiztini min zamān* "if you really loved me, you would have married me a long time ago". *'Amma 'innak ḥumāṛ bi ṣaḥīḥ* "you really are a complete ass" (HB s.v. *'inn*).

Rural items: bi lḥēl, bi lkull, wāṣil[14]

bi lḥēl as an intensifier is widely attested not only in Bedouin dialects as spoken in Saudi Arabia, Sudan, Chad, Libya, Sinai, and Negev, but also in rural Palestine, and in Syrian cities such as Aleppo and Dēr izZōr. In Egypt it is used by the Bedouin in Fayyūm and the Awlād 'Alī at the Mediterranean coast, as well as in the oases of ilBaḥariyya and ilFarāfra, cf. *kitīr bi lḥēl* "very much" (Drop-Woidich, text 38.188), *mi-nḥibbiki bi lḥēl* "I love you

13. Of course, *ṣaḥīḥ* remains present as a simple adjective, cf. *ana kamān sam'a. da lḥikāya ṣaḥīḥ* "I, too, have heard it. The story is true." GIL 125-8.

14. See Woidich (2013b). It should be pointed out that the items dealt with here differ as to structure. *bi lḥēl, bi lkull,* and *bi gadd* are prepositional phrases, *'awi, xāliṣ,* and *wāṣil,* are adjectives. Others, *mōt, ṭaḥn, giddi, faḥt, fašx, dabbāba* are nouns.

very much" (Drop-Woidich, text 30.27), Farafra *balaḥḥa ḥilwa bi lḥayl* "its dates are very good", Awlād ʿAli *wāžid bi ḥayl* "very much" (BW 4, p. 105a). Its semantic source domain is again the notion "power", i.e., the noun *ḥēl* meaning "strength" (HAVA).

bi lkull is commonly used in Eastern Libya, Tripoli, by the Jews of Tripoli, and in Tunisia/Djerba (Woidich, 2013b), as well as in Egypt where it occurs in the oases of ilBaḥariyya and ilFarāfra: *yaḷḷa min hina yaḷḷa bi lkull* "get out of here, go away completely!" (Drop-Woidich, text 6.36), *ilmunfūxa di miš ʿāyza tākul bi lkullᵊ xalāṣ* "the inflated one does not want to eat at all" (Drop-Woidich, text 75.9), *ma laqathāš fi ddinya lli hom fihi bi lkull* "she could not find her at all in the world they were in" (ilFarāfra, Koopmans). Its source is the notion 'completeness, totality'(see Claudi, 2006, p. 354, and Feodorov, 2000, p. 104f) as represented by the noun *kull* which provides intensifiers in other dialects as well, see Iraqi *kulliš*, Nağdi *killiš*.

wāṣil as an intensifier in positive propositions and with adjectives is nowadays more typical of Upper Egypt to the south of Asyūṭ. Consider the following examples from Bʿēri Arabic (West Bank of Luxor): *lamma ndigna wāṣil* "until we were completely at a loss", *iẓẓġayyaṛ wāṣil* "the very small one", *ilmagṛan ibtāʿ iğğawwaniyya wāṣil* "the rope of the innermost one (cow)", *ma-ḥaddiš yiddīni wāṣil min ġēr iflūs* "nobody wants to give me anything at all for free/without getting paid for it" (all examples DB-Woi). As the examples show, *wāṣil* is fully grammaticalized and appears following adjectives, nouns and verbs. Spiro (1895, p. 644a) lists it as an intensifier for negation meaning "reaching, never, at all" as in *ma-gāš wāṣil* "he never came", and in Spiro (1923, p. 494b) *ma-gāš hina wāṣil* "he did not come here at all", and it occurs as such in the Delta and Middle Egypt as well; for examples see BW 593b. Spitta (1880, p. 173) notes *wāṣil* as "durchaus (quite, thoroughly)" and suggests a phonological development /ʾ/ > /w/, i.e. from a term **ʾāṣil*, a supposed synonym for *ʾaṣlan* which is used, indeed, in Classical Arabic as an intensifier/polarizer in negative contexts, cf. *lā… ʾaṣlan* "not at all, by no means" (HAVA).[15] This phonological derivation seems somewhat ad hoc, as **ʾāṣil* is not attested in the dictionaries, and a replacement of /ʾ/ with /w/ is not usual with this root. Since *wāṣil* can mean "arrived", i.e. "arrived at the top" (cf. HB s.v.) as in the Upper Egyptian example *abūna Bumma da ṛāğil yimkin igullak ʿalēh Maḥmūd, ṛāğil wāṣil yiʿlam ilġēb*

15. Intensifying *ʾaṣl* occurs in other combinations, but never *waṣl* (Woidich, 2013b).

"our Father Bumma is a man, Maḥmūd can tell you, a man arrived at the top, he knows what the future will bring" (BW3/2, text 99.12), a semantic development "arrived at the top" > "top" should be taken into account.[16] A third possibility would be to consider *wāṣil* an ellipsis of the expression *wāṣil li lġāya* "having reached the top".

Intensifiers found on the Internet

ṭaḥn, giddi, faḥt, 'āxir ḥāga, dabbāba, fašx, nēk

ṭaḥn

ṭaḥn is used in modern slang and has become well known in context within the idiomatic expression *riwiš ṭaḥn* "very cool". Its source domain is the root √*ṭḥn* "to grind, mill; crush, ruin, destroy, to wear out/down". Cf. *nizlit ṭaḥnⁱ f kullⁱ taḥṣināt ilyahūd fi Sīna* "it crushed all the fortifications of the Jews in Sinai" (DBWoi), *il'usra lmaṣriyya maṭḥūna min kullⁱ naḥya* "the Egyptian family is worn down/exhausted from all sides", *yomiyyāt zamalkāwi maṭḥūn fi yōm maš'ūm* "the diaries of a demoralized Zamalkāwi on a inauspicious day".[17] It is this latter destructive aspect of being crushed and worn down physically that is used for intensifying in negative semantic contexts such as "need", "poverty", "hard work": *innās šaġġalīn ṭaḥnⁱ fi dduṛa* "people are working very hard on the maize", *ana 'al'ān 'ala 'aṛabiyyiti ṭaḥn* "I am extremely anxious about my car", *izzāy tib'a xanī' ṭaḥnⁱ lamma tāxud 'al'a suxna?!* "how to be utterly impudent/shameless in order to get a good thrashing?!", *ana maxnū'a ṭaḥn* "I'm really suffocating". The semantic path is: ground > exhausted > intensively.[18] This means that *ṭaḥn* was reinterpreted as an intensifier and lost its semantic content "ground", with the result that it can now be used in positive contexts as well. An Internet source equates it explicitly with *mōt* and *faḥt* (all of which can be rendered

16. Similar paths occur in other dialects with *yamm* and *ġāya/li lġāya*, see Woidich (2013b) and for Classical Arabic Feodorov (2000, p. 106). Cf. German expressions such as "topmodisch (highly fashionable)", see the domain "Upper and outer location" in Claudi (2006, p. 359) for many other examples.

17. Cf. MSA *'azma ṭāḥina* "a terrible crisis [literally: grinding]" and the English expressions *grinding poverty* and *grindingly poor*.

18. Compare German *etwas erschöpfend behandeln* "to treat something exhaustively".

as "hilarious jokes"): *nukat diḥki mōt ʾaw ṭaḥni ʾaw faḥt*. It is listed already in Allam (2000, p. 119) as "extremely good, very positive" and Peterson (2002, p. 423) as "very". It seems to be somewhat outdated today, as I was told during my recent stay in Cairo, an observation which is confirmed in Internet sources, see fn. 22.

Examples include (all Internet): *ilbinti di ḥilwa ṭaḥn* "a very pretty girl", *ʿAmri Dyāb rumansi ṭaḥn* "ʿAmr Diyāb is extremely romantic", *kān mabsūṭ ṭaḥn* "he was extremely happy", *ḥakam gāmid ṭaḥn* "a very tough umpire", *nukat maṣriyya gamda ṭaḥn* "hysterical Egyptian jokes", *ṣuwar ġarība ṭaḥn* "very strange photos", *filmi gāmid bassi miš ṭaḥn* "a good film, but not a very good one".

As to its syntactic behaviour *ṭaḥn* follows exactly *ʾawi* and *xāliṣ*. It not only serves as an intensifier for an adjective, but can also follow a noun, thus indicating a high degree of the inherent quality of it: *nukat ṭaḥn* "hilarious jokes", *nukat ṭaḥni ṭaḥni miš ʾayyi kalām* "really hysterical jokes, not just any old jokes", *raʾṣi šaʿbi ṭaḥn* "a real folk dance", *filmi siksi nēk ṭaḥn* "an extremely hot sex film", *matši kōṛa ṭaḥni ṭaḥni ṭaḥn* "a very exciting football match". It appears as a predicative adjective as well: *ʾašān ilʿiyāl ma-yiftikrūš inni humma bass illi ṭaḥni w fansi* "so that the guys won't think that it's only they who are cool". An example with a verb would be *biyištaġal ṭaḥn* "he works very hard",[19] and it does not receive the article after a definite noun phrase: *ilbanāt irriwša ṭaḥn* "the very cool girls".

Often there is a whole series of these intensifiers combined: *inta mabsūṭ fi gawaztak?—giddan mōt ṭaḥn!* "are you happy with your marriage?—Very! Extremely! Incredibly!", *muzza ṭaḥni gamda mōt* "a real cutie, a real hottie", *alʿāb gamda ṭaḥni ʾāxir ḥāga* "fantastic games".

giddi – nenti

The development of *giddan*[20] offers a nice example of lexical creativity. *giddan* is replaced by the adjective *giddi* "serious" (HB), presumably in first instance jocularly through playing around with words or through folk etymology. It is used in the same way as *giddan* and appears above all in the phrase *gāmid giddi: raʾṣi šāʿbi banāt gāmid giddi* "a really fantastic girls' folk dance", *ʿaṛabiyya ṣināʿa ṣīni gāmid giddi* "a fantastic Chinese car",

19. Internet 1, see references.
20. *giddan*, as a matter of course, is in common use in Cairene Arabic.

tarḥīb gāmid giddi "a really great welcome", *nukat maṣriyya gamda giddi* "hilarious Egyptian jokes", *ṛaw'a gamīl gāmid giddi* "really wonderful". But it may be used with other adjectives as well: *musab'a ḥilwa giddi* "a very good competition", *naṣīḥa ġalya giddi* "a really valuable piece of advice".

The ambiguousness of *giddi*, which means both "serious" and "my grandfather", invites the creative language user to play around again and replace *giddi* with *nenti* "my grandmother" {نيتي} as in *gāmid nenti*, cf. *fustān muḥaggabāt gāmid nenti* "a very attractive dress for veiled women", *da šaklu hayib'a gāmid nenti* "this will look really terrific", *inti bintī gamda nenti* "you are a really terrific girl". At first glance one could suspect that the English word *ninety* would be the source of *nenty*, but there are two reasons for preferring the aforementioned suggestion. Firstly, there is no good semantic reason for *ninety* to become an intensifier, and it is, to the best of my knowledge, not used in English as such, and, secondly, for a loan from English, pronounced as [nainti], one should expect *nenti* to be written as نايتي with an Alif, not as نيتي.

faḥt

The semantic source domain is the notion "to dig, dig up, excavate, dig around (especially over a wide area)", i.e., the verb *faḥat, yifḥat* "to dig", and *faḥt* "hole, trench, excavation" (HB), *faḥat bīr* "to dig a well" (Spiro).[21] *faḥt* "hole", like Maghrebi *gā'* (Woidich, 2013b) can be seen as the lower extreme end of the scale > completeness and intensiveness, cf. German *tief* or *zu tiefst*, English *deep* as in "deeply disappointed". But compare also the intensifying adjective *baḥt*, a loan from Standard Arabic, as in *da ṭab'an 'igrā' māli baḥt* "this is of course a purely financial procedure" (HB) from which *faḥt* could be derived either jocularly or through folk etymology. The source of this *baḥt* seems to be the notion "unmixed, free from admixture, pure" (Lane),

21. *faḥt* seems to have already been in use for some time, as the following quotes taken from the Internet suggest: *zamān kunna n'ūl gāmid ṭaḥn wi ba'daha ẓaharit faḥt, wi gāmid giddi* "earlier we used to say *gāmid ṭaḥn*, then *faḥt* appeared, and *gāmid giddi*" (Internet 2, 24.09.2010). *zamān kunna n'ūl di ḥāga gamda ṭaḥn 'aw 'ana ta'bān faḥt, dilwa'ti mumkin ni'ūl 'ala ḥāga innaha ḥilwa tinnīn 'aw gāmid dabbāba, mugaṛṛad muṣṭalaḥ li waṣfi ššay', badalan min kilmit (giddan 'aw xāliṣ)* "formerly we used to say 'this is *gamda ṭaḥn*' or 'I am *ta'bān faḥt*, nowadays we can say that something is *ḥilwa tinnīn* (dragon) or *gāmid dabbāba* (tank), as a simple descriptive element, instead of the words *giddan* or *xāliṣ*" (Internet 3).

and in certain contexts in Classical Arabic this, indeed, has acquired an intensifying meaning: *bardun baḥtun laḥtun* "vehement, intense cold" (Lane).[22]

faḥt is used in a variety of semantic contexts, both positive and negative ones. As to syntax, it is as versatile as *fašx*, see below, since it can modify adjectives, nouns and verbs, and does not take the article when in collocation with a definite NP. It is fully grammaticalized as an adverb.

Examples with a negative context include: *ilbarnāmig illi ana baštaġal bī ta'bān faḥt* "the program I use is really lousy", *ibnᵊ wisxa faḥt* "a real son of a bitch", *kilma 'abīḥa faḥt* "an extremely dirty word", *il'aġāni di faẓī'a faḥt* "these songs are absolutely awful", *ġāli faḥt* "very expensive", *huwwa miš 'adīm faḥtᵊ walla ḥāga* "he is in no way very old", *ġabi faḥt* "very silly", *ilḥa'ī'a lmuz'iga lmu'lima lġarība faḥt* "the amazing, painful, and very annoying truth".

In positive context: *nukat gamda faḥt* "hilarious jokes", *ismᵊ kūl faḥt* "a very cool name", *ismᵊ riwiš faḥt* "a very cool name", *gidīda faḥt* "brand new", *'adīm faḥt* "very old", *muzza bēḍa ḥilwa faḥt* "a very pretty fair-skinned girl", *wāḍiḥ faḥt* "completely clear", *si'ru rixīṣ faḥt* "it's really cheap", *'agība faḥt* "really amazing" *nās lazīza faḥt* "very nice people", *filūs kitīr faḥt* "a huge amount of money", *farḥān biyya faḥt* "he is very proud of me", *waḥda 'alilt izzō' faḥt* "a very naughty person f.", *'ulayyila faḥt* "extremely little", *gamīl faḥt* "very beautiful", *afḍal minha bi ktīr faḥt* "very much better than she", *muntašir faḥt ilyomēn dōl* "very widespread nowadays", *ilwa't dayyi' faḥtᵊ faḥtᵊ faḥt* "time is very, very, very, short", *kān ḥāsis innu maḥẓūẓ faḥt* "he felt that he was extremely lucky".

With verbs: *'agabni faḥt* "I liked him very much", *waḥišni faḥt* "I miss you very much", *ana maṣri bassᵊ baḥibb išša'b issa'ūdi faḥt* "I am Egyptian but I love the Saudi people very much", *baḥibbak faḥt* "I love you very much", *kull il'aṛabiyyāt ilFiyat ġilyit faḥt* "all Fiat cars have become extremely expensive". With a definite NP: *mixadditi ggamda faḥt* "my truly wonderful pillow", *ikkalām il'adīm faḥtᵊ da* "that very old subject".

22. Cf. the common intensifier *xāliṣ* which harks back to the root √*xlṣ* meaning "pure", see above. In Upper Egypt and the Western Desert Oases the root √*bḥt* is well attested with the meaning "to dig, unearth, scoop earth, excavate, scrape" (BW s.v.), but should be derived from √*fḥt* there.

For jocular exaggeration and hyperbolic reasons *faḥt* can be combined with its semantic opposite *radm*, the verbal noun of *radam, yirdim* "to fill in, or cover, with a layer of earth" (HB), cf. *ana kuntᵉ baštaġal faḥtᵉ w radmᵉ xaddāma w ṭabbāxa w dāda* "I used to work extremely hard as a servant, cook, and nanny", *iššuġl ilyomēn dōl fi ʾayyᵉ makān faḥtᵉ w radm* "nowadays, work everywhere is excruciating", *ilmawḍūʿ ʿagabni faḥtᵉ radmᵉ ʾāxir ḥāga* "I absolutely loved the topic", and may be even reinforced by *hadm* "destruction, ruin" as in *iṣṣanfᵉ da ʿagabni faḥtᵉ radmᵉ hadm* "I absolutely adore this type".

'āxir ḥāga

This descriptive expression – "the last thing" – refers again to the end or the top of a scale or the extreme positions in a row,[23] often varied with expanding attributes to make it more expressive: *ʾāxir talat ḥagāt, ʾāxir talatīn ḥāga*, etc. Its use with nouns and verbs shows its syntactical function as an intensifier. Examples include: *mawḍūʿ gāmid ʾāxir ḥāga* "an extremely interesting topic", *ilmaʾāl ʾahó baʾa kūl ʾāxir ḥāga* "the article is extremely cool", *tislam idēk wāw gamda ʾāxir talatīn ḥāga* "Bravo! Well done! Wow! Extremely well done!", *tšīz kēk gāmid ʾāxir ḥāga* "a fantastic cheesecake", *fasatīn faraḥ ʾāxir ḥāga* "extremely nice wedding dresses", *gidīda ʾāxir ḥāga* "brand spanking new", *gāmid ʾāxir xamas sittᵉ sabaʿ ḥagāt* "extremely strong", *ʾasliḥa gamda ʾāxir talat arbaʿ xamas sittᵉ ḥagāt* "extremely powerful weapons", *banāt ṣayʿa ʾāxir ḥāga* "extremely naughty girls", *banāt muzaz ʾāxir ḥāga* "super-cute girls", *muzza dallūʿa ʾāxir ḥāga, muzza gamda ʾāxir ḥāga* "extremely cute girl", *naḥsᵉ ʾāxir ḥāga* "extremely unfortunate", *ḥatiksifu ʾāxir ḥāga* "she will embarrass him terribly", *šabāb riwiš ʾāxir ḥāga* "extremely cool young people", *banāt kūl ʾāxir ḥāga* "extremely cool girls", *šīk ʾāxir ḥāga* "extremely chic", *baḥibbik ʾāxir ḥāga* "I'm crazy about you", *tuḥfa ʾāxir ḥāga* "pretty crazy", *ilʾAhli da gāmid dabbāba wi zZamālik da fākis ʾāxir ḥāga* "Ahli [football club] is as strong as a tank, and Zamalek [football club] is really wishy-washy". It does

23. For the notion "last" as source domain, cf. German *das letzte* or *das allerletzte*, mainly used with a negative meaning as in *Diese Frau ist echt das allerletzte!*, less frequently in a positive sense "the newest, the most recent" as in *Das allerletzte Trumpfkartenspiel! Das heißeste Kartenspiel Deutschlands…* (The ultimate trump card game! The hottest card game in Germany…). *ʾāxir ḥaga*, of course, can be used and understood with its original meaning: *ʾāxir ḥāga ʾaṛetha w ʿagabitak?* "What was the last thing you read and liked?"

not take the article when modifying a definite adjective: *li'bit sibāq issayyaṛāt iggamda 'āxir ḥāga* "the most terrific motor racing game".

A particular case, which needs some knowledge of the Cairene environment for a correct understanding, is the expression *gāmid 'āxir Fēṣal* as in *'ana 'andi fikra gamda 'āxir Fēṣal* "I've got a really great idea", which at first glance looks rather odd, but becomes clear when we take the topography of Greater Cairo into account. *Fēṣal* refers to *šāri' Fēṣal*, a very long (7 km) street, parallel to the old Pyramids Road (*šāri' ilHaṛam*) in Gīza, popular for its shops and other facilities. It is commonly held that it is the most crowded and traffic-clogged street in both Cairo and Giza.[24] *'Āxir Fēṣal* thus comes to mean the top and the extreme of something[25] (Internet, mostly YouTube and Facebook). It is not used exclusively in collocation with the adjective *gāmid*, but may follow nouns as well: *ġabāwa 'āxir Fēṣal* "extreme stupidity".[26]

dabbāba

dabbāba means "tank", the power and force of which was experienced by people in the streets of Cairo during the 25 January Revolution and after. Originally limited to contexts such as *gāmid* "strong", where it was used as a metaphor for "strength" ("as strong as a tank"), *dabbāba* seems to have approached grammaticalization and has lost its literal meaning to some extent, since it can be used with other adjectives outside the semantic field denoting strength, and which are in fact its opposite: *ta'bān dabbāba* "terribly weak" in *ana lFēsbūk 'andi ta'bān dabbāba* "my Facebook at home is extremely weak/slow".[27]

24. See the Arabic Wikipedia s.v. *Šāri' Fayṣal.*
25. In the same vein *ma-fīš ba'dī kida* "there is nothing after it" is used as in *šiyāka ma-fīš ba'dī kida* "there is nothing more elegant than this". This is a more descriptive intensifying means which will not be dwelled on here.
26. For its literal meaning cf. *law 'āyiz arūḥ 'āxir Fēṣal min Ramsīs aṛkab ē?* "If I want to go from Ramses Street to the end of Fayṣal Street, what should I take then?"
27. A comment in Google *'iǧābāt: ilma'ṣūd bī innu ta'bān li daṛagit innī ḍuġūṭu nnafsiyya ba'it zayy iddabbāba 'ala 'albu, bass iṣṣarāḥa ta'bīr yidaḥḥak* "it means that he is so tired that the psychic pressures have become like a tank on his heart, but this is, frankly speaking, a ridiculous expression" (Internet 4). During a discussion on this subject, Egyptian native speakers informed me that *dabbāba* was in fact in common use as an intensifier much earlier than before the events of the "Arab Spring", and that it seems to have developed in the context of military jargon.

Examples include: *gāmid dabbāba, gamda dabbāba, taqrīr gāmid dabbāba* "a hard-hitting report", *il'Ahli da gāmid dabbāba wi zzamālik da fākis 'āxir ḥāga* "Ahli[football club] is as strong as a tank, and Zamalek [football club] is extremely wishy-washy."

There are other metaphoric expressions of a similar type, but limited to their original contexts. Some of them are clearly inspired by the 25 January Revolution and subsequent political events: *taḥrīr* "Tahrir Square" in *inta gāmid taḥrīr* "you're a really great guy", *istaylāt gamda 'āxir 25 yanāyir* "terrific styles [literally: 25-January-like]", *'arḍi gāmid taḥrīr* "a fantastic offer", *muẓahrāt* "demonstrations" as in *inta waḥišni muẓahrāt* "I miss you like crazy", *rixīṣ muẓahrāt* "extremely cheap", or *mubārak* "former president Mubarak" in *inta 'adīm mubārak* "you are as old as the hills", but not necessarily so, e.g., *'ahramāt* "pyramids" in *'adīm 'ahramāt* "extremely old", and *tinnīn* "dragon" as in *barnāmig gāmid tinnīn* "a really great programme", *iddinya ḥilwa tinnīn tinnīn* "the world is exceedingly wonderful". *tinnīn* may be an abbreviation of *gāmid gumudiyyit ittinnīn* "[literally] strong as the strength of a dragon" which, too, can be found on the Internet.

fašx

The semantic source domain is a rather coarse expression meaning "spread open, open wide", i.e., the verb *fašax, yifšax* in particular said of mouth and legs as in *fašax riglē* "he spread his legs", *ma-tifšaxši bu''ak* "shut your gob!" (HB).[28] Bocthor gives *fašax fašxāt kubāṛ* "marcher à grands pas", and the same, "faire de grandes enjambées", in Dozy (Dozy-2, 268b). The notion of 'a big step' could serve as a source domain for an intensifier, but this meaning is not attested in HB for modern Egyptian Arabic. In view of this and its offensive nature, a semantic derivation for *fašx* from "spread open in a obscene way" seems more pertinent.[29] *fašx* got its intensifying meaning from there in the appropriate contexts, which at the same time explains its rudeness.[30] Apparently, it only

28. Cf. the following comment on the Internet (Arabic learning resources. Chapter: Egyptian Arabic insults and crude language): "*faššax*: A really crude word meaning 'to spread something widely' usually used in reference to legs; you can describe something you strongly dislike as *fašx*, but it's very crude to do that." (Internet 5)

29. In fact, Dozy, *loc.cit.* quotes a very illustrative example for this crude meaning of the root **fšx* in measure V, taken from *Bāsim, Le forgeron*.

30. Cf. the use of German "obszön" as in "obszön teuer" conveying the notion "exaggerated", see the following examples taken from the Internet: "U-Bahnbau in Wien obszön teuer",

appeared in youth jargon a few years ago and seems to have replaced the earlier *ṭaḥn*, see above, and is paralleled by the appearance of the adjective *fašīx* "fucking/bloody cool/awesome/terrific".[31] As its semantic background suggests, *fašx* is considered rude and vulgar, and breaking a taboo. Nevertheless, it is of common occurrence today on the Internet both in negative and positive contexts. Its syntactic behaviour is like that of other adverbs of this type: it follows the item it modifies just like *ʾawi* and *xāliṣ* and does not receive the article when this item is definite, see Woidich (2006, p. 236, .3.5.5.a): *ilfirʾa ggamda fašx* "the fucking strong team". And it can intensify verbs as well, cf. *baḥibbuhum fašx* "I fucking love them". There seems to be no syntactic or semantic limitations on the use of *fašx*, a fact which makes it a full-fledged intensifier adverb.

In negative contexts we find for instance: *di kilma ʿēb fašx* "thats a fucking rude word", *ʾaḫḫa fašx* "fucking gross!", *aḥdas ṭuruʾ ilġiššỉ gamda fašx* "the fucking latest most disgusting ways of cheating", *wisxa fašx* "bloody filthy", *da nta ġabi fašx* "you're fucking stupid", *miṛabṛaba fašx* "bloody fat", *biyiwgaʿ fašx* "it's fucking painful", *suʾāl ṣaʿbỉ fašx* "a bloody difficult question", *ana ʾaṣlan sāfil fašx* "I'm basically totally fucking despicable", *ḥawīṭ fašx* "fucking mean", *mumillỉ fašx* "boring as fuck" (all found on the Internet).

We also find the following in positive contexts: *šiʿrỉ ʿamīq fašx* "bloody profound poetry", *ʿalya fašx* "bloody high", *ilġāba kbīra fašx* "the forest is bloody huge", *ana farḥān fašx* "I'm fucking ecstatic", *iṣṣūra di fiha ḥubbỉ ktīr fašx* "there's a lot of fucking deep love in this picture", *iggōl bitāʿ Bāsim Mursi ḥilwỉ fašx* "Bāsim Mursi's goal was fucking brilliant", *iṣṣabrỉ ṭayyib fašx* "a bloody good thing", *mudḥik fašx* "bloody ridiculous", *ana insān muḥtaṛam fašx* "I am a bloody respectable person", *ġalya fašx* "bloody expensive", *mīn iššabb ilwasīm fašxỉ da?* "who is that bloody good-looking guy there?", *riglēn ilbanāt ilḥilwa fašx* "the legs of the extremely fucking pretty girls" (all found on the Internet).

even "obszön türkisblaues Wasser", "eine obszön schöne Karte". German "obszön" is in itself not an offensive word at all, but rather a learned word, in contrast to Egyptian *fašx*. The same in English: *obscenely rich, low, expensive, large,* and even *an obscenely bonny actor* (all Internet).

31. *fašīx* can be derived in the same way as *fašx*. Neither *fašx* nor *fašīx* appear in HB. Examples: *fašīx: kilma rixma fašīxa* "a bloody/fucking annoying word", *iggawwỉ bardỉ fašxỉ w iššita fašīx barḍu* "the weather is fucking cold and the winter is bloody awful", *ikkahṛaba ʾaṭaʿit šaklu yōm fašīx* "there's a power cut, it looks like it's going to be a bloody awful day (today)", *ilinfigāṛ kān ṣōtu fašīx giddan* "the sound of the explosion was bloody terrible", *istayl fašīx giddi* "a bloody/fucking amazing style" (all items found on the Internet).

nēk

This seems to be a loan translation of the common English term "fucking" which appears on the Internet in contexts connected to the original meaning of the term (*aflām gamda nēk* "fucking hot porn", *muzza gamda nēk* "a real fucking hottie"), but rarely in others without explicit context: *muṣarʿa gamda nēk* "bloody fantastic wrestling", *rasāyil mubayl gamda nēk* "fucking cool SMSs".[32] Its use is not as broad as *fašx*, and syntactically it seems to be limited to the intensifying of the adjective *gāmid* "strong".[33] But see *tāxud sigāṛa?—ana mbaṭṭal, bassi̊ dilwaʾti miḥtaglaha nēk* "would you like a cigarette?—I've given up, but now I really fucking need one".

Since the use of the term *nēk* "fuck" means breaking a taboo and is quite offensive in Arab society, a jocular euphemistic way to avoid the term, while at the same time alluding to it, is to change its phonological form only slightly. The result is *kēk* "small cake(s)" (HB): *gāmid kēk, gamda kēk* "effing strong", *xaṭaʾ gāmid kēk* "a fricking terrible mistake", *ʿaṛabiyyāt gamda kēk* "frigging amazing cars", which seems to appear not uncommonly in neutral contexts. See above in the same vein *mōz* "bananas" for *mōt* as in *gamda mōz*.

Conclusion

What we have seen in the second part of this paper is that the recent developments in Egyptian society with its revolutionary practices and omnipresent use of social media, have not only changed society itself but have also influenced the language used by the mostly young users of Facebook and Twitter. This language is often, but not always, characterized by a loss of linguistic taboos. Expressions normally considered rude and obscene language have been used quite freely in youth slang in particular since the revolutionary events of 2011, and a good number of examples can be found in social media and elsewhere on the Internet (Hosni, 2014). They are considered crude by

32. The examples offered on the corresponding website do not display any explicit context.
33. These examples are all taken from the Internet. Longer and more intensive searches there may establish that *nēk* occurs more often in other contexts as well.

speakers from older generations and are certainly not used by them, and, accordingly, should be avoided in their presence.[34]

These new intensifiers partly hark back to downright taboo words or dysphemisms[35] (*nēk, kēk, fašx*), and partly to other unusual or funny sources (*faḥt, giddi, nenti, 'āxir ḥāga*, etc.). Apparently, the use of these intensifiers serves to convey expressiveness and emotion, reinforcing at the same time group identity of young people who want to distinguish themselves from older *fulūl* or *ixwangi* generations.[36] It is doubtful whether all these expressions will survive for a long time, lose their taboo-breaking force and conspicuousness, and become part of the everyday lexicon, thus following the law of the "semantic treadmill".[37] Nevertheless, they deserve closer study by the linguist, since they show a considerable degree of lexical creativity.

Abbreviations

ARA	Luṭfī al-Xōlī, *al-'Arānib*, Cairo, 1988.
AYY	Aḥmad Muḥammad 'Alī, *Yawmiyyāt 'ayyil maṣri*, Cairo, 2011.
BAHN	Sāmiḥ Farag, *Bānhōfštrāsa, riwāya bi l'āmmiyya lmaṣriyya*, Cairo, 1999.
BAZ	Ḥusayn 'Abd al-Ḥalīm, *Bazl* (Puzzle), Cairo, 2005.
BW2	Behnstedt, Peter Woidich Manfred, *Die ägyptisch-arabischen Dialekte*, vol. 2: *Dialektatlas von Ägypten*, Harrassowitz, Wiesbaden, 1985.

34. This is correctly observed by a contributor on Facebook: *bi lmunasba ya gamā'a lmuṣṭalaḥāt di miš ilgamī' yistaxdimha ġāliban ma byistaxdimha ššabāb fi ḥayathum il'amaliyya li taqlīṣ ikkalām wi miš fi kull il'amākin* "by the way, guys, these expressions are not used by everyone, they are mostly used by younger people in their working lives in order to condense their speech, and not everywhere." And Al Masry (2008, p. 16) comments: "What was really notable was the common use of neologisms arising from the vernacular of the youth which was present in most of the blogs written in colloquial Arabic. The blog title, posts, or comments may contain vocabulary that is only used among youth."

35. Dysphemisms are especially prevalent among members of social groups where expressive and extreme speech is considered to be "tough" or signifies "coolness" (Blank, 1999, p. 81).

36. It provides "youth with a refuge where they could easily express themselves and their beliefs without restrictions" (Al Masry, 2008, p. 2).

37. Or as Blank puts it: "Euphemistic and expressive words are subject to a general tendency: their veiling and drastic-hyperbolic power weakens the more frequently they are used… the expressivity or the euphemistic character totally wears away and new euphemisms or expressive words have to be created" (Blank 1999, p. 82), i.e., the so-called "semantic tread-mill" (Pinker, 1994).

BW3/2 Behnstedt, Peter – Woidich, Manfred, *Die ägyptisch-arabischen Dialekte*, vol. 3 Part 2: *Texte*, II. *Niltaldialekte*, III. *Oasendialekte*, Harrassowitz, Wiesbaden, 1988.

BW4 Behnstedt, Peter – Woidich, Manfred, *Die ägyptisch-arabischen Dialekte*, vol. 4: *Glossar Arabisch-Deutsch*, Harrassowitz, Wiesbaden, 1994.

DB-Woi Woidich Manfred, Database.

GIL Nuʿmān ʿĀšūr, *igGīl iggidīd*, Cairo, 1972.

HAVA Hava Joseph Gabriel S.J., *al-Faraid*, Beirut.

HB Hinds, Martin – Badawi, El Said, *A Dictionary of Egyptian Arabic, Arabic-English*, Librairie du Liban, Beirut, 1986.

KAF Mušarrafa Maḥmūd., *Qanṭara allaḏī kafar*, Cairo, n.d.

SMM Maḥmūd Bayram al-Tūnisī, *isSayyid wi mṛātu f maṣr*, Cairo, 1925.

TAK Xālid al-Xamīsi, *Taksi, Ḥawadīt ilmašawīr*, Cairo, 2006.

Bibliographical References

Allam, Jehan, "Youngsters and New Vocabulary", in Mansour, Gerda & Doss, Madiha (eds.), *al-Luġa*, 2nd issue, November 2000, pp. 111-135.

Al Masry, Saeed, *Egyptian Blogs: A New Social Space*, Edited by the Egyptian Cabinet Information and Decision Support Center (IDSC), Information Report Issue 17, May 2008; Download: www.eip.gov.eg/Upload/Documents/417/EN/blog_full.pdf

Blank, Andreas, "Why Do New Meanings Occur? A Cognitive Typology of the Motivations for Lexical Semantic Change", in Blank, Andreas & Koch, Peter (eds.), *Historical Semantics and Cognition,* Walter de Gruyter, Berlin, New York, 1999, pp. 61-89.

Bolinger, Dwight, *Degree Words*, Mouton, The Hague, 1972.

Bussmann, Hadumod, *Routledge Dictionary of Language and Linguistics*, Routledge, London, New York, 1996.

Claudi, Ulrike, "Intensifiers of Adjectives in German", *Language Typology and Universals* 59, 2006, pp. 350-369.

Drop, Hanke & Woidich, Manfred, *ilBaḥariyya – Grammatik und Texte*, Harrassowitz, Wiesbaden, 2006.

Feodorov, Ioana, "On the Grammaticalization of Intensifiers in Arabic", *Analele Universitati Bucureşti, Limbi clasice şi orientale* 49, 2000, pp. 99-108.

Hentschel, Elke, "Die Emphase des Schreckens: furchtbar nett und schrecklich freundlich", in Harden, Theo & Hentschel, Elke (eds.), *Particulae particularum*, Festschrift für Harald Weydt zum 60, Geburtstag, Tübingen, 1998, pp. 119-132.

Hosni, Mai Mohammad Zaki, "Changes in Colloquial Arabic in Social Media in Relation to the Excessive Use of Linguistic Taboos", Downloaded from academia.edu

Koopmans, Willem, *Een grammatika van het Farafra-Arabisch*, MA Thesis, University of Amsterdam, 2004.

Lane, Edward William, *An Arabic–English Lexicon*, London, 1863; reprint in 2 vols, The Islamic Texts Society, Cambridge, 1984.

Peterson, Jennifer Leigh, "Contemporary Cairene Youth Terminology: Linguistic Deviation or Social Art?", in Youssi, Abderrahim et al., *Aspects of the Dialects of Arabic Today*, Rabat, 2002, pp. 422-429.

Pinker, Steven, "The Game of the Name", *The New York Times*, 5 April 1994.

Spiro Bey, Socrates, *Arabic–English Dictionary of the Modern Arabic of Egypt*, 2nd edition, Elias Modern Press, Cairo, 1923.

Spitta-Bey, Wilhelm, *Grammatik des arabischen Vulgärdialectes von Ægypten*, Hinrich, Leipzig, 1880.

Traugott, Elizabeth Closs & Dasher, Richard B., *Regularity in Semantic Change*, Cambridge University Press, Cambridge, 2005.

Woidich, Manfred, *Das Kairenisch-Arabische, Eine Grammatik*, Harrassowitz, Wiesbaden, 2006.

—, "Über einige Quantifikatoren im Ägyptisch-Arabischen", in Kuty, René, Seeger, Ulrich & Talay, Shabo (eds.), *Nicht nur mit Engelszungen. Festschrift für Werner Arnold zum 60. Geburtstag*, Harrassowitz, Wiesbaden, 2013a, pp. 375-390.

—, "*kuwayyis ʾawi, ktīr mnīḥ:* On Intensifiers in Arabic dialects", Unpublished paper read in November 2013 at AIDA 10 in Dōḥa, Qaṭar; a preliminary version is available at academia.edu, 2013b.

—, "Euphemism as a Trigger for Lexical Creativity in Arabic Dialects. Three Examples from the *Wortatlas der arabischen Dialekte*: 'Blind', 'Woman', and 'Buttocks'", Unpublished paper read on 11 April 2014 in a workshop entitled "Arabic and Semitic Linguistics Contextualized" at the University of Erlangen.

Internet Sources

Internet 1
(http://www.crusherinworld.com/mill1/m_6358.html) (accessed before June 18, 2015)

Internet 2
(http://ejabat.google.com/ejabat/thread?tid=6ade70ab9e36a5f4) (accessed before June 18, 2015)

Internet 3
(http://ejabat.google.com/ejabat/thread?tid=0c34488ca9494dc0) (accessed before June 18, 2015)

Internet 4
(http://ejabat.google.com/ejabat/thread?clk=relqtp&tid=0c34488ca9494dc0&table=%2Fejabat%2F) (accessed before June 18, 2015)

Internet 5
(http://arabic.desert-sky.net/coll_insult.html)

Résumés / Abstracts

Bernard Botiveau

Du Groupe du 9 Mars au Parti égyptien social-démocrate. La société civile égyptienne dans la tourmente

Dans la lignée de la tradition de défense de la liberté académique lancée il y a presque un siècle à l'université du Caire par Lotfi al-Sayyid, un groupe d'universitaires engagés a fondé, à la fin des années Moubarak, le Groupe du 9 Mars, dont le but était de restaurer cette liberté et de lutter contre la corruption dans les universités égyptiennes. Le soulèvement de la place Taḥrīr en 2011 a comblé ses souhaits avant que la réalité politique ne finisse par imposer ses contraintes. La création du Parti égyptien social-démocrate par une partie des fondateurs du 9 Mars, puis la prise du pouvoir par les militaires en charge de la transition politique à l'été 2013, ont apporté leur lot de déceptions et donc de démobilisation. Toutefois, cela ne remet pas en question la légitimité ni la pertinence de cette action à laquelle Madiha Doss a pris une part importante. C'est ce que ce texte aimerait contribuer à mettre en lumière.

Mots-clés : activisme, Égypte, liberté académique, société civile, université.

From the 9th March Group to the Egyptian Social Democratic Party: Egyptian Civil Society in Turmoil

In line with the tradition of defending academic freedom, launched in the early 20th century at Cairo University by Lotfi al-Sayyid, a group of active academics founded at the end of the Mubarak years the 9th March Group. Its aim was to restore freedom and to fight corruption within Egyptian universities. Taḥrīr square uprising in January 2011 filled their wishes before political reality imposed its constraints. The creation of the Egyptian Social Democratic Party in 2011 by some of the founding members of 9th March Group, then the seizure of power during the summer of 2013 by the military in charge of the political transition brought a lot of disappointments, and therefore demobilization. However, this neither questions the legitimacy, nor the relevance of that action, in which Madiha Doss took an important part. That is what this contribution aims at shedding light on.

Keywords: activism, Egypt, academic freedom, civil society, university.

Aziza Boucherit

Entre *norme* et *usages*.
L'apprentissage de l'arabe aux débuts de l'Algérie coloniale

Cet article traite de la manière dont la langue arabe, dans sa diversité, a été appréhendée par les auteurs d'ouvrages d'apprentissage de l'arabe (manuels de grammaire, guides de conversation, dictionnaires) produits durant la première période (1830-1871) de la colonisation en Algérie. Outre la question portant sur la variété de langue arabe à enseigner pour répondre aux besoins pratiques des apprenants, les auteurs de ces ouvrages ont été confrontés à celle de l'unité de la langue arabe et, d'une certaine façon, à celle de la définition d'*une* langue. L'examen de quelques notes d'intention (avant-propos, avertissement, introduction, préface) précédant ces ouvrages permet de s'interroger sur les arguments avancés par leurs auteurs à propos de l'unité de la langue arabe et sur ceux connexes concernant les phénomènes de variation.

Mots-clés : Algérie, colonisation, langue arabe, norme, usages.

Between *Norm* and *Uses*: Learning Arabic at the Beginning of Colonial Algeria

This study deals with the way the Arabic language, in its diversity, was perceived by the authors of books used to learn Arabic (grammar handbooks, conversation guides, dictionaries) produced during the first period (1830-1871) of the colonisation in Algeria. Besides the question of the variety of Arabic to be taught to satisfy the learner's practical needs, the authors of these works were also confronted with the question of the unity of the Arabic language and, in a way, with that of the definition of *any* language. When one considers the analysis of some notes (foreword, warning note to the reader, introduction, preface) preceding these works, one is prompted to wonder what are the arguments put forward by the authors about the unity of the Arabic language and those relating to the phenomena of variation.

Keywords: Algeria, colonisation, Arabic language, norm, uses.

Louis-Jean Calvet

Géopolitique de la traduction en Méditerranée

La multiplication des relations entre les peuples et les cultures a fait de la traduction et de l'interprétation deux fonctions centrales de la communication internationale. Pour ce qui concerne la Méditerranée, nous allons, avant d'examiner la situation actuelle, remonter à une période ancienne, celle qui a vu l'émergence d'une science florissante en arabe. Et nous constaterons que les traductions, vers l'arabe d'abord, puis à partir de l'arabe, y ont joué un très grand rôle. Puis, revenant sur les flux internationaux de traductions aujourd'hui, nous verrons que ceux-ci sont profondément inégaux ou déséquilibrés.

Mots-clés : capital linguistique, flux de traduction, Méditerranée, modèle gravitationnel.

Geopolitics of Translation Flows in the Mediterranean

Because of the intensification of relations between peoples and cultures, translation and interpretation have become two central functions in international communications. Regarding the Mediterranean, this contribution examines first the period that saw the emergence of a prosperous Arab science, then it analyses the current situation. It shows that translations into Arabic, as well as translations from Arabic, played a major role. Finally, today's international translation flows prove to be either deeply unequal, or unbalanced.

Keywords: linguistic capital, translation flow, Mediterranean, gravitational model.

Humphrey Davies

Aḥmad Fāris al-Šidyāq's Use of Colloquial in *al-Sāq ʿala al-sāq*: A High Classicist Writes in Dialect

Aḥmad Fāris al-Šidyāq (1805 or 1806 to 1884) is well known as a champion of classical Arabic and an enemy of "lame language". It comes therefore as something of a surprise to find that he included in his masterwork *al-Sāq ʿalā al-sāq fī-mā huwa al-Fāriyāq* (published 1855) two passages in colloquial Arabic. This paper discusses the identity and specific features of the dialect in question and the author's possible motives for using dialect in a work otherwise distinguished by its highly classical idiom.

Keywords: Aḥmad Fāris al-Šidyāq, classical Arabic, colloquial Arabic.

Aḥmad Fāris al-Šidyāq et l'emploi du dialectal dans *al-Sāq ʿala al-sāq*: Quand un grand classicisant en dialecte

Aḥmad Fāris al-Šidyāq (1805 ou 1806-1884) est bien connu en tant que défenseur de l'arabe classique et adversaire du « langage boiteux ». Il est surprenant de constater qu'il a inclus dans son œuvre maîtresse, *al-Sāq*

ʿalā al-saq fī-mā huwa al-Fāriyāq, publiée en 1855, deux passages en arabe dialectal. Cet article traite de la nature et des traits spécifiques du dialecte en question, ainsi que des raisons qui ont pu conduire l'auteur à l'utiliser dans un ouvrage par ailleurs caractérisé par sa langue extrêmement classique.

Mots-clés : Aḥmad Fāris al-Šidyāq, arabe classique, arabe dialectal.

Pierre Larcher

La langue du Coran : quelle influence sur la grammaire arabe ?

Pour la tradition islamique, la langue du Coran est la « langue de Qurayš », et la « langue de Qurayš » la *luġa fuṣḥā*. Pour la plupart des arabisants, jusqu'à date récente, c'est, à quelques « hedjazismes » près, la *koïnè* poétique, base de l'arabe dit classique. Cet article propose un retour aux sources grammaticales arabes les plus anciennes et, spécialement, le *Kitāb* de Sībawayh (m. 179/795 ?). Sībawayh ne parle jamais de la *luġa fuṣḥā*, ni de la « langue de Qurayš » mais, de manière plus générale, de « la langue du Hedjaz » (ou « des gens du Hedjaz »). Il l'oppose souvent à celle des Tamīm. Mais on note une double dissymétrie. S'il dit parfois « nous avons entendu des Tamīm dire [...] », il ne cite jamais la « langue du Hedjaz » que par ouï-dire. Mais, surtout, alors que les « tamimismes » sont souvent des traits que l'on rencontre encore dans les dialectes arabes modernes, les « hedjazismes » sont illustrés par des exemples coraniques : on en conclura que la « langue du Hedjaz » n'est rien d'autre que le nom islamique de la langue du Coran. Beaucoup de ces « hedjazismes » (phonologiques, morphologiques, syntaxiques) ne sont pas les traits retenus par la langue classique, comme produit du travail de standardisation des grammairiens. Ce n'est donc pas la langue du Coran qui influence la grammaire arabe : c'est plutôt la grammaire arabe qui, via les *qirāʾāt* (« lectures »), a entraîné la « classicisation » de la langue du Coran.

Mots-clés : arabe classique ; arabe coranique ; *al-luġa al-fuṣḥā* ; Sībawayh ; Tamīm *vs* Ḥiǧāz.

The Language of the Quran: What Influence on Arabic Grammar?

In the Islamic tradition, the language of the Quran is the "language of Qurayš", and the "language of Qurayš" is the *luġa fuṣḥā*. Until recently, it has been mainly the poetic *Koinè* for most Arabists, with the exception of some "hejazisms", and the poetic *Koinè* is the basis for the so-called Classical Arabic. This article proposes a return to the oldest Arab grammatical sources, more specifically the *Kitāb* of Sībawayh (d. 179/795?). Sībawayh never speaks of al-*luġa al-fuṣḥā*, nor does he speak of the "language of Qurayš". On the contrary, he refers more generally to "the language of the Hejaz" (or "of the people of the Hejaz"). He often sets it against the language (of the people) of Tamīm. Nevertheless, there is a double asymmetry. Whereas Sībawayh sometimes say "we heard people from Tamīm say [...]", he mentions the "language of the Hejaz" only from hearsay. More importantly, while "tamimisms" are often features that can still be found in modern Arabic dialects, "hejazisms" are illustrated by Quranic examples: we conclude that the "language of the Hejaz" is but the Islamic name for the language of the Quran. Many of these "hejazisms" (phonological, morphological, syntactic) were not kept by the Classical language, which is to be understood as the product of the grammarians' standardization work. Thus, it is not the language of the Quran that has influenced Arabic grammar: it is rather Arabic grammar that has led to the "classicisation" of the language of the Quran via the *qirāʾāt* ("readings").

Keywords: Classical Arabic; Quranic Arabic; *al-luġa al-fuṣḥā*; Sībawayh; Tamīm *vs* Ḥiǧāz.

Humphrey DAVIES

An Anthology of Written Egyptian Colloquial Arabic

This brief notice aims at presenting to scholars outside Egypt *al-ʿĀmmiyya al-miṣriyya al-maktūba: muḫtārāt min 1401 ilā 2009* (*Written Egyptian Arabic: Selections from 1401 to 2009*), an anthology compiled by Madiha Doss and the writer, and consists of a translation of a part of the Introduction of the book.

Keywords: Arabic colloquial writing, Egyptian colloquial literature.

Anthologie de textes écrits en arabe dialectal égyptien

Cette brève notice vise à présenter aux chercheurs *al-ʿĀmmiyya al-miṣriyya al-maktūba: muḫtārāt min 1401 ilā 2009 (Sélection d'écrits en arabe égyptien, de 1401 à 2009)*, une anthologie compilée par Madiha Doss et l'auteur; la notice consiste en une traduction en anglais d'une partie de l'introduction de cet ouvrage.

Mots-clés: écriture en arabe dialectal, littérature dialectale égyptienne.

Jérôme Lentin

À propos d'une anthologie de textes en dialecte égyptien

En 2013, Madiha Doss publiait, avec Humphrey Davies, une riche anthologie – la première du genre – de textes (74 au total) écrits en dialecte égyptien de l'époque mamelouke jusqu'à nos jours: *al-ʿĀmmiyya al-miṣriyya al-maktūba. Muḫtārāt min 1401 ilā 2009.*

Outre une brève introduction (p. 23-35), l'ouvrage comprend deux parties de longueur fort inégale: la première (p. 39-64) comprend 8 textes d'époques mamelouke et ottomane, datés de 1401 à 1795; la seconde (p. 67-369), 64 textes des débuts de la Nahḍa, en 1885, à 2009, ainsi répartis: 34 en prose, 19 extraits de pièces de théâtre, 11 textes poétiques, auxquels s'ajoutent deux ensembles de courts textes: 8 exemples du langage de la publicité d'une part, deux exemples pris sur internet, et un de l'encyclopédie Wikipedia en égyptien (*Wīkīpīdyā il-miṣriyya* ou *Wīkīpīdyā miṣrī*) d'autre part.

Dans la lignée des recherches novatrices menées par Madiha Doss depuis plus de 20 ans sur l'écriture dialectale en Égypte et son histoire, sur l'oralité, les variétés mixtes de langue, etc., on se propose dans cette contribution de présenter, en hommage à ce récent travail, quelques réflexions sur certaines des questions qu'il soulève.

Mots-clés: écriture dialectale en arabe, littérature dialectale égyptienne.

About an Anthology of Texts Written in Egyptian Colloquial

In 2013, Madiha Doss published with Humphrey Davies a rich anthology, the first of its kind, of 74 texts written in Egyptian colloquial, dating from the Mamluk period to the present time: *al-ʿĀmmiyya al-miṣriyya al-maktūba: Muḫtārāt min 1401 ilā 2009*.

Besides a short introduction (p. 23-35), the book contains two parts of unequal length: the first one (p. 39-64) includes 8 texts (Mamluk and Ottoman periods) dating from 1401 to 1795; the second one (p. 67-369) includes 64 texts dating from Early Nahḍa (1885) to 2009: 34 prose texts, 19 excerpts from stage plays, 11 poetical texts, and two sets of short texts, one consisting of 8 advertisements, the other one consisting of 3 examples taken from the internet (one from the Egyptian Wikipedia, *Wīkīpīdyā il-miṣriyya* or *Wīkīpīdyā miṣrī*).

Following the innovative research conducted by Madiha Doss over the last twenty years and more, on writing in dialect in Egypt, on orality, on mixed language varieties, etc., this contribution attempts, as a tribute to that work, to propose some reflections on some of the issues it raises.

Keywords: Arabic colloquial writing, Egyptian colloquial literature.

Héba Machhour

Quand le Coran parle du temps

Entre les deux rives de l'arabe et du français, nous lisons le texte coranique à partir des méthodes critiques modernes, considérant le texte dans sa globalité comme un tout fini et signifiant. Le texte donne à lire des règles et des structures internes permettant une analyse qui n'a pas encore, jusqu'a nos jours, attiré suffisamment l'attention et l'activité des chercheurs dans le domaine des études du texte religieux en général, et du texte coranique en particulier.

Nous délimitons et suivons les réseaux de signification dans le texte. Nous y interrogeons la performance de la langue arabe dans ses multiples fonctions d'outil de communication et de lieu de création et d'émergence de la signification. Dans cette recherche, nous lisons en particulier le registre de la temporalité, pour voir comment le texte dit le temps, mettant en évidence différentes catégories temporelles et inscrivant ainsi des régimes de temporalité particuliers et propres qu'il investit et crée.

Mots-clés: réseaux sémantiques, sémiotique, structure, temporalité, texte coranique.

When the Quran Speaks of Time

Between the two banks of Arabic and French, we read the Quranic text using modern critical methods, thus considering the text in its entirety as a complete and meaningful whole. The text reveals rules and internal structures, but until now, their analysis has scarcely drawn the attention of researchers working on religious texts, specifically the Quranic text.

This contribution delimits and follows the networks of meanings in the text, and questions the potentialities of Arabic language in its multiple functions, both as a tool for communication, and as a space where meaning is being created and emerges. It examines in particular the register of temporality, to see how the text refers to time, highlighting various temporal categories and listing the modes of temporality it invests and creates.

Keywords: semantic webs, semiotic, structure, temporality, Quranic text.

Gerda Mansour

Cairo Linguists' Group: How it Was Conceived and How it Developed

This paper outlines the 3 distinct phases in the development of the Cairo Linguists' Group and shows how each of these has its own characteristics:

1. The beginnings at the CEDEJ in 1993 and the basic ideas underpinning the establishment of this group.
2. The move to the Arab and African Research Center in 1997 and the advantages offered by this informal setting.

3. The step to produce an annual journal, *Al-Logha,* based on the seminars (with additional contributions) as of the year 2000.

In all of this Madiha Doss' inspiration, her enthusiasm and willingness to commit a great deal of time and hard work made the group's activities possible and enjoyable.

Keywords: Cairo Linguists' Group, *Al-Logha* Journal.

Le Groupe des linguistes du Caire.
Comment il a été conçu et s'est développé

Cet article décrit les phases par lesquelles le Groupe des linguistes du Caire s'est développé et comment chacune d'elles se caractérise.

1. Débuts du groupe au CEDEJ (1993) et principes sous-tendant sa mise en place.
2. Passage du groupe au Centre de recherche arabe et africain (1997) et avantages offerts par ce cadre informel.
3. Décision de produire une revue annuelle, *Al-Logha,* basée sur les séminaires (avec des contributions additionnelles) à compter de l'an 2000.

Durant toutes ces étapes l'inspiration créatrice de Madiha Doss, son enthousiasme, sa volonté de consacrer beaucoup de temps et de travail au groupe, ont rendu ses activités possibles et agréables.

Mots-clés : Groupe des Linguistes du Caire, Revue *Al-Logha.*

Gunvor Mejdell

Notes on Metalinguistic Concepts in Arabic Sociolinguistics

The following are some reflections on various sociolinguistic concepts in Arabic, as well as in European literature, being used to represent varieties of Arabic and the relationships between them. The first terminological group discussed in this contribution refers to the main diglossic entities, for which the terms "standard" and "vernacular" are used. The second group of terms refers to the kind of Arabic, spoken and written, which combines features of the two main varieties. These are fields of research to which Madiha Doss contributed by publishing numerous articles in Arabic, French, and English.

Keywords: *ʿāmmiyya*, Arabic language, *fuṣḥā*, Middle Arabic, terminology.

Remarques sur les concepts métalinguistiques
en sociolinguistique arabe

Cette contribution présente quelques réflexions sur divers concepts sociolinguistiques utilisés dans la littérature arabe et européenne pour désigner les différentes variétés de l'arabe et leurs relations. Le premier groupe terminologique discuté se réfère aux principales entités diglossiques pour lesquelles sont retenus ici les termes de « standard » et de « vernaculaire ». Le second groupe se réfère à la variété d'arabe, parlé et écrit, qui combine des traits des deux principales variétés. Ce sont des domaines de recherche auxquels Madiha Doss a contribué par de nombreux articles en arabe, français et anglais.

Mots-clés : *ʿāmmiyya*, langue arabe, *fuṣḥā*, moyen arabe, terminologie.

Catherine Miller

Passage du français à la *dārija* (arabe marocain).
Trois versions de la pièce *Il/houwa* de Driss Ksikes

Cet article présente et analyse trois versions d'un même texte, passé du français à l'arabe marocain lors de la présentation de la pièce *Il/Houwa* par la troupe du Dabateatr à Rabat en octobre 2008. Il resitue le parcours de l'auteur, Driss Ksikes, sa rencontre avec le metteur en scène Jaouad Essounani, ainsi que le contexte de renouveau culturel et artistique à Rabat dans les années 2000, dans lequel s'est opéré ce passage du français à l'arabe marocain, par un auteur qui n'avait jusque-là publié qu'en français.

Mots-clés : arabe marocain, Dabateatr, Ksikes, Maroc, théâtre, traduction.

From French to *Dārija* (Moroccan Arabic):
Three Versions of the Play *Il/houwa* by Driss Ksikes

This paper presents and analyses three versions of the same theatrical text, which moved from French into Moroccan Arabic during the theatrical performance of the play *Il/Houwa* in Rabat in October 2008. It describes the biography of its author, Driss Ksikes, and his encounter with play-writer Jaouad Essounani. It recalls the cultural and artistic context of the theatrical arena during the years 2000s in Rabat, that led a previous French-writing author to translate his play into Moroccan Arabic.

Keywords: Moroccan Arabic, Dabateatr, Ksikes, Morocco, theater, translation.

Arlette Roth

Discours direct et stratégie communicative
dans un récit féminin

Cette contribution porte spécifiquement sur la stratégie expressive d'une locutrice enregistrée dans son village de Kormakiti (Chypre) en 1972-1973. Elle pratiquait l'arabe chypriote comme langue maternelle et le grec chypriote comme langue acquise. Dans un bref extrait de récit de vie, qu'elle met en scène dans une perspective dramatisée, elle recourt, concurremment avec d'autres procédés rhétoriques, aux séquences de discours direct très diversement introduites pour interpeller et prendre à témoin les auditrices présentes, en illustrant la dureté de sa condition de femme pauvre malmenée par un mari paresseux et violent. Il s'agit d'un cliché que d'autres villageoises de milieu plus favorisé exploitaient sur le mode ironique, qui n'impliquait pas le recours au discours direct.

Mots-clés : anecdotes personnelles, arabe chypriote, discours direct rapporté, contact linguistique, milieu féminin traditionnel, syntaxe « affective ».

Direct Speech and Communicative Strategy
in a Narrative Feminine

This contribution deals with the forms and the grammatical use of the markers of the reported direct speech with their counterparts considered in the Arabic dialectal variety of the village of Kormakiti (Cyprus) in 1972-1973 in a traditional feminine context. Practically all the adults were bilingual, Arabic being the inherited language and Greek a language gradually acquired after about 12 centuries of contact.

Keywords: personal anecdotes, Cypriot Arabic, reported direct speech, linguistic contact, traditional feminine context, "emotional" syntax.

Malak Rouchdy, Reem Saad

Beyond the University Gates:
The Story of the Free Social Science Knowledge Circle

This article shares the experience of an encounter between two social scientists and a group of Egyptian youth at a critical historical moment after the subsiding of the revolutionary euphoria, and before the rise of counter revolutionary efforts to reverse the spirit of change and hope. This is the story of an on-going regular monthly gathering, since January 2012, around critical social science questions that are relevant to the current changes in the socio-political Egyptian scene. Despite their varied interests and backgrounds, the youth were unified in their desire for a type of knowledge they could not find within the confines of the formal institutions to which they belonged, and by their style of knowledge-seeking that happened to resonate with the social scientists who have been involved in their own quest for realizing the public relevance of critical social science.

Set in a Cairo-based co-working space, the encounter is now in its third year. It is a free circle that imposes no constraints and no obligations from the participants. In spite of, and perhaps because of, the flexible structure of this circle, continuity has been maintained, and a style of work has been created that is transforming this encounter into an enduring and collective experience of knowledge sharing.

Keywords: free knowledge, social science, youth.

S'approprier les sciences sociales au-delà des portes de l'université. L'histoire du Cercle des sciences sociales libres

Cet article relate une expérience de rencontre entre deux spécialistes des sciences sociales et un groupe de jeunes Égyptiens à un moment critique de l'histoire de la société égyptienne, après l'affaiblissement de l'euphorie révolutionnaire et avant la montée des efforts contre-révolutionnaires visant à renverser l'esprit du changement et l'espoir. Il s'agit du récit de réunions mensuelles, débutées en janvier 2012, où étaient discutées de manière critique des questions de sciences sociales utiles aux changements de la scène sociopolitique égyptienne. Bien que leurs intérêts soient divers et qu'ils proviennent de milieux différents, ces jeunes étaient unis par leur désir d'accéder à un type de connaissances que ne leur offrent pas les institutions, et par leur quête de savoir, qui est entrée en résonance avec celle des sociologues/anthropologues désireux de transmettre une science sociale critique au-delà des cadres institutionnels.

Située au Caire dans un espace de travail partagé, la rencontre en est maintenant à sa troisième année. Elle fonctionne comme un cercle libre n'imposant aucune contrainte ou obligation aux participants. En dépit, ou peut-être en raison de ce mode de fonctionnement, la continuité a été maintenue et un style de travail a été trouvé, transformant ainsi cette rencontre en une expérience durable et collective de partage des connaissances.

Mots-clés : savoir libre, sciences sociales, jeunesse.

Manfred Woidich

On Some Intensifiers in Egyptian Arabic Slang

This contribution examines the use of a number of intensifiers in Egyptian Arabic as manifested on the Internet, and traces them back to the semantic source domains from which they are derived. It will be shown that they partly hark back to downright taboo words (*nēk, kēk, fašx*), and partly to other unusual and funny sources (*faḥt, giddi, 'āxir ḥāga*, etc.). Most of these items have developed into intensifiers that behave syntactically like other well-known adverbs of this type such as *'awi* and *xāliṣ*.

Keywords: Egyptian Arabic, intensifier, slang.

À propos de quelques intensifieurs en argot égyptien

Cette contribution examine les emplois de quelques intensifieurs en arabe égyptien relevés sur Internet, en les rapportant aux sources sémantiques à partir desquelles ils sont dérivés. Il sera montré qu'ils concernent en partie des mots franchement tabous (*nēk, kēk, fašx*) et, en partie, des domaines inhabituels et drôles (*faḥt, giddi, 'āxir ḥāga*, etc.). La plupart de ces items, qui se sont transformés en intensifieurs, se comportent syntaxiquement comme d'autres adverbes bien connus de ce type, tels que *'awi* and *xāliṣ*.

Mots-clés : arabe égyptien, intensifieur, argot.

DIFFUSION
Ventes directes et par correspondance

Au Caire
à l'IFAO,
37 rue al-Cheikh Ali Youssef (Mounira)
[B.P. Qasr al-'Ayni n° 11562]
11441 Le Caire (R.A.E.)
Section Diffusion Vente →

Fax: (20.2) 27 94 46 35
Tél.: (20.2) 27 97 16 00
http://www.ifao.egnet.net

Tél.: (20.2) 27 97 16 22
e-mail: ventes@ifao.egnet.net

En France
Vente en librairies
Diffusion: AFPU
Distribution: SODIS

Ministère de l'Enseignement supérieur et de la Recherche, Paris.
Publication de l'Institut français d'archéologie orientale.
Dépôt légal: 1er semestre 2018; numéros d'éditeur et d'imprimeur 1166/1721.